사유재산권과 공공재

철학연구회 편

사유재산권과 공공재

철학연구회 편

필 자

황경식 한승완 민경국

김태동 최배근

논평자

김이석 서유석 주동률

윤평중 김남두 박헌주

이완재 이창후

철학과현실사

머리말

철학과 현실의 접점을 찾는 철학연구회의 프로젝트는 『정의로운 전쟁은 가능한가』, 『자유주의와 그 적들』을 거쳐 그 세 번째 연구 과제로서 『사유재산권과 공공재』를 선정했다. 이에 우리는 사적 소유권에 대한 정당한 논변으로서 제시된 고전적 입장들을 살피는 동시에 소유권이 절대적일 수 없다면 그에 대한 정당한 제한이 분배적 정의라는 개념에 의해 통합적 설명이 가능한지 등등에 관심을 갖고자 한다.

최근 우리 사회는 몇몇 재화를 중심으로 사적 소유권에 대한 우리 자신의 통념적 이해를 재고해야 할 심각한 도전에 직면해 있는 것으로 생각된다. 그 같은 재화들 중 가장 대표적인 두 가지를 든다면 토지와 정보라 생각되며 결국 토지소유권과 지적재산권이 어디까지 정당하게 보호받을 수 있으며 그 정당근거가 무엇인가라는 물음에 대한 철학적 성찰이 요구되는 것으로 보인다. 이 같은 문제에 대한 우리의 일상적 담론은 사유재산권의 정당성이 당연히 전제되고 나아가 그 기반이 되는 자본주의 역시 의문의 여지없이 수용되고 있는 것으로 보인다.

토지공개념이 나온 이유는 무엇보다 땅이 사람의 생활과 생산에 필수적인 요소이긴 하지만 그 절대량에 한계가 있고 대체재도 없기 때문이다. 따라서 공익을 위해 가장 효율적으로 사용되어야 하지만 산업이 발달하면서 땅을 소유 또는 사용하려는 욕구는 점점 커져 공급이 항상 부족할 수밖에 없다. 결국 토지는 다른 상품처럼 시장원리에 맡겨서는 이용 효율을 극대화할 수가 없다는 결론에 이른다. 그래서 땅을 공공재로 보고 땅주인 대신 국가가 땅의 용도를 결정하게 하자는 것이 토지공개념이라 할 수 있다.

정보의 일차적 목적은 인간들 간의 의사소통에 있으며 그런 관점에서 정보의 자유로운 유통과 소통에 장애가 되는 전 지구적인 지적재산권 체제의 등장과 그로 인한 극심한 정보격차(digital divide)는 재고의 여지가 있다고 생각된다. 우리는 정보생산자에게 적절한 보상을 보장하면서도 다수자에게 보편적인 정보접근권을 허용할 수 있는 공공재로서의 정보의 성격을 감안한 기반구조를 구축해야 할 것이다. 이 같은 구상에 있어서 서구사회와 차별화되는 아시아의 전통적인 공유적 지식관은 지극히 시사적인 의미를 갖는다고 생각된다.

우리는 사적 소유권에 대한 이념적 좌우의 입장을 살피고 그들이 제시하는 사유재산권의 정당근거와 그 정당한 범위를 검토,

평가하게 될 것이며 나아가 토지공개념의 회고와 전망 및 공공재로서 정보와 지적재산권 등의 문제 등에 대해 철학적으로 논구하게 될 것이다. 이 같은 평가와 논구를 통해 우리는 정의의 관점에서 우리 사회에 합당한 사유재산체제를 함께 구상해 보고자 한다.

2006년 6월

철학연구회 회장 **황 경 식**

차 례

소유권은 절대권인가?

— 사유재산권과 분배적 정의 —

| 황 경 식 | 서울대 철학과 |

1. 서론: 왜 사유재산권이 문제인가

최근 우리 사회는 몇몇 재화를 중심으로 사적 소유권에 대한 우리 자신의 통념적 이해를 재고해야 할 심각한 도전에 직면해 있는 것으로 생각된다. 그 같은 재화들 중 가장 대표적인 두 가지를 든다면 토지와 정보라 생각되며 결국 토지소유권과 지적재산권이 어디까지 정당하게 보호받을 수 있으며 그 정당근거가 무엇인가라는 물음에 대한 철학적 성찰이 요구되는 것으로 보인다. 이 같은 문제에 대한 우리의 일상적 담론은 사유재산권의 정당성이 당연히 전제되고 나아가 그 기반이 되는 자본주의 역시 의문의 여지없이 수용되는 가운데 진행되는 것으로 보인다.

땅부자 1%가 우리나라 사유지의 절반 이상을 차지하고 있다는 놀라운 사실을 필두로 최근 행정자치부가 토지소유의 편중성을 부각시킨 통계자료를 공개한 이후 정부와 여당, 일부 시민단체를 중심으로 또다시 토지공개념을 적극적으로 도입하고 법제화해야 한다는 목소리가 높아졌다. 1989년 도입된 토지공개념 3개 법이 위헌판정을 받았거나 사실상 철회된 가운데 다시금 불거진 토지공개념 논의는 정부가 마련 중인 종합부동산 대책의 향배와 맞물려 뜨거운 관심을 불러일으키고 있다. 한편 토지소유권 제한은 시장원리에 맞지 않고 사유재산권을 침해할 수 있다며 반대하는 목소리도 만만치 않아 적지 않은 논란을 불러일으키고 있다.

일반적으로 토지소유권은 수익권(임대 등)과 이용권(건축 등), 처분권(매매 등)으로 구성된다. 그런데 토지공개념은 국가가 개인의 토지소유권을 인정하면서도 공공복리를 위해선 그 일부를 제한할 수 있다는 개념이다. 자본주의 체제에서는 일반적으로 사유재산권은 불가침이라는 기조 위에서 경제가 운용되며, 따라서 사유재산권 제한은 자칫 사회주의로 오해받을 여지가 있다. 토지공개념은 바로 이 같은 오해를 피하기 위해 토지사유권 제한을 완곡하게 표현한 것으로 볼 수 있다.

토지공개념이 나온 이유는 무엇보다 땅이 사람의 생활과 생산에 꼭 필요한 요소이긴 하지만 절대량에 한계가 있고 대체재도 없기 때문이다. 따라서 공익을 위해 가장 효율적으로 사용되어야 하는데 산업이 발달하면서 땅을 소유 또는 사용하려는 욕구는 점점 커져 공급이 항상 부족할 수밖에 없다. 결국 다른 상품처럼 시장원리에 맡겨서는 이용 효율을 극대화할 수가 없다는 결론에 이른다. 그래서 땅을 공공재로 보고 땅주인 대신 국가가 땅의 용도를 결정하게 하자는 것이 토지공개념이라 할 수 있다.

자본주의 내에서 토지공개념이 추구하고자 하는 바는 소유와 이용(개발)의 분리이다. 사유재산제를 표방하는 헌법 때문에 형식적인 소유권을 허용함으로써 사유제의 기본 틀을 유지하되 이용권을 국가가 나서서 실질적인 수요자에게 배분하자는 생각이다. 이 같은 발상은 역사적으로 토지사유권 보장에 대한 비판적인 사상에 뿌리를 두고 있는데, 아담 스미스, 리카도, 존 스튜어트 밀 등 유명학자들이 땅주인의 불로소득에 대해 비판적인 견해를 밝힌 바 있다.[1)]

최근 또다시 토지공개념 도입을 주장하는 사람들은 토지소유가 편중되면 땅을 가진 사람은 불로소득을 얻어 더욱 부유하게 되는 등 양극화가 깊어지고 땅투기로 땅값이 비싸지면 국토를 효율적으로 이용할 수 없게 된다고 주장한다. 그러나 과거처럼 토지소유 상한을 두어 소유 자체를 제한하는 것은 시장원리에 어긋난다고 보고 그 대신 보유세를 강화해 실수요자 중심으로 토지시장을 재편하자는 입장이다. 이들은 현재 정부가 추진하는 보유세 강화일정은 오히려 앞당겨야 한다고 말한다.

이에 대해 토지공개념 도입에 반대하는 사람들은 국가가 개입함으로써 부동산 값을 더 부풀렸으며 심지어 그 여파로 전셋값까지 폭등하는 결과를 초래하게 되었고 무엇보다도 사유재산권을 침해함으로써 체제의 정체성까지 흔들게 된다는 논리이다. 과거에 도입했다가 위헌결정을 받은 토지공개념 관련법들을 부활

---

1) 『중앙일보』, 2005년 9월 28일자 C5면 참조.

시키는 것은 다시 위헌시비를 부르게 될 것이고 실제로 적용해도 의도한 효과를 거둘 수 없음은 불 보듯 뻔하다는 주장도 펼친다. 보유세를 올리는 소극적인 공개념 정책에 대해서도 땅값 안정효과는 일시적인 것으로 그치게 되리라는 것이 그들의 생각이다.

토지소유권이 절대권일 수는 없으며 그것이 어떤 방식으로이든 제한될 수밖에 없다는 논변은 이념을 달리하는 철학적 이론들에서도 광범위하게 발견된다. 공리주의자 존 스튜어트 밀(J. S. Mill)은 물론이고 정의론자 롤즈(John Rawls)를 위시해서 심지어 자유지상주의자 노직(Robert Nozick)에 이르기까지 토지소유권의 절대성을 부정하는 정당화 논변을 추정할 수 있다. 그리고 이들은 대체로 사유재산권의 한계를 정당화하는 기준이 나름의 정의관에 있다는 점에서 공통적이다. 그들은 자신의 정의관을 전제하고 그로부터 토지 등 사유재산권의 정당한 제약을 도출하고자 하는 것이다.[2)]

여하튼 우리는 이 논문에서 사유재산권이나 자본주의 체제의 정당성이 자명한 것은 아니며 인류사상사에서 이들은 최근 몇 세기 동안 유행하는 사조일 뿐 인류역사의 대부분은 이와 전혀 다른 인생관, 가치관의 지배 아래 살아왔음을 보이고자 한다. 이와 관련해서 자본주의로의 길을 연 중요한 사람들 중의 하나인 아담 스미스가, 비록 소유지향적 자본주의가 인간사회를 위한 생산과 번영에 절대적 기여를 한 것은 사실이나 그 같은 물질적 부

---

2) 김윤상, 「토지소유제도와 사회정의의 철학(Utilitarian, Contractarian and Libertarian View on Property in Land)」 참조.

에 대한 소유와 경쟁에 부대끼는 인생이 진정한 행복을 선사할 것으로 기대하는 일은 일종의 기만(deception)이라는 철학적 고백을 했다는 것은 주목할 만한 놀라운 진실이 아닐 수 없다.

설사 물질적 부에 대한 소유욕이 인류의 번영과 풍요를 가져오는 생산적 기여를 했으나 그것이 바로 진정한 행복을 보장하리라고 생각하는 것은 일종의 허망한 기대이며, 경제학적으로는 생산적이긴 하나 철학적인 관점에선 기만적이라는 것이다. 이런 관점에서 볼 때 소유, 생산, 번영, 풍요, 효율, 자본주의 등은 의미 있고 행복한 인생을 위한 수단적 가치와 관련된 것일 뿐 인생의 진정한 의미와 행복 등 목적적 가치와 관련해서는 일상으로부터 거리를 둔 더 깊은 철학적 성찰이 요구된다는 것이다. 이런 관점에서, 우리는 소유욕에 기반한 사유재산권은 결코 절대권이 아닌 상대적 권한임을, 사유권을 정당화해 온 종래의 주요 논변들인 노동논변, 자유논변, 필요논변을 중심으로 검토해 가고자 한다.

노동에 의해 사유재산권을 정당화하고자 하는 논변(로크나 노직에 의해 제시된)에 있어서는 원초적 취득의 대전제인 '타인을 위해서도 양질의 충분한 잉여가 남아 있어야 한다', '타인의 처지를 어렵게 하지 않아야 한다'는 등 소위 로크적 전세(Lockean Proviso)를 충족시키는 난제가 그 설득력을 반감시키는 장애로 지적된다. 그리고 비록 자유경쟁체제를 용인한다 할지라도 오늘날 노동이 단지 육체노동일 수만은 없으며 복잡한 전문기술에 매개되어 있는 노동인 한 모든 노동산물은 이미 거인의 어깨 위에서 이루어지는, 즉 공동체의 역사적, 집단적 성과의 도움으로 이루어지는 것인 한 배타적 소유권이 견지되기 어렵다는 문제도 있다. 설사 잠정적으로 배타적인 소유권을 용납한다 할지라도 공유지분의 이용에 대한 적정한 임대료 혹은 사회적 부채에 대한 상환의 의무가 인정되는 한 소유권은 상대적인 것이라는 귀결에 이르게 된다.

또한 설사 우리가 자유지상주의자(libertarian)인 노직과 같이 사적 소유권을 자유에 의거해서 정당화하는 논변을 전개하는 경우에도 사적 소유권은 절대권일 수 없다는 반론이 가능하다. 우리의 자유개념은 소유의 자유만이 아니라 이용의 자유를 포함한 다양한 자유들로 이루어진 꾸러미 개념(bundle concept)이며 따라서 개인적 자유의 극대화는 바로 다양한 자유들로 이루어진 자유체계의 극대화를 의미하게 된다. 나아가 자유주의의 원리가 '모든 이'의 자유향유를 함축하는 한 자유는 오직 나 개인의 자유가 아니라 나와 동등한 모든 타인들의 자유체계의 향유에 의해 제한되는 한에서 개인의 사적 소유권은 결코 절대권일 수 없게 된다.

기독교 사상에 연원을 두고 근래에 이르러 마르크스에 의해 강조된 바 모든 인간의 '필요'를 강조하는 논변은 원리상 사유재산권이 상대적이고 제한될 수밖에 없는 함축을 갖는다. 기독교의 원리상 우리는 자연자원에 대해 소유권을 가질 수 없고 오직 관리권만을 가질 뿐이며 설사 소유권을 말한다 해도 자연은 인류 모두의 필요충족을 위해 주어진 공유자산일 뿐이다. 따라서 우리가 필요 이상의 재화를 소유하는 것은 탐욕에서 비롯된 악이며 자신의 필요 이상으로 소유한 잉여는 필요한 자에게 양도할 의무가 있는 것이다. 이런 의미에서 '능력에 따라 일하고 필요에 따라 나누는' 마르크스의 이상사회는 특히 생산재에 대한 사적 소유가 용인되지 않는 체제라 할 수 있을 것이다.

이상과 같은 논의로부터 필자는 노동, 자유, 필요에 의거해서 제시되는 바 사유재산권에 대한 정당한 제한이 결국 분배적 정의(distributive justice)라는 도덕개념에 의해 통합될 수 있는 것으로 해석하고자 한다. 결국 사유재산권은 절대권일 수 없으며 그에 앞서 모든 인간의 필요와 자유 그리고 복지를 균등하게 배려하고자 하는 분배적 정의관에 의거해서 사유재산권의 종류와 정당범위가 결정되어야 한다는 견해로 나아가고자 한다. 분배적 정의가 사유재산권에 우선하며 사유재산권은 분배권의 기준에 의거 그 정당화가 이루어져야 할 상대적이고 부차적인 개념임을 논변하는 것에 이 논문의 목적을 두고자 한다.

2. 소유욕의 기만과 소유-목적 논변

근세 이후 자유시장경제를 주도해 온 대표적인 한 사람을 지목한다면 그는 아담 스미스(Adam Smith)라 생각되며 그런 정신을 불어넣은 저술은 『국부론』이라 할 수 있다. 그의 논지에 따르면 시장경제 속에서 고객의 욕구를 만족시키는 데 있어 경쟁자들보다 더 효율적일 경우 우리는 부를 소유하고 축적할 수 있다는 것이다. 이로 인해 자신의 이해관계를 증진하기 위해 우리는 기존에 가용했던 것보다 더 염가로 양질의 재화를 생산하고자 노력하게 된다. 우리가 성공할 경우 시장은 우리에게 부로써 보상하게 될 것이나 실패할 경우 시장으로부터 우리는 퇴출될 수밖에 없다는 것이다. 스미스에 따르면, 이렇게 해서 자신의 사적 이해관계를 추구하는 무수한 개인들의 욕구가 모아져 마치 보이지 않는 손(Invisible Hand, 시장기구의 자율성)에 의거하듯 공적인 이해관계도 도모될 것이라 한다.

부에 대한 개인적 욕구들의 집합적 결과는 국가경제의 번영은 물론 시민사회의 부유한 자만이 아니라 최소 수혜자에게 까지도 이득을 주게 된다는 것이다. 이는 자유시장 경제체제 아래 부를 추구하는 결과로서 나타나게 될 불평들에 대한 대표적 정당근거를 제공하게 된다. 심지어 최소 수혜자마저 정당한 불평을 제시할 근거가 없는 셈인데 왜냐하면 그들이 자유시장적 산업사회 이전의 상태에 머물러 있을 경우의 형편보다 훨씬 나은 형편에 있게 된 것이기 때문이다. 그들은 사실상 아프리카의 왕들보다 나은 생활을 향유하고 있다고 할 수 있다는 것이다.[3)]

그러나 이 같은 견해에 정면으로 배치되는 견해를 제시한 사람은 『불평등론(*Discourse on Inequality*)』을 저술한 장-자크 루소(Jean-Jacques Rousseau)이다. 루소의 논문은 비관적 관점에서 현대 문명을 고인들의 삶과 비교하면서 스미스가 대변하는 부류의 입장에 전적으로 도전하고 있다. 루소는 문명이 흔적을 남기기 이전 인간에게 주어진 대자연의 풍요를 말하며 문명의 해악에 대해 신랄한 비판을 가한다. 그는 특히 사유재산제도를 비난하고 있는데 이는 우리가 필요(need) 이상으로 재화를 축적하게 하고 타인과 상대적 비교에 몰두하게 하며, 부에 있어 그들을 능가하고자 하는 온갖 욕구를 갖게 한다는 것이다. 그에 따르면 이같이 우리의 욕구가 다양하게 증대되는 것은 불평등의 원인이

---

3) R. H. Campbell and S. Skinner, eds., *The Wealth of Nations*, Clarendon Press, Oxford, 1976, p.24.

될 뿐만 아니라 증오, 갈등, 범죄, 전쟁, 사기 등 모든 현대 생활의 제반 악들의 원인이 되고 있다는 것이다.

그러나 아담 스미스는 재산을 축적하고자 하는 욕구를 다른 시각에서 보고 있다. 루소의 비판에 있어서나 『도덕감정론』에서 그는 재산을 축적하고자 하는 욕구나 욕망이 증대한다는 것을 옹호하고 있다. 그에 따르면 재산을 더 많이 축적하고자 하는 욕구로 인해 우리 조상들은 과학과 기술을 발전시키게 되고 이를 통해 지구가 개간, 개발됨으로써 그 거주민들의 삶이 윤택해지게 된 것이라고 한다. 이상과 같이 루소와 스미스는 문명, 시장경제, 사유재산제, 자연개발 등에 대해 서로 상반된 견해로 맞서고 있는 것이다.

그런데 여기에서 우리는 근세 이후 인간의 역사가 루소의 길이 아니라 스미스의 길을 걸어온 것이 현명하고 후회 없는 선택이었는지 자문해 보지 않을 수 없다. 특히 놀라운 사실로서 아담 스미스가 재산을 축적하고자 하는 욕구를 옹호한 것은 그것이 행복에의 길이라는 이유에서가 아니라는 점이다. 스미스는 이와 정반대로 재산을 축적하는 욕구가 행복에의 길이라는 믿음이 일종의 기만(deception)이라고 생각했던 점에서 주목할 필요가 있다. 우리가 추구하는 더 큰 집과 더 많은 재산에 내해 스미스는 다음과 같이 말하고 있다.

> "이 모든 것들을 통해 향유하는 것이 진정한 행복인지 심사숙고해 볼 때 그것은 언제나 가장 하잘 것 없고 별 볼일 없는 것으로 보일 뿐이다. 단지 우리가 그 점을 더 깊은 철학적 관점에서 생각하는 일이 지극히 드문 일일 뿐이다."[4)]

우리가 물질적 부가 주는 쾌락을 생각한다면 그것을 얻기 위해 피땀을 흘리고 노심초사할 만큼 대단히 소중한 것일지 모른다. 그러나 그것이 인생의 의미나 진정한 행복이라고 생각하는 것은 일종의 착각에 기인한다. 결국 스미스가 생각하고 있는 바의 요지는 이러하다. 부나 재산이 우리에게 진정한 만족을 줄 것으로 생각할 경우 우리가 기만당하고 있음은 분명하지만 그러한 기만으로 인해 인간의 문명과 산업이 끊임없이 발전하게 된다는 점에서 일종의 생산적인 기만이라 할 수 있다. 이상과 같이 현대 경제학의 아버지이고 자유시장경제의 위대한 주창자가 말하기를, 그러한 사회는 결국 허망한 욕구의 추구를 통해서 생겨나며, 비록 우리가 그러한 욕구를 충족시킬지라도 진정한 행복을 가져다 주지는 못한다는 것이다.

결국 우리가 친숙하게 알고 있는 아담 스미스는 소유권을 정당화하고 자유경쟁시장을 예찬하는 경제학자로서 스미스의 얼굴이라 할 수 있다. 그러나 그가 자주 표출하지 않았던 숨겨진 또 하나의 얼굴은 이 같은 소유와 경쟁이 인간의 진정한 행복에 역행할 수 있다는 철학자로서 스미스의 얼굴이다. 그가 이 같은 철학적 견해와 통찰을 애써 표출하기를 삼갔던 이유를 이해하는 것은 어렵지가 않다. 소유욕과 경쟁시장을 정당화하고 예찬했을 때 그가 더욱 우선적으로 주목하고 배려하고자 했던 것은 그 당시 화급하게 해결해야 했던 대다수 시민들의 곤궁한 형편이었다. 우선 물질적 궁핍으로부터 어느 정도 해방되기에 이르기까지 그

---

4) Adam Smith, *A Theory of the Moral Sentiments*, Oxford University Press, Oxford, 1976, Vol. IV, ch.1, p.10. Peter Singer, *How Are We to Live?* Prometheus Books, 1995, p.41에서 재인용.

는 이 같은 생산적 기만을 용납하고 철학적 진실의 천기누설을 유보하고자 했던 것이다.

그러나 어디까지나 기만은 기만이고 진실은 진실일 수밖에 없다. 소유와 경쟁이 우리에게 물질적 풍요를 가져올 것은 그에게 의심할 수 없는 믿음이었으나 대부분 철학적 성찰이 부족한 일상인들이 소유와 경쟁을 통해 물질적 부와 더불어 진정한 행복이 보장될 것으로 기대하는 믿음은 기만일 수밖에 없다는 것이다. 경쟁적 가치로서 물질적 부에 대한 소유욕은 부단한 제로섬 경쟁게임을 불가피하게 하고 그 결과는 갖지 못한 자에게 실망과 좌절을 안겨줌은 물론이고 가진 자에게마저 공허와 허망함을 맛보게 할 뿐이라는 것이다. 철학적 성찰은 우리 인생의 의미와 진정한 행복 등 목적가치에 대한 반성으로서 이 같은 반성을 통해 수단에 대한 추구를 넘어 존재하는 목적가치에 각성하게 되는 것이다.

재산권에 대해서는 일반적으로 두 가지 기본적인 정당화 논변이 제시된다. 그 중 하나는 로크적 정당화로서 흔히 재산권에 대한 노동이론(labor theory)이라고도 불린다. 로크에 따르면 사람들은 노동을 투입함으로써 어떤 산물에 대해 재산권을 취득한다. 이 같은 이론은 자본주의적 체제 속에서 순기능을 할 것이며, 사유재산에 대한 신뢰할 만한 정당근거를 제시할 뿐만 아니라 사람들의 노동에 동인을 제공, 부를 획득하게 할 수 있다.

로크의 논변 이외에 재산권에 대한 또 하나의 정당화 논변은 재산권에 대한 헤겔의 이론 혹은 인격이론(personality theory)이라 할 수 있다. 이 견해에 따르면 생산활동은 자기표현이나 자기실현의 행위이며 따라서 생산자의 인격의 확대라 할 수 있다. 생산물 그 자체는 단지 소유의 대상이라기보다 생산자 자신의 일부로서 그의 인격에 귀속되는 것으로 간주한다. 그래서 인간의 자유가 요구하는 것으로서 생산자는 그들이 산출한 것에 대해 일어날 일들을 통제, 좌우할 수 있다는 것이다. 이는 마치 그들이 그들 인격적 삶의 다른 면들을 결정할 수 있는 것과 유사하다.

이상의 두 정당화 논변이 전제하는 윤리적 범주로서 사유재산권과 관련된 근본적인 문제는 재산권 개념이 지나치게 개인주의적(individualistic)이라는 점에 있다.[5] 그것은 노동이나 인격을 투여한 생산자에 초점을 맞춰 그들이 어떤 권한을 갖는지에 집중한다. 그것은 생산물 산출의 사회적 배경을 무시하고 따라서 그들이 나머지 사회와 갖는 윤리적으로 의미 있는 관계를 경시함으로써 균형감을 상실하고 있다. 우리가 재산권이라는 관념으로 출발하면 문제는 자연히 소유권이나 처분권에 집중하게 된다. 그러나 우리가 사안에 대한 더 온전한 견해를 얻기 위해서는 그러한 시각이나 틀로부터 한 발짝 물러날 필요가 있다. 우리가 제안하고자 하는 것은 지금까지 무시되어 왔지만 더욱 전통적인 입장, 즉 자연법(Natural Law) 이론을 이용할 필요가 있다는 점이다.

적어도 아리스토텔레스의 니코마코스 윤리에까지 소급하는 자연법 이론은 좋은 것(善)이 무엇인지를 묻는 것으로부터 출발한다. 아리스토텔레스에 있어 어떤 것의 선(The Good)은 그 본성 속에 내재되어 있으며 선은 그것이 갖는 목적을 달성하는 일이

5) Michael C. McFarland, "Intellectual Property, Information and the Common Good", Richard A. Spinello and Herman T. Tavani, eds., *Reading in Cyberethics*, Jones and Barlett Publishers, 2001, p.259.

다. 이를테면 도토리 열매는 도토리 나무로 성장하는 것이 목적이라 할 수 있다. 그것은 도토리 나무로 성장함으로써 자신의 본질을 성취하고 그 덕(virtue)을 이루게 된다.[6] 인간은 본질상 합리적이고 사회적인 존재이다. 따라서 인간의 자기실현과 행복은 사회 속에서 합리적으로 사는 일을 통해서 이루어진다. 그 같은 삶을 지지하는 덕성에는 여러 가지가 있지만 우정과 사랑이 대표적이라 할 수 있다.

그래서 한 예를 들면 우리는 지적재산이라 부르는 창작물, 특히 전자적으로 저장, 전송될 수 있는 산물들에 있어 그 본성이 무엇인지를 물어볼 수 있다. 미스터리 소설, 자서전, 사진작품, 회화, 작곡 혹은 디자인 등이 공통적으로 가지고 있는 것은 무엇인가? 이들 모든 것은 어떤 의미에서 정보(information)라 할 수 있다. 컴퓨터에 저장될 수 있는 것은 정보를 전송하는 컴퓨터 프로그램을 위시해서 모두가 정보라 할 수 있다. 소프트웨어는 다른 정보들과 마찬가지로 검색, 관리, 수정될 수 있다.

그렇다면 정보의 목적은 무엇인가? 분명 정보의 목적은 개인적 반성, 회화, 음악 등과 같이 일종의 자기표현(self-expression)이라 할 수 있다. 그것은 기계 디자인이나 컴퓨터 프로그램과 같이 어떤 유용한 기능을 수행할 목적으로 만든 산물이라 할 수 있다. 그러나 좀더 근본적인 수준에서 말하면 정보는 의사소통(communication)과 관련된 것이다.[7] 소통이 바로 정보의 목적인 것이다. 정보는 "어떤 사실이나 사건에 대한 지식의 소통이라 할

6) 위의 논문, p.259 참조.

7) 위의 논문, pp.259-260 참조.

수 있다.” 정보가 소통 그 자체가 아니라면 그것은 소통되도록 의도된 어떤 것이다. 정보의 본성과 목적은 의사소통이며 이는 그 선이요 덕이라 할 수 있다. 적절한 정보윤리라 한다면 반드시 이 점을 고려해야 할 것이다.

정보의 또 다른 본질적인 특성은 그것이 역동적이고 누적적(dynamic and cumulative)이라는 점에 있다.[8] 정보는 인간사고의 산물로서 물체적인 것이 아닌 까닭에 정보는 끊임없이 변화하고 성장하며 상호 결합하고 창조되는 산물이다. 지적인 저작은 단일한 한 사람의 정신에서 순수하게 독창적으로 생겨난 것이 아니다. 거기에는 언제나 상호작용이 있고 영향을 서로 주고받는다. 따라서 모든 창작물은 그 선행자를 가지며, 프로그래머는 언제나 선행 프로그래머로부터 배운다. 프리 소프트웨어 제도에 대한 강력한 논변도 단지 그것에 대해 사람들이 비용을 지불할 필요가 없다는 데 있다기보다 다른 프로그래머들이 그것을 자유로이 검색, 그로부터 배울 수 있음을 의미한다. 무료 소프트웨어는 사람이 판독할 수 있는 소스코드가 언제나 접근될 수 있지 않는 한 진정으로 프리하다고 할 수 없다는 것이다.

이상과 같은 지적 저작의 목적과 선은 소통되고 공유될 수 있다는 점에 존재한다. 물론 윤리는 사람과 관련되지, 데이터베이스나 디자인에 있는 것은 아니다. 그러나 정보의 목적을 앎으로서 우리는 정보생산자의 목적과 미덕에 대해 매우 중요한 것을 알게 된다. 중요한 것은 단지 정보의 생산이 아니라 정보의 소통이다. 정보를 담은 성과가 적절한 방식으로 공유되지 않는다면

8) 위의 논문, p.260.

그것은 그 목적을 성취하지 못한 셈이어서 그 덕성을 발휘하지 못할 것이다. 공유가 좀더 효율적으로 될 경우 정보는 더욱 자신의 목적에 부합하며 정보다운 정보가 된다고 할 수 있다.

물론 정보의 생산자는 지적 소유권에 대해 집착하겠지만 더 합당한 관점을 얻기 위해 우리는 한걸음 뒤로 물러나 정보의 의의와 목적에 대해 물어볼 필요가 있다. 그럴 경우 우리는 재산권만 생각할 경우 잃기 쉬운 매우 중요한 통찰을 얻게 된다. 즉, 정보는 소통되고 공유되어야 할 어떤 것이라는 점이다. 정보의 이용과 배분을 위한 윤리적 대책은 비록 생산자의 정당한 요구를 인정할지라도 정보의 사회적 성격을 고려해야만 한다. 이 같은 관점은 개별자의 이해관심에 더하여 나머지 사회의 이해관심까지 고려할 이론적 기초가 된다. 이 점에서 공리주의적 관점이 합당하다고 생각되나 공리주의는 개인의 권리를 소홀히 하는 경향이 있어 역시 균형을 잃을 가능성이 있다.

이상과 같이 소유-목적 논변에서 볼 때 정보의 일차적 목적은 인간들 간의 의사소통에 있으며 그런 관점에서 정보의 자유로운 유통과 소통에 장애가 되는 전 지구적인 지적재산권(IPRs) 체제의 등장과 그로 인한 극심한 정보격차(digital divide)는 재고의 여지가 다분히 있다고 생각된다. 우리는 정보생산자에게 적절한 보상을 보장하면서도 다수자에게 보편적인 정보접근권을 허용할 수 있는 공공재로서의 정보의 성격을 감안한 기반구조를 구축해야 할 것이다. 이 같은 구상에 있어서 서구사회와 차별화되는 아시아의 전통적인 공유적 지식관은 지극히 시사적인 의미를 갖는다고 생각된다.

3. 필요(need)의 충족과 소유권 제한

고대 그리스로부터 초기 기독교 시대를 거쳐 중세 말기에 이르기까지, 달리 말하면 서구 문명사의 4분의 3 이상 동안, 돈을 버는 일은 오명의 대상이었고 특히 돈으로 돈을 버는 일은 심각한 비난을 받아왔다. 그러나 돈을 이용해 돈을 버는 일은 자본주의의 핵심이고 이는 적어도 지난 2세기 동안 서구세계를 지배해 온 경제형태이며 오늘날 세계 어느 곳에도 이를 대체할 유력한 대안은 존재하지 않는 셈이다. 자본주의의 성장과 승승장구로 인해 돈과 소유에 대해 전통을 지배해 온 사조와는 매우 상이한 태도가 생겨나게 된 것이다.

자본주의적 정신의 기원에 대한 권위 있는 연구서인 막스 베버(Max Weber)의 『프로테스탄트 윤리와 자본주의 정신』에 따르면 자본주의 정신에는 무언가 특유한 것이 있다는 것이다. 탐욕적인 것(greedy)으로 말하면 과거에 그에 못지않은 사례들도 많았으나 정작 자본주의에서 특징적인 것은 부의 취득 그 자체가 윤리적으로 인가된(ethically sanctioned) 삶의 방식이라는 것이다.[9] 근세 이전에 돈과 소유는 우리가 그것을 통해 할 수 있는 바를 위해서만 가치 있는 것이었다. 돈과 재산은 음식, 옷, 집을 위시해서 각종 호사스러운 삶을 영위할 수 있게 할 뿐 아니라 사랑과 정치권력까지 돈으로 얻을 수 있다. 그러나 자본주의 사회에서는 돈이 그것으로 살 수 있는 것이기 때문이 아니라 그 자체

9) Max Weber, *The Protestant Ethic and the Spirit of Capitalism*, trans., T. Parsons, Unwin, London, 1930, p.56.

로서 가치 있는 것이며, 나아가 돈이 그것으로 구매할 수 있는 것과 더불어 가치 있는 것이 아니라 재화가 그 교환가에 비례해서 가치 있는 것이 되었다.

베버의 냉소에 따르면 자본주의적 인간에 있어서 평생 일하는 유일한 목적은 "돈과 재화의 엄청난 물질적 하중에 못 이겨 무덤으로 침몰하는 일"이며 우리는 살기 위해 재화를 취득하기보다 재화를 취득하기 위해 산다는 것이다. 미국의 재벌 이반 보에스키(Ivan Boesky)의 티셔츠에는 "죽을 때에 가장 많이 갖는 자가 승자이다"라고 적혀 있다. 이는 바로 베버가 마음속에 두고 있는 자본주의적 태도를 그대로 요약하고 있다. 베버는 말하기를 자본주의 이전 시대에는 이 같은 태도가 전적으로 역전되어 있어서 부의 취득 그 자체를 목적으로 삼는 일은 무가치하고 경멸할 만한 것으로서 변태적 본능(perverse instinct)의 산물로 간주되었다고 한다.[10]

서구 전통사상의 기원은 고대 그리스와 유대 기독교 전통에서 찾아진다. 우리가 우선 그리스로 눈을 돌리면 거기에는 훌륭한 삶(good life)에 대한 열띤 철학적 논변이 있을 뿐 돈과 재화의 취득을 통해 인생의 성공을 논하는 철학자는 찾아보기 어렵다. 플라톤에 따르면 최하층만 제외하고서 통치자나 수호자들은 자신의 가정마저 소유하지 않으며 공동생활을 해야 한다. 부패시키는 돈의 영향으로부터 해방됨으로써 그들은 더 현명하고 정의롭게 통치하게 된다는 것이다. 아리스토텔레스는 플라톤처럼 지나친 유토피안은 아니었고 인간의 자기애를 인정할 정도로 현실주

10) 위의 책, pp.71-72.

의적이었지만, 과도한 자기애만 추구하는 데 대해서는 경고하고 있다.

아리스토텔레스는 정당한 자기애(self-love)와 이기심(egoism)의 구분에 일관되게 부를 취득하는 자연스러운 기술과 금전에 대한 과도한 욕망을 구분했다.11) 돈을 버는 것은 가계에 필요한 것을 제공한다는 목적을 위한 수단인 까닭에 그것은 언제나 목적 그 자체에 의해 제약된다는 것이다. 그런데 아리스토텔레스에 의하면 일부의 사람들은 수단을 목적으로 오인하여 부의 축적 그 자체에 골몰하게 되는데 이를 보여주기 위해 아리스토텔레스는 미다스 왕(King Midas)의 우화를 말한다. 그는 자신이 만지는 모든 것이 황금으로 변하기를 바란 나머지 자신이 먹는 음식마저 입에서 금으로 변함으로써 마침내 굶어 죽게 된다. 아리스토텔레스는 수사학적으로 말하기를, 어떤 것을 엄청나게 소유한다 할지라도 굶어서 죽게 된다면 그것이 과연 부유함이 될 수 있으며 그래서 무엇 하자는 것이냐고 반문한다.

아리스토텔레스는 우리의 필요(need)를 위해 재화를 취득하는 것은 자연스러운 일이며 농축산물로 돈을 버는 것은 언제나 자연스럽다고 보았다. 그러나 돈 그 자체를 위해 돈을 버는 것은 부자연스럽고 그릇된 일로 간주했다. 우리가 농축산물을 생산할 경우에는 자연으로부터 이득을 얻는 것이며 인간에게 가용한 재화의 양을 늘림으로써 돈을 버는 것이나, 재화를 팔고 사는 사업을 통해 돈을 버는 것은 산물의 가치를 추가함이 없이 타인으로

---

11) Aristotle, *Politics*, Book II, trans., B. Jowett, Clarendon Press, Oxford, 1905, p.61.

부터 매매차익을 챙기는 것이라고 한다. 그리고 아리스토텔레스는 가장 사악한 거래는 돈을 빌려주고 돈을 버는 일이며 그것은 가장 부자연스러운 것이라고 하였다.12) 이는 아리스토텔레스의 금전불임론(doctrine of the sterility of money)으로 알려졌다. 돈은 원래 불임이라 돈을 길러서 돈을 번다는 것은 부자연스러운 일이라는 것이다.

서구 사상의 또 한 가지 주요 원천은 유대 기독교 전통이다. 돈놀이나 고리대금업으로 돈을 버는 일은, 처음에는 동족 간의 윤리(tribal ethic)로 시작되었으나 나중에는 보편윤리(universal ethic)로 확립된다. 현세적 부에 대한 예수의 태도는 영생을 원하는 어떤 부자에게 한 그의 말에 잘 나타나 있다. "가서 가진 모든 것을 가난한 이에게 나누어 주라. 그러면 하늘에 보화를 쌓게 될 것이다." 이를 지켜보고 놀란 제자들에게 그는 이어서 말한다. "부를 믿는 자들이 하느님의 왕국에 들기가 얼마나 어려운지 아느냐. 부자가 천국에 드는 일은 낙타가 바늘귀로 들어가는 일보다 어렵느니라."13)

이 같은 가르침을 이어받은 초기 기독교 공동체는 원시공산사회를 방불케 했으며 교부들 역시 가난한 이들에게 구호품을 주는 것은 자선(mercy)의 문제가 아니라 정의(justice)의 문제라 생각했다. 왜냐하면 자연은 모든 이에게 주어진 공유재였고 누구도 자기가 필요한 이상으로 소유할 권리가 없다고 생각했기 때문이다. 그래서 몸을 더럽히는 천박한 직업이 있듯 영혼을 더럽히는

12) 위의 책, p.46.
13) 「마가복음」, 10:17-25 참조.

천박한 일이 있는데 환전상도 바로 그 중 하나로 간주되었다.[14]

이로부터 기독교는 근본적으로 돈을 버는 일과 친화성이 없었으며 사고팔고 하는 과정에서 죄짓는 일은 피하기 어렵다고 말한 레오 교황(Pope Leo)의 진술은 교회법의 일부가 되어 널리 인용되기도 했다. 장사가 하느님을 기쁘게 하는 일은 드물거나 거의 없으며 또 장사가 구원받을 가능성은 희박하다고 생각되었다. 왜냐하면 그들이 얻게 되는 이득은 거의 사기, 거짓말, 이기심의 소산일 수밖에 없기 때문이다. 이에 비해 단순하게 살고 이마에 땀을 흘리며 하느님의 백성에게 먹을 것을 주는 농사꾼은 구원의 기회가 더 많다고 생각했다.

이상에서 나온 두 전통은 13세기 중세 스콜라 철학자들이 아리스토텔레스를 받아들임으로써 서로 융합되어 대단원에 이르게 된다. 아퀴나스(Aquinas)는 자연스럽고 합리적이며 정당한 재산 취득에 대한 견해에 있어 아리스토텔레스의 입장을 그대로 수용했다. 특히 그는 가난한 이에게 구호금을 줄 의무를 논의하는 과정에서 굶주려 죽어가는 이에게 먹을 것을 주지 않는 것은 그를 살해하는 것이나 마찬가지로 보았다.

이같이 다소 극단적인 견해는 그가 다음과 같은 질문을 제기했을 때 더욱 고조된다. "필요를 참지 못해 훔치는 것은 합법적인가, 어떤가?(Whether it is lawful to steal through stress of need?)" 이에 대한 대답에서 그는 재산에 대한 자연법적 견해(natural law view of property)로부터 가히 혁명적인 함축을 이끌어낸다. 그는 "어떤 사람이 자신의 필요에 못 이겨 타인의 재산

14) Peter Singer, 앞의 책 p.60에서 재인용.

을 공개적으로나 비밀리에 취함으로써 이를 채우는 것은 합법적이며, 이는 절도나 도둑이라고 말할 수 없다. 이웃의 절실한 필요를 구제하기 위해 타인의 재산을 비밀리에 취하는 것도 마찬가지다"라고 하였다.15)

결국 재산권이란 절대권이 아니며 일정한 한계와 제한을 갖는다는 것이다. 사유제산제도는 나름의 목적을 지니며 일부의 사람이 그러한 제도의 목적을 능가할 정도로 많이 소유하게 되면 그들이 과도하게 소지한 것은 충분히 갖지 못한 자들을 위한 잉여물인 것이다. 타인들이 긴박한 필요와 궁핍한 상황에 처하게 되었을 때 잉여의 부를 소유할 정당한 권한은 존재하지 않는다는 것이다. 아사의 위험에 처해 있는 사람이나 그들을 도와야 할 형편에 처한 사람은 잉여의 부를 가진 자의 것을 취할 권한이 있다.

이 같은 기독교적 이념을 실천함에 있어 오늘날 더 이상 지리적, 인종적 장벽은 통하지 않는다. 따라서 지구 어느 곳에서이든 기근으로 고통당하는 자들을 돕기 위해 부자로부터 재산의 일부를 받아내는 것은 도둑도 절도도 아닌 것이다. 왜냐하면 우리는 자연법에 의거해서 이미 충분한 정도 이상으로 소유한 자보다 필요와 궁핍에 처한 자에게 마땅히 귀속되어야 할 것을 취하기 때문이다.

소유권의 목적인 동시에 그 정당한 한계를 지정해 줄 필요의 문제를 합당하게 이해하기 위해 마르크스의 정의관에 나오는 필

---

15) Thomas Aquinas, *Summa Theologica* II-II, Question 67, art 7, pp.1479-1480.

요관을 주제적으로 논의해 보는 것은 도움이 될 것이다. 사회철학, 특히 사회정의의 개념과 관련해서 인간의 필요(need)에 대한 특히 중요한 두 가지 방식의 분류가 있다. 그 중 하나는 기본적(basic) 필요와 부차적(non-basic) 필요로, 다른 하나는 진정한(genuine) 필요와 거짓된(false) 필요로 나누는 것이다. 사회는 그 성원들의 기본적 필요를 그들의 생산성에의 기여, 도덕적 응분 등에 상관없이 충족시킬 의무를 갖는다는 생각은 오늘날 복지국가 이념의 기본적인 전제들 중의 하나이다.

물론 이러한 신념에 대해서도 일부 자유지상주의자들로부터 반론의 여지가 없는 것은 아니나, 이는 현대 사회를 지배하는 정의관의 기조를 이루고 있다고 할 수 있다. 또한 기본적인 것으로 간주되는 필요의 목록 역시 시간과 장소의 여건에 따라 상대적이고 한결같을 수는 없으나 일반적으로 기본적 필요는 생존과 직접적으로 관련되는 삶의 기본 요건과 결부되어 있으며 이런 기본적 필요의 충족을 돕는 것이 인간의 일반적 의무라는 견해는 사회정의에 대한 지배적 신념 속에 깊이 뿌리내리고 있다.[16)]

이런 견해는 공동체가 기본적인 필요 이상의 것을 충족시키는 것은 의무가 아니라는 주장을 함축하며 부차적 필요의 충족 문제는 사회정의의 범위를 넘어간다는 것을 암시하고 있다. 이에 대한 이유는 일정 지점을 넘어가면 필요에 따른 분배가 공적(desert)에 따른 분배와 충돌할 수 있다는 점과, 필요가 일정 수준을 넘게 되면 지극히 애매모호하다는 점이다. 특히 두 번째 이유

---

16) W. Sadurski, "To each according to his (genuine?) needs", *Political Theory*, 1983, pp.419-431.

와 관련해서 주목할 것은 기본적인 필요도 아주 정확한 개념은 아니지만 어떤 범위까지가 가장 기본적인 것인가에 대해 어느 정도의 합의가 있을 수 있는 데 비해 더 부차적인 필요의 적용 방식을 규정하는 일은 거의 불가능하다는 점이다.

그런데 마르크스가 "능력에 따라 일하고 필요에 따라 나눈다"는 공식에서 염두에 두는 바는 단순히 기본적인 요구에만 국한된 것이 아니며 따라서 이 두 번째 이유는 필요에 따른 분배라는 마르크스의 정의 공식에 대한 비판의 논거로서 흔히 제시된다. 즉 필요는 가장 기본적인 필요의 영역을 넘어서면 애매할 뿐만 아니라 무한정 하다는 것이다. 이런 의미에서 각자에게 그의 모든 필요에 따라 재화를 분배한다는 것은 지극히 유토피아적이고 실현 불가능하다는 것이 비판의 요지이다.

그러나 물론 마르크스의 정의론에 있어 유토피아니즘이 없는 것은 아니나 이런 소박한 반론에 대해서는 나름대로 응답이 제시될 수 있을 것이다. 마르크스가 공산주의 사회에 있어서 필요에 따른 정의로운 분배공식을 만들어낼 때 염두에 두었던 것은 개인들이 느끼는 모든 현실적 필요가 아니라 합리성이나 합당성(rationality, reasonableness)의 기준을 통과한 일부의 필요만이다. 각자에게 그의 필요에 따라 분배한다는 공식은 마르크스의 해석에 따르면 가능한 모든 필요를 함축하는 것이 아니며 또한 그것은 복지 이념의 일반적 기조인 기본적 필요에만 국한되는 것도 아닌 것이다.

마르크스와 엥겔스는 공산주의 사회는 모든 합리적인 필요의 충족을 가능하게 하는 사회라 했으며, 이에 비추어볼 때 그들의 주장이 유토피아주의라는 소박한 비판은 지지되기 어렵다. 필요의 충족이란 사회의 경제적 역량의 함수일 뿐만 아니라 필요의 합리성이라는 기준의 함수이기도 하기 때문이다. 합리성의 기준을 통과하는 양이 적을수록 그것을 충족하는 데 요구되는 경제적 역량은 적어도 되는 것이다.[17] 결국 마르크스에 있어서 합리적 필요의 수준은 고정된 것이 아니라 인간성의 발전 결과에 따라 변화하는 동시에 물질적 풍요의 수준에 따라 변하기도 한다. 따라서 합당한 필요의 수준은 인간성의 변화에 상관적이며 사회의 일반적인 물질적 부에 상관적이라는 점에서 두 가지 의미로 상대적인 개념인 것이다.

물질적 부와 관련된 상대성은 일부의 사람으로 하여금 마르크스 철학에 있어 필요의 무한정한 성격을 암시하는 결론으로 나아가게 했고 그래서 그 만족의 원리가 갖는 유토피아적 성격을 비판하게 한 것이다. 이런 한 가지 의미의 상관성만 보면 마르크스의 정의관이 유토피아적이라는 생각이 옳을 수도 있다. 그러나 마르크스에 있어서는 인간성과 관련된 또 하나의 상대성이 존재하는 까닭에 욕구의 무제한한 충족을 보장한다는 의미에서의 유토피아주의는 피할 수가 있다.

그러나 이는 다시 진정한 필요와 거짓된 필요라는 논의와 관련된 또 다른 어려움을 결과하게 된다. 필요의 이 두 번째 유형의 상대성은 그것이 인간성의 변화의 함수로서 특히 인간존재의 지속적인 완성과 개선의 함수이며, 인간성에 있어서의 이러한 개선은 인간이 그들의 이타적이고 사회적인 감정에 의거한 그들의 필요에 따라 자기 제한을 부과함으로써 생겨난다. 이것은 또 다

17) 위의 논문 참조.

른 의미에서 비현실적 유토피아주의가 아닐 수 없다고 생각된다.

물론 이것은 진정한 인간성에 대한 명료한 해명을 요구하는 것으로서 마르크스에 따르면 인간은 본질적으로 선량하고 창조적이며 평화애호적인 사회적 존재이다. 그의 공격성, 이기주의, 소유욕은 착취 사회의 역사적 조건에서 결과된 것으로서 일단 이러한 조건이 제거되면 사람들은 그러한 감정에서 해방될 것이며 그런 감정은 그의 진정한 인간성의 소외된 표현으로 간주하게 된다. 그래서 이러한 해방은 사회적 존재로서의 진정한 인간의 회복이다.

그런데 인간성의 이러한 변화는 마르크스에 있어서 미래사회에 도래할 인간성에 대한 예견일 뿐만 아니라 공산주의의 정의로운 분배원리의 실현이나 시행을 위한 선행적인 필요조건이기도 하다. 각자에게 그의 필요에 따라 분배할 수 있기 위해서는 사람들이 자발적으로 자신의 필요에 한계를 부과해서 그들의 필요를, 타인에게 불이익을 줌이 없이 만족시킬 수 있도록 합리적인 필요만을 요구해야 한다. 엥겔스가 분명히 진술한 바와 같이 미래사회는 새로운 인간(New Man)을 산출할 뿐만 아니라 그런 사회로 나아가기 위해서도 새로운 인간이 요구되는 것이다.

그러나 인간의 가소성은 마르크스나 엥겔스가 믿었던 만큼 크지 않으며 인간이 원래 폭력적, 이기적, 공격적이 아니라 선량하고 평화적이며 이타적이라 믿을 이유도 없다고 본다. 또한 이러한 가정을 정의론이 필요조건으로 한다는 것은 중대한 결과를 가져오며, 즉 정의로운 분배의 전 체계가 인간성의 변화에 달려 있게 되며 그것을 정의실현의 관건으로 간주하게 되는 것이다. 이런 발상 자체는 지극히 유토피아적일 뿐만 아니라 현실적으로 그것은 또 다른 위험을 내포하게 된다.

사회정의는 인간의 현실적 모습 혹은 예견할 수 있는 가까운 미래상을 고려해야 하며 인간의 이상적 모습에 의거해서는 안 된다. 그렇지 않을 경우 본질적으로 개변되지 않는 인간성의 조건 아래 사회정의를 실천하고자 할 때 그것은 불가피하게 사회정의의 이름으로 인간을 조종하고(manipulate), 인간에게 이데올로기적 주입(indoctrinate)을 하지 않을 수 없게 되는 귀결에 이른다.

4. 자유(liberty)의 향유와 소유권 제한

아담 스미스를 비롯해서 로크를 거쳐서 헤겔에 이르는 사유재산권을 옹호한 자들은 전통적으로 소유권과 개인의 자유를 관련지어 왔다. 최근에는 자유지상주의자(libertarian)인 노직이 사유재산권과 개인의 자유 간의 관계에 대한 새로운 논변을 제시했고, 이는 복지국가적 간섭주의와 그러한 복지정책을 지지하는 분배적 정의관에 대항해서 재산권에 대한 자신의 옹호론을 전개하려는 의도에서 이루어졌다.[18] 노직의 주장은 정형적(patterned) 분배정의 원리를 시행할 경우, 이는 불가피하게 개인의 자유를 제약하고 개인의 삶을 부당하게 간섭하는 결과를 가져온다는 것이다. 자유방임적 입장에 대한 옹호론은 오랜 전통을 갖는 것이기는 하나, 노직의 논변은 새로운 설득력을 갖는 것으로서 많은 사람들에게 깊은 인상을 주었다.

그런데 C. C. 라이언이 지적하듯이, 이 논변에서의 문제는 그

18) R. Nozick, *Anarchy, State, and Utopia*, Basic Book, 1972 참조.

것이 사유재산권과 그러한 권리가 보장하는 자유를 미리 전제하고 있다는 점이다.[19] 또한 노직이 내세우고 있는 바 자유로운 교환은 자연히 생산수단의 사유화를 결과하게 된다는 주장 역시 광범위한(extensive) 사유재산권을 전제하고 있을 경우에만 타당하게 된다. 그런데 자본주의자와 사회주의자 간의 정의관 논쟁은 대체로 사유재산권의 존재 여부에 달려 있기 때문에 이런 권리를 당연한 것으로 전제하는 노직의 논변은 이를 받아들이지 않는 자들에게 별다른 설득력을 갖지 못한다는 데 문제가 있다.

노직이 사유재산권의 가치를 자명한 것으로 간주하는 이유는 그것이 개인의 자유와 밀접한 관련이 있기 때문이라고 생각된다. 그러나 라이언의 비판에 따르면, 만일 우리가 사유재산제도 그 자체가 다수자의 자유에 대한 지속적인 침해를 내포하는 것임을 입증할 경우 노직의 논변은 자멸적인 것으로 판명되며, 나아가 이는 노직이 옹호하고자 하는 자기소유권(self-ownership)이라는 자유주의의 기본 전제와도 상충하는 치명적인 결과를 가져오는 것이 아닐 수 없다.[20]

주지하다시피 정형적 정의론에 반대해서 노직은 개인적 자유와 정형적 원리는 언제나 서로 대립한다고 주장한다. 자유는 관행화된 기존의 정형을 뒤엎게 마련이고, 반대로 최소국가(minimal state) 이상의 공권력에 의해 이러한 정형을 유지하고자 하는 시도는 언제나 개인의 자유를 제약하기 마련이다. 어떤 정

---

19) Cheyney C. Ryan, "Yours, Mine and Ours: Property Rights and Individual Liberty", Jeffrey Paul, ed., *Reading Nozick*, Rowman Littlefield, 1981, p.324.

20) 위의 책, pp.324-325.

형적 분배이론도 사람들의 삶에 대한 지속적 간섭 없이 실현될 수는 없기 때문이다.[21] 따라서 노직에 의하면, 소유권적 이론을 옹호하는 주요 논거는 그것이 개인적 자유와의 양립 가능성이라는 것이다.

전통적으로 최소국가 이상의 국가로서 복지국가에 대한 비판자들은 자원의 더욱 공정한 분배를 유지하거나 결과하기 위한 정부의 간섭은 사유재산권의 침해를 함축한다고 생각했다. 그런데 사유재산권에 대해 절대적 가치가 부여되었던 시대에는 이것이 분배정책에 반대하기 위한 아주 정당한 논거로 간주되어 왔다. 그러나 사유재산권이 신성불가침인 시대는 이미 지났으며, 따라서 사유재산권을 미리 전제하고서 그에 모든 것을 걸고 있는 논변은 그 자체로서는 대단한 설득력을 갖기 어렵다.[22] 그러한 논변에 의거해서 다른 어떤 정의관보다 소유권 이론이 우월하다는 것이 입증되리라고 생각하는 노직의 기대는 무리가 아닐 수 없다. 왜냐하면 다른 모든 정의관은 소유권에 대한 기본 신념을 공유하지 않기 때문이다. 사회주의적 정의관에 대한 비판자들이 사유재산권을 전제할 경우 그들은 사회주의적 이념의 핵심을 놓치고 있다는 비난을 면할 수 없는 것이다.

이런 이유로 해서 노직이 보여주고자 하는 것은 개인의 자유가 정형을 교란하게 된다는 점이며, 따라서 우리가 소유권적 정의론을 채택하게 되는 이유는 사적 소유권이 아니라 개인의 자유라는 점을 입증하는 데 주력하고 있다. 그가 내세우는 주장은

21) R. Nozick, 앞의 책, p.163.

22) C. C. Ryan, 앞의 논문, p.328.

사유재산권에 대한 입장과는 상관없이 개인의 자유에 대해 우리의 공통된 신념이 자기가 내세우는 정의원리에 동조할 것을 요청한다는 것이다. 이러한 주장이 타당할 경우, 그것은 정형적 정의원리가 받아들여질 수 없음을 보여주기 위해 요구되는 설득력을 갖는다. 왜냐하면 자유의 가치에 대한 합의를 가정하는 것은 확실히 합당한 것이기 때문이며, 시민의 자유를 지속적으로 침해하는 어떤 사회체제도 바람직하지 않기 때문이다. 그래서 노직은 개인의 자유에 대한 이러한 기본 신념 위에 정형적 정의원리에 대한 반론을 세우고자 하는 것이다.[23)]

그런데 다른 한편 자유는 소유물에 대한 어떤 정형적 분배 방식도 교란시킨다는 논변과 자원의 자유로운 이용은 자연히 생산수단의 사유재산화를 결과한다는 논변은 광범위한 사유재산권을 미리 가정하는 데 근거하고 있다. 노직의 논변을 지지하는 근거는 바로 그가 이러한 소유권에 대해 제시할 수 있는 정당화에 달려 있다. 따라서 이러한 정당화가 타당한 것일 경우 다른 사회이념에 대한 노직의 공격도 성공할 것이나, 그렇지 못할 경우 그의 논변이 성공하지 못할 것이다. 이러한 점을 밝히는 것이 바로 우리가 이 절에서 논의하고자 하는 핵심이라고 할 수 있다. 노직이 자신의 권리개념에 대해 제시하는 논거는 무엇인가?

언뜻 보기에 그는 아무런 논거도 제시하지 않는 것으로 보인다. 그는 자신의 책 서두에서 "이 책은 개인의 권리에 대한 도덕적 근거에 대해 정확한 이론을 제시하고 있지 않다"고 말한다.[24)]

---

23) R. Nozick, 앞의 책, p.60.

24) 위의 책, p.xi v.

나아가서 그는 사유재산권에 대한 전통적인 정당화 몇 가지를 명시적으로 혹은 암암리에 거부하고 있다. 그는 재산권의 효율성에 의거한 공리주의적 정당화를 비판하고 있으며, 또한 인간이 자신의 노동을 무소유(unowned)의 대상과 결합할 때 권리가 생겨난다는 로크의 견해도 비판한다. 나아가서 노직은 홉스처럼 이러한 권리가 사회계약의 산물일 수 있음도 배제한다. 왜냐하면 그는 사회계약적 접근 방식이 아니라 '보이지 않는 손'에 의거한 방법론을 옹호하고 있기 때문이다.

여기에서 일련의 권리에 대한 근거를 논의함에 있어 노직과 롤즈의 이론 간에 존재하는 중대한 구조적인 차이에 주목해 볼 필요가 있다.[25] 노직은 일련의 권리들을 가정하고 인간의 자유와 이러한 권리들 간의 관계가 자명하다는 것을 전제하고서 이러한 권리들에 의해 설정되는 계약조건 내에서 생겨날 정치체제를 검토하고자 하며, 그렇게 해서 보이지 않는 손의 접근법에 귀착하고 있다. 하지만 롤즈의 이론에 있어서는 일련의 권리를 가정하는 데서 시작하지 않으며, 그러한 권리들은 그 자체가 계약상황의 논의에 회부되어야 한다.

롤즈는 그의 이론이 경제체제와의 관련에서 중립적이라고 생각하나, 공정으로서의 정의에 근거할 때 광범위한 사유재산권에 대한 반대 논거가 구성될 수 있다. 이런 관점에서 롤즈의 접근 방식은 처음부터 기본권을 전제하고서 출발하는 노직의 접근 방식에서는 단적으로 제시되지 않는 정의의 관점으로부터 사유재산권을 평가할 수 있는 잣대를 제공하는 셈이다. 따라서 어떤 권

25) C. C. Ryan, 앞의 논문, p.336 참조.

리를 존중할 것인지에 대한 지극히 중대한 논점에 있어서 롤즈의 이론은 훨씬 더 강력하다는 것이 드러나게 된다.

노직이 사유재산권에 대한 정당화를 생략하고 있다는 사실을 우리는 어떻게 해석할 것인가? 노직은 이러한 문제에서 우리의 도덕적 직관에 단적으로 호소할 수 있을 것으로 생각한다. 물론 도덕이론의 정당화에 있어 이러한 직관에 의거하는 것이 중대한 역할을 하고 있기는 하나, 개인의 재산권 문제에 있어 이러한 직관적 호소는 설득력을 갖기 어렵다. 이는 자본주의자와 사회주의자의 정의관 간의 중대한 논쟁점과 관련해서 노직이 갖는 직관의 편향성을 노정할 뿐이다.

사유재산권에 대한 노직의 기본 입장은 그러한 권리가 개인의 자유, 자율성의 가치에 의해 요구된다는 그의 신념에 기초하고 있다. 이러한 권리를 제한하는 정의관에 대한 반대 논변에 있어 노직은 시종일관 개인의 자유에 호소한다. 또한 사유재산과 개인의 자유를 관련지음에 있어 그는 자유방임주의를 옹호하는 전통에 가담하고 있다. 만일 그러한 관련이 분명하다면, 그것은 사유재산권을 받아들일 강력한 논거를 구성하게 된다.[26] 왜냐하면 자유에 대해 우리가 공유하고 있는 기본 신념이 그러한 권리에도 이행될 수 있기 때문이다.

그런데 여기서 우리가 논변하고자 하는 것은 사유재산과 자유 간의 그러한 관련이 분명하지 않다는 점이다. 왜냐하면 사유재산 제도 그 자체가 오히려 개인적 자유에 중대한 제약을 초래할 뿐만 아니라 그것을 지속시킨다는 주장도 제기될 수 있기 때문이

26) 위의 논문, p.336.

다. 소유권이 자유를 제약하는 방식은 사유재산과 개인의 자유를 관련지으려는 자들에게 심각한 난점을 제시하게 되며, 노직은 이러한 난점을 적절히 처리하지 못하고 있다.[27] 여하튼 더욱 중요한 것은 정형적 정의론에 반대하는 노직의 논변이 자유를 위해 소유권을 옹호하고자 했다면, 소유권에 반대하는 논변 역시 자유를 위해 소유이론의 난점을 제시하고 있다는 점이다.

잠시 소유권의 역사적 전개과정을 살피는 것이 우리의 논의에 도움이 될 것이다. 라이언이 요약하고 있는 소유권의 역사에 따르면, 자본주의 이전의 재산형태에서는 대부분의 공동체가 거대한 공유지를 가졌고, 모든 성원은 그로부터 목축과 농사와 주거를 해결했다. 모든 거주자는 토지에 대한 이용권을 가졌으며, 이용의 자유는 모든 시민의 기본적 자유로 간주되었다. 그러나 엔클로저 운동에 뒤이어 이 토지는 공유로부터 사유로 넘어갔으며, 토지소유권의 이전이 이루어지게 된다.

근세 이후 소유권의 확대는 대부분의 주민이 지금까지 누리던 권리의 폐기를 의미하는 것이다. 다시 말하면 그것은 토지 이용권의 엄청난 감소와 토지를 사용할 자유의 심대한 제한을 뜻하는 것이다. 이는 결국 많은 사람이 가진 권리와 자유로부터 비교적 소수가 가진 사적 권리로의 이행을 함축하는 까닭에 우리는 사적 소유권의 확대가 다수 성원의 자유를 감소시키는 결과를 가져왔다고 말할 수 있을 것이다.[28]

이상과 같은 주지의 역사적 사실로부터 우리는 개인적 소유권

---

27) 위의 논문, pp.336-337.

28) 위의 논문, p.337.

에 대한 반대 논변을, 그것이 가져온 자유의 전반적 감소를 지적함으로써 쉽사리 구성할 수 있을 것이다. 그런데 여기에서 논의되고 있는 자유는 노직이 자유 일반에 대해 이야기할 때 염두에 두고 있는 것과 동일한 것이 아니라는 점에 주목할 필요가 있다. 정형에 대한 노직의 반대 논변은 특히 재산을 처분할 수 있는 자유(즉, 소극적 자유로서의 재산권)와 관련되어 있는 데 비해 사적 소유권에 의해 제한되는 자유는 재산을 이용할 수 있는 자유(즉, 적극적 자유)로서의 복지권이다. 우리의 관심이 총체적 자유에 있다면 소유와 관련된 모든 자유가 고려되는 것이 마땅하며, 따라서 이런 방식으로 사유재산권의 확대에 대한 반대 논변이 제시될 수 있는 것이다.

요약해서 말하면 비록 우리가 소유권을, 소유물에 대해 갖는 하나의 권리(a right)라고 말할지라도 사실상 그것은 소유물을 이용할 권리를 포함해서 그것을 처분, 양도할 권리 등 권리들의 꾸러미라고 할 수 있다.[29] 그리고 이러한 각 권리들은 그 소유주가 그의 소유물과 관련해서 갖는 특정한 자유들을 보장하며, 때로는 그러한 특정한 자유를 구분하는 일이 필요하다. 이미 논의한 바와 같이 노직이 자유에 의거해서 정형에 반대하는 논변을 제시할 때, 그의 논거는 사실상 자유 일반이 아니고 소유자가 그의 재산을 처분할 수 있는 특정한 자유이다. 이에 비해 사유재산에 반대하는 논변 역시 자유에 의거하고 있으나, 이것이 의거하는 특정 자유는 일련의 소유물을 이용할 수 있는 비배타적인 자유이며 재산을 교환할 자유는 여기에서 중요하지 않다.

---

29) 위의 논문, Conclusion 참조.

일단 우리가 소유물에 대해 갖는 권리들의 다양성을 이해하고 그런 권리가 보장하는 여러 종류의 자유를 인식할 때, 우리는 자유가 그 자체로서 특정한 자유를 보장하지만 사유재산을 타인이 이용할 자유를 그들로부터 박탈하는 결과를 가져오게 된다. 추상적인 의미의 자유만으로는 사유재산권이 채택되어야 할지 어떨지를 결정할 수가 없다. 우리가 이러한 권리를 채택한다면, 그것은 우리가 어떤 특정한 자유를 더 귀중하게 생각하기 때문이며, 다른 권리가 보장하는 자유보다 이러한 권리에 의해 보장되는 자유에 더 큰 가치를 부여하기 때문이다. 나아가서 그러한 가치평가 역시 정당근거를 물을 수 있는 것이다.

5. 분배적 정의와 소유권의 정당화

재산권의 정당화에 대한 논의가 언제나 사회정의에 대한 논의와 관련되어 왔다는 것은 놀라운 일이 아니다. 재산권에 대해 어떤 입장을 갖든 간에 재산권이 존재한다는 것은 사람들이 가치있는 사물을 소지, 이용, 처분하는 것과 관련하여 자신에게 돌아올 몫에 대해 안정된 기대를 갖는다는 것을 전제한다. 그런데 이러한 기대는 적어도 어떤 면에 있어서 각자에게 정당하게 돌아올 몫에 대한 (묵시적이건 명시적이건 간에) 사회적 합의의 산물인 것이다.

일단 이러한 기대치의 정당성이 의문시되고 타인의 재산권을 침해하지 않고서 그 기대를 존중하려는 의무가 설득력이 없게 되거나, 혹은 불가침의 영역을 확대하는 것이 제안될 경우 분배적 정의에 대한 논쟁은 새롭게 시작되지 않을 수 없는 것이다.

이러한 의미에서 분배적 관점에서 본 재산권 문제는 지금까지의 논의를 평가하고 이 문제에 대한 새로운 전망을 얻는 데 긴요하다 할 것이다.

그러나 이상과 같은 사실에도 불구하고 재산권과 사회정의의 관계가 갖는 정확한 성격을 해명하기란 그리 쉽지가 않다. 그 한 가지 이유로 양자 간의 관계는 우리가 그리는 정의로운 사회에 대한 상이한 입장에 따라 달라지기 때문이다. 자본이나 생산재의 사유에 대한 허용 여부를 중심으로 한 논쟁은 분배정의에 대한 평등주의와 차등주의 간의 상충과 관련해서 문제되고 있다. 그리고 분배의 방식과 더불어 중요한 것은 사회가 정의롭기 위해서 사회성원들 간에 배분되어야 할 대상이 무엇인가라는 문제이다. 상충하는 정의관 간의 차이는 그들이 내세우는 분배의 규칙 못지않게 그 규칙이 취급할 분배의 대상에 있다는 점도 염두에 두어야 할 것이다.

이상의 관점에서 볼 때 롤즈와 노직은 그들의 정의론으로부터 합당한 재산권 체계를 이끌어내고자 한다는 점에서 일치한다. 그러나 재산권의 실질적 내용에서 그들은 서로 입장을 달리하며, 이는 그들의 상이한 정의관에 의해 온전히 설명될 수 있다. 물론 사회정의를 그 분배석 측면에서 이해힐 경우 분베보다는 소유권을 강조하는 노직의 입장에서는 다소 부적합성이 없는 것은 아니다. 하지만 그의 이론도 기본적으로 분배적 정의론이며, 단지 일차적으로 분배될 대상이 로크적 재산권으로서 그 성격상 추후의 재분배적 시도를 배제하고 있을 뿐이다. 따라서 노직에 있어서 재산과 정의 간의 관계는 처음부터 명료하게 드러난다.

이에 비해 다양한 기본선(primary goods)의 분배원리에 따라

규제되는 롤즈의 정의로운 기본 구조론에서는 사회적 협동에 있어 재산과 정의의 관계가 곧바로 드러나지 않는다. 롤즈의 분배적 정의론에 따르면, 한편에서는 법적인 재산권과 다른 편에서는 더 넓은 제도적 맥락에서 개인들이 그러한 권리를 행사했을 때 생겨날 사회적 결과 간의 구분이 중요하고, 나아가 법적인 재산권의 내용과 범위는 그것이 가져올 사회적 결과들의 정의 여부에서 판정되어야 한다는 것이다. 롤즈의 정의론에서 재산권에 대한 주제적 논의가 없을 뿐 아니라 그에 대한 해석상의 불확정성을 보이는 이유도 바로 정의에 비해 재산권이 갖는 부차적 성격에 기인하는 것으로 생각된다.

정의의 절차적 측면과 분배적 측면에 대한 롤즈와 노직 간의 형식적 차이는 없는 것으로 보인다. 우리가 알고 있듯이 노직의 이론은 자기소유에 대한 자연권의 배분에서 암암리에 평등을 전제하고 있으며, 그로부터 정의로운 취득과 정의로운 양도를 규율하는 그의 절차적 혹은 역사과정적(historical) 원칙이 도출된다. 만일 이러한 원칙들이 사회 속에서 제대로 준수되고 있다면, 사람들은 언제나 그들의 정당한 소유권을 보존하게 되며, 따라서 어떤 순간에 있어 소유물의 분배 방식이 어떠하든 간에 사회정의는 실현되고 있는 셈이다.

마찬가지로 정의로운 분배에 대한 롤즈의 원칙도 재산의 정의로운 취득과 양도를 위한 법규를 포함하는 정의로운 기본 구조를 규율하는 것이다. 그래서 만일 상속세, 증여세 등과 같이 재산의 재분배를 허용하는 법규를 포함해서 공공 법규의 총체가 효율적인 방식으로 제대로 운용될 경우 모든 사람은 그러한 체제 아래서 정당하게 소유할 수 있는 재신을 갖게 되는 것이다. 그럴 경우 소유재산이 사람들 간에 어떤 방식으로 배분되든 전적으로 정의로운 사회라 할 수 있을 것이다.

물론 롤즈는 노직에 비해 정의의 분배적 측면을 더 강조하고 있으며, 이에 비해 노직은 실제로 '분배'라는 말을, 재산의 부당한 침해를 유발할 가능성이 있는 달갑지 않은 말로 생각한다. 또한 노직은 정의의 절차적 측면을 철저히 강조하나, 그에 비해 롤즈는 단지 그것을 분석적인 방법론의 맥락에서만 다루고 있는 듯하다. 그러나 이러한 차이점들은 분배 대상의 선택에서 중요한 차이가 있다는 사실에 의해 설명된다. 이미 언급한 바와 같이 노직의 일차적 관심은 인간의 재산권에 있다. 일단 사회가 동등한 자기소유를 인정함으로써 그러한 재산권이 보장될 경우 더 이상 분배나 재분배의 여지가 남지 않는다. 바로 이러한 이유에서 노직은 다른 정의관의 분배적 요구에 대항해서 자신의 소유권 이론을 옹호하고 있는 것이다.[30)]

이와 대조적으로 롤즈는 기본 선에 의해 중대한 영향을 받게 될 삶에 대한 인간적 기대(human expectations of life)에 관심을 갖는다. 따라서 소유권에 대한 논의가 있기 이전에 사회체제는 그 사회의 최소 수혜자의 기대치가 극대화될 수 있도록 그러한 기본 선을 분배해야 하는 것이다. 따라서 분명한 것은 롤즈의 정의론에서 바람직한 재산권 형태는 사회의 기본 구조가 분배의 원칙에 의해 구성되는 방식으로부터 도출되는 것이다.

또한 강조되어야 할 것은 삶에 대한 인간적 기대와 관련해서 자유라는 기본 선이 여타의 다른 기본 선에 비해 절대적 중요성

30) R. Nozick, 앞의 책, pp.149-150 참조.

을 갖는다는 점이다. 그러한 취지에서 롤즈는 여타의 기본 선에 대한 자유의 우선성에 관한 복잡한 논변을 전개하고 있으며, 그에 기초해서 정의의 두 원칙에 대한 축차적 서열을 부여하게 되는 것이다. 이러한 의미에서 롤즈 역시 앞서 논의한, 자기소유권에 기초한 자유주의적 전통의 계승자임을 확인할 수 있다고 생각된다.

롤즈에게 있어서 사회의 기본 구조는 다음과 같은 특성을 갖는 것으로 요약될 수 있다. 기본적 자유는 의회 민주주의적 체제에 의해 보장되어야 하며, 또한 이러한 민주주의는 명시적으로 그 경제제도가 시장체제에 의해 조직될 것을 요구한다. 이런 방식을 통해서 평등한 시민적, 정치적 권리는 직업 선택의 자유 및 소비자 선택의 경제적 자유와 결합된다. 이 같은 배경적 체계 속에서 여타의 기본적 선들의 배분이 이루어진다. 그리고 롤즈 정의론의 요체는 평등한 자유가 전제되어야 할 뿐만 아니라 차등의 원칙에 의해 명시되는 바, 그러한 자유의 사용가치(use-value: 마르크스적 용어법을 빌리면) 또한 공정하게 배분되어야 한다는 것이다.31)

그리고 합당한 공공교육 체제와 진정으로 경쟁적인 시장이 존재하고, 그래서 실질적으로 상당한 정도의 평등한 자유와 기회균등이 보장될 경우 각자에 있어서 자유가 갖는 가치는 그들의 경제적 지위에 따라 어느 정도 차등이 있을 수도 있다. 이러한 의미에서 차등원칙의 핵심은 자유의 가치를 공정하게 배분함에 있어 완전한 경제적 평등이 요구되지는 않는다는 점이다. 오히려

31) J. Rawls, *A Theory of Justice*, Harvard Press, 1971 참조.

반대로 이상과 같은 기본 구조 아래서는 경제적인 차등이 완전 평등에 비해 모든 이의 처지를 더 개선해 주리라는 것을 내세우고 있다. 이와 같은 차등적 체제가 최소 수혜자의 복지에 기여하는 것이 분명한 것인 한, 그러한 체제는 정의롭고 바람직하다고 생각될 수 있다.

이상에서 논의한 롤즈의 정의론이 정의로운 기본 구조에 있어서의 재산권과 관련해서 무엇을 함축하는 것인가? 특이하게도 롤즈는 이 점에 관해서 그리 분명한 입장을 밝히지 않은 채 그러한 문제와 관련된 논의에 도움이 되는 몇 가지 일반적인 점만을 시사하고 있다. 우선 그는 자유시장체제와 생산수단의 사적 소유 간에 어떤 본질적 관련도 없다고 주장한다. 따라서 시장체제는 사회주의적 제도, 특히 국가나 사회집단이 모든 생산자원을 소유하는 사회적 소유형태와 온전히 양립 가능하다고 본다.[32] 사실상 롤즈는 정의로운 기본 구조가 노동자에 의해 관리되는 형태의 시장경제에 의해서도 구성될 수 있음을 암시하고 있다.

그러나 한편 롤즈는 이상과 같이 자신의 정의원칙이 체제에 대해 중립적인 것임을 시사하면서도 다른 한편 분배정의의 배경적 제도를 자본과 자연자원의 사적 소유를 허용하는, 적절히 조직된 민주국가의 관점에서 예시하고 있기도 하다. 물론 이러한 맥락에서도 개인의 완전한 소유권은 지나친 재산 축적에 한계를 두게끔 제약받게 된다.[33] 롤즈는 증여에 대한 제한조건과 더불어 자본소득과 재산상속에 대한 특별 과세를 제안한다. 이러한 절차

32) 위의 책, sec.42 참조.

33) 위의 책, sec.43 참조.

들에 일관된 기본 목표는 재산의 광범위한 분포를 조장하여 평등한 자유의 공정한 가치가 유지되기 위한 필수조건을 확보하려는 것이다. 달리 말하면 이러한 목표는 특히 정치적 자유의 공정한 가치를 보장하기 위한 것으로서 이들 자유가 유린될 경우 누적적인 부정의가 산출된다는 점에 근거하고 있다.[34)]

이상과 같이 살펴볼 때, 우리는 롤즈의 입장이 다양한 해석의 여지를 허용하는 불확정성을 내포하고 있다는 느낌을 갖게 된다. 다시 말하면 재산권의 정당화 문제와 관련하여 롤즈의 정의론은 상충하는 여러 입장을 지지할 수 있는 이론이라는 생각이 든다. 롤즈를 자유주의적으로 해석하는 자는 롤즈의 관점에 서서 사회주의적 소유양식에 반대할 것이며, 사유재산권에 대한 최소한의 제약만을 옹호하려 들 것이다.

개인의 소유권이 노직의 주장에서와 같이 절대불가침의 것은 아닐지라도 사적 소유권은 정의의 제1 원칙이 보장하는 기본적 자유의 목록에 분명히 포함되어 있다고 본다. 따라서 설사 시장체제가 생산수단의 사유 없이도 효율적으로 작동할 수 있을지는 모르나, 그것이 생산수단의 사유를 폐기할 근거는 될 수 없다는 것이다. 오히려 이러한 기본 자유는 다른 자유들과 양립 가능한 한 최대로 보장받아야 하며, 제1 원칙의 우선성으로 인해 다른 어떤 명분으로도 재산권이 침해될 수 없다는 것이다.

그러나 좌파적 입장에서 해석하는 롤즈적 사회민주주의자들은 롤즈의 정의론을 좀더 면밀히 검토해 볼 경우, 그가 사유재산에 대한 기본적 자유를 생산수단이 배제되는 방식으로 규정하고 있

---

34) 위의 책, p.226.

다고 주장할 것이다. 롤즈는 (개인적) 재산을 소지할 권리에 대해서만 언급했을 뿐인 까닭에 생산수단의 사유제를 포기하는 것은 정의의 제1 원칙과 일관성을 갖는 것이 분명하다는 것이다. 그리고 실제로 사회주의적 소유체제가 제대로 구성될 경우 기본 구조의 정의를 더 증대시킬 수 있다고 본다.

롤즈는 상이한 기본적 자유들이 서로 조정되어 전반적 자유의 가장 광범위한 체계를 결과해야 한다는 점을 명시하고 있다.[35] 그런데 총체적 자유는 민주주의적 참여의 정치적 자유가 노동의 영역에까지 확대됨으로써 엄청나게 증대될 수 있음이 명백하다는 것이다. 생산재의 관리와 의사결정에 노동자들이 참여함으로써 생겨날 자유의 총량은 사유재산권과 관련된 선택의 자유를 침해함으로써 잃게 될 자유의 총량을 훨씬 능가할 것이라는 게 사회민주주의자들의 주장이다.

여하튼 이상의 논의를 통해서 볼 때 기본 가치의 배분(결국은 삶의 기대치에 대한 배분)과 기본 구조의 재산 형태 간의 관련에 대해 롤즈의 정의론은 구조상의 불확정성(structural indeterminacy)을 함축하는 듯이 보인다. 그러나 재산권의 정당화에 있어서의 이러한 불확정성은 분배정의의 관점에서 재산권을 보고자 하고, 따라서 재산권이 정의라는 목석에 의해 조정되어야 할 수단적, 부차적 제도로 보고자 하는 롤즈의 특유한 입장에서 유래한 것이라 생각된다. 이런 의미에서 재산권과 관련된 정의론의 불확정성은 이론상의 결함으로서의 애매모호성이라기보다는 재산제도의 수단적 가변성으로 해석되어야 할 것으로 보인다.

---

35) 위의 책, p.226.

따라서 재산권과 관련된 법적 제도는 정의의 원칙에 의거해서 자동적으로 도출되는 것이라기보다는 그러한 원칙이 구체적인 현실에 적용되는 과정에서 여러 가지 역사문화적, 사회경제적 매개 변수에 의해 달라질 수 있을 것으로 생각된다. 이런 관점에서 볼 때, 롤즈의 재산권론은 다양한 해석 가능성을 허용한다기보다는 다양한 적용 가능성을 갖는 정합적인 하나의 통일된 입장으로 해석되어야 하는 것이다.

이 점과 관련하여 우리는 롤즈의 차등원칙이 단지 현존하는 재화와 용역만으로 시작하는 것이 아니라는 점에 주목할 필요가 있다. 즉 그는 그러한 총량이 노직이 말한 바 하늘에서 떨어진 만나(manna from heaven)처럼 이미 현실적으로 주어진 고정된 것으로 전제하지 않는다는 점이다. 따라서 정의의 원칙은 생산과 배분의 모든 과정에서의 정의를 행하고자 한다. 즉 그것은 생산성에 대한 개인의 기여를 적절히 고려할 뿐만 아니라 파레토효율-평등점의 제약을 적절히 고려하고자 한다. 바로 이러한 이중적 강조점을 모두 고려하는 데 그 특징이 있으며, 이는 그의 재산권 개념을 이해하는 데 지극히 중대한 의의를 갖는다.

앞에서도 밝힌 바와 같이 롤즈는 시장체제, 소비자 선호, 직업의 자유선택을 옹호하면서도 그에 상응하는 바 생산수단의 사유에 대한 특정한 입장을 내세우지 않고 있다.[36] 이는 달리 표현하면, 롤즈는 원리상 정의를 보장하는 경제체제를 옹호하고자 한다고 할 수 있다. 이러한 체제는 역사상 그 기본 요소로서 사유재산체제를 함축하고 있으나, 롤즈는 그러한 제도에 대한 확신이

36) 위의 책, pp.270-271, 300.

없다. 그럴 경우 그의 이론은 사적 소유 없는 자본주의(capitalism without ownership)를 옹호하는 셈이며, 결국 소유의 문제는 의도적으로 미제로 남기고 있는 셈이다.

그래서 이미 논의한 대로 롤즈는 생산수단의 사유뿐만이 아니라 생산수단의 사회적 소유도 허용하고자 한다. 결국 그에게 생산수단의 소유 문제는 어떤 체제가 차등의 원칙을 만족시키는가를 관찰함으로써 경험과학적으로 정해질 문제이다. 사적 소유나 공적 소유 혹은 두 가지 혼합형 중 어떤 것이든 특정한 산업구조나 경제체제 내에서 차등의 원칙을 만족시킬 수 있는 까닭에 사유나 공유, 개인 소유나 집단 소유에 대해 롤즈는 원리상 불가지론적인, 따라서 개방적인 입장을 취하게 되는 것이다.[37)]

그에게 더욱 중요한 것은 어떤 소유형태가 정당화될 것인가를 결정해 줄 원리를 제시하는 일이며, 기존의 소유형태가 이러한 기준을 충족시키는지 여부를 검토하고자 한다. 그에 의하면 생산수단의 소유제도는 기본적인 경제제도이기보다는 사회의 기본구조 속의 배경적 제도 중의 하나이다.[38)] 사유 혹은 공유의 문제는 그것이 개인의 재능과 능력을 계발, 이용하여 재화나 용역의 생산성이 증대되는 결과를 조장할 경우에만 정당화된다. 따라서 소유제도는 증대된 생산성에 기여하는 바에 따라서 규정되며, 이는 결국 정의로운 소유양태가 차등의 원칙에 의해 결정되는 것임을 의미한다.

롤즈에 따르면, 소유제도는 정의롭게 질서 지어진 사회의 기본

---

37) 위의 책, pp.273-274, 258-282, 271-274, 280-282 참조.

38) 위의 책, pp.266, 284 참조.

구조에서 마지막으로 올려지는 벽돌에 비유할 수 있다. 이는 소유의 문제가 그 중요성에서 사소한 것임을 의미하기보다는 그 제도가 언제나 규범적 평가의 관점에서 볼 때 개변의 가능성을 내포하기 때문이다. 소유제도는 다른 배경적 제도들과 더불어 차등원칙에 의해 측정되는 바 그 현실적 기여, 즉 사회적 재화의 생산력을 제고하여 최소 수혜자의 삶의 기대가 극대화되는 결과에 따라 평가되는 것이라 할 수 있다.

결국 롤즈에 있어서 생산재의 특정한 소유형태에 대한 기본구조상의 권리는 없는 셈이다.39) 사적 소유권이나 경영에 대한 개인의 기본권이 없는 것과 마찬가지로 공적 소유권이나 노동자가 경영에 참여할 기본권도 미리 정해져 있는 것이 아니다. 이런 점에 대한 롤즈의 입장은 개인의 재산 소유에 대한 그의 주장과 대조를 이룬다. 개인 재산에 대한 소유권은 정의의 제1원칙에 포함된 기본권으로서 이미 보장된 기본적 자유이다.40) 롤즈는 생산재의 소유 문제를 관리나 경영의 문제와도 구분하지 않음으로써, 이들 모두가 증대된 생산성의 측정 가능한 기여도에 의해 평가된다는 점에서 본질적으로 차이가 없으며 따라서 소유도 경영과 같은 기준과 관점에서 의사결정이 이루어지고 평가되어야 한다는 것이다.41)

---

39) John Rawls, "The Basic Liberties and Their Priority", *Taner Lectures on Human Values*, 3, pp.12, 53-54 참조.

40) J. Rawls, "Reply to Alexander and Musgrave", *Quarterly Journal of Economics*, 88(1974), p.640.

41) J. Rawls, *A Theory of Justice*, p.280.

마르크스의 사적 소유 비판과 공동체 사상의 전통

| 한 승 완 | 국제문제조사연구소 |

1. 들어가는 말

거역하기 어려운 세계화의 물결이 전 지구를 휩쓸고 있는 오늘날 자본주의 비판의 전통에서 본질적 역할을 했던 요소가 사라졌다. 그것은 소유의 문제이다. 현재 반세계화 운동에서도 주요한 자리를 차지하고 있는 것은 이른바 '신자유주의적 세계화', 즉 탈규제화, 민영화, 노동유연성 제고, 구조조정 등에 대한 반대와 저항이다. 과거 19세기 중반 이래 자본주의적 경제에 대한 비판의 근저에 자리하고 있던 사적 소유에 대한 비판과 그 대안의 모색은 서구 사민주의와 노조의 프로그램에서도 다만 우회적으로 언급되고 있을 뿐이다. 이렇게 된 가장 큰 이유는 무엇보다 과거 현실 사회주의의 몰락일 것이다. 자본주의적 사적 소유에 대한 대안으로 70여 년 동안 실험되었던 국가소유 형태는 역사적으로 붕괴되고 더 이상 미래의 비전으로 받아들여지기 어렵게 되었다.

그럼에도 불구하고 여기서 마르크스의 사적 소유 비판을 논하는 이유는 필자의 생각에 그 동안 이 비판이 갖는 중요한 한 의미가 충분히 부각되지 못했기 때문이다. 그 의미는 소유형태에 대한 마르크스의 논의가 정치경제학적 비판의 차원과 더불어 개인발전과 공동체적 삶에 대한 철학적 차원을 함축하고 있다는 점이다.

역사의 발전은 개인화 과정이고 이는 동시에 강한 혈연적, 문화적 공동체성의 상실의 과정이자 새로운 공동체성의 형성의 과정이다. 필자가 보기에 마르크스는 그의 비판적인 철학적, 정치경제학적 이론개입에서 개인화 과정이 이루어낸 역사적 성과를 상실하지 않고 더 높은 단계에서 이 공동체적 성격의 회복을 분석하고 기획하려 일관되게 시도하였다. 그것은 원자화된 개인들의 상호 적대적인 상호작용을 극복하고 '연합된 개인들의 상호 배려와 연대'를 기획하는 것이라 할 수 있다. 이런 점에서 그의 소유권에 대한 논의는 공동체 사상의 전통 속에 있다 할 수 있다.

이하에서는 마르크스의 소유권 개념을 분석함으로써 인간의 공동적 삶의 기초로서 사적 소유의 대안을 자유롭게 해석해 보려 한다. 우선 개인발전과 공동체 형성을 기준으로 역사 전체를 높은 추상적 차원에서 3단계로 정리하는 내용을 분석한다. 이어서 개인과 사회적 공동성, 혹은 공동체의 관계를 사적 소유형태의 변형에 대한 논의와 연결시켜 논하고자 한다. 이는 노동과 소유의 분리 및 통일이라는 시각에서 그의 공동체 사상을 재구성하는 작업과 병행하여 진행된다.

2. 개인발전과 공동체 형성의 역사발전 단계론

역사를 개인의 자유와 자기실현의 가능성이 증대하는 과정으로 파악하고 그것이 가능한 공동체의 조건이 무엇인가라는 문제는 초기부터 일관된 마르크스의 이론적, 실천적 관심사였다. 청년 마르크스가 공산주의에 접근하는 것은 포이에르바하의 공동체를 강조하는 인간학의 영향하에서 이루어진다. 포이에르바하에 따르면, 개별 인간의 본질은 도덕적 존재에 있는 것도, 사유하는 존재에 있는 것도 아니다. "인간의 본질은 오직 공동체, 즉 인간과 인간의 통일에만 있는 것이다." 바로 이러한 인간의 공동체적 본질은 마르크스가 공산주의와 결합하는 접점이 된다. 다시 말해 '인간과 인간의 통일'이라는 인간의 본질은 마르크스에게서 개인들의 연합에 기초한 미래 공동체의 모습으로 나타난다.

유적 존재로서의 인간이 자기를 실현할 수 있는 미래 공동체는 노동 분업이 지양된 상태, 지배가 지양된 상태, 개별화가 극복된 상태를 말한다. "모든 개인은 (다른 사람과의) 공동체에서 자신의 소질을 모든 측면으로 발전시킬 수 있는 수단을 갖는다. 따라서 공동체에서 비로소 인격적 자유는 가능하다. 이제까지 공동체의 대용물이었던 국가에서 인격적 자유는 지배 계급의 상태로 발전한 개인들에게만 존재했다." 이제까지 국가라는 형태로 존재했던 공동체의 대용물은 '가상의 공동체(die scheinbare Gemeinschaft)'에 불과하다. 왜냐하면 이 공동체에서는 그 구성원의 일부, 즉 지배 계급의 구성원만이 자유로울 수 있었기 때문이다. 그러므로 기존의 공동체는 피지배 계급에게 '전적으로 기만적인 공동체'일 뿐만 아니라 그들의 능력을 발전시킬 수 없게 만드는 '족쇄'이다. 이에 반해 미래의 '현실적 공동체(die wirkliche Gemeinschaft)'에서는 모든 개인들이 연대 속에서 그리고 연대를 통해 자유를 획득한다.[1] 모든 구성원이 자유롭게 자아를 실현한다는 진정한 의미의 '현실적 공동체'는 마르크스에게 있어 미래에 실현될 것인 동시에 기존 체제로서의 '가상의 공동체'를 비판하는 준거점 역할을 한다.

일반적으로 마르크스의 역사관에 대해 5단계 발전관, 즉 원시 공산주의, 고대 노예제, 봉건주의, 자본주의, 사회주의 및 공산주의의 발전이라는 도식을 말한다. 그러나 '개인발전'과 '공동체 형

---

1) Karl Marx und Friedrich Engels, *Karl Marx, Friedrich Engels Werke*, Dietz Verlag, Berlin, 1968- [이하 MEW라고 표기하고 권수와 쪽수를 명기함], 3, p.74. 현실의 자본주의 사회에서 개인들이 연대하여 공동체를 이루지 못하고, 공동체적 삶과 이기적 삶이 분열되어 있을 수밖에 없다는 것이 초기부터 일관된 마르크스의 비판적 시각이다. 마르크스는 「유대인 문제에 관하여」에서 부르주아적 인권에 대해 다음과 같이 표현하고 있다. "인권(droits de homme)은 그 자체로서 공민권(droits de citoyen), 즉 국민권과 구별된다. … 무엇보다 먼저 우리는 공민권과 구별되는 이른바 인권이란 부르주아 사회 구성원의 권리, 다시 말해서 인간들과 공동체로부터 분리된 이기적 인간들의 권리 이외에 아무것도 아니라는 사실을 확인한다."(MEW, 1, p.363 이하) 여기서 마르크스는 인간이 부르주아 사회의 구성원으로서의 인간, 즉 부르주아와 정치적 공동체의 일원, 다시 말해 공민으로 분열되어 있다는 점을 적시하고 있다. 따라서 해방은 이러한 공적 인간과 사적 인간으로의 분열을 극복한 상태로 상정된다.

성'이라는 우리의 맥락에서는 논자들에게 크게 주목을 받지 못했던, 역사 전체를 3단계로 구분해서 보는 관점이 유효하다. 마르크스는 1857년부터 자신의 생애를 건 저작인 『정치경제학비판』을 직접 서술하기 시작한다. 그는 최초로 자기 나름의 건축술에 따라 이 비판적 작업을 서술한, 우리에게 『정치경제학비판 요강(*Grundrisse der Kritik der politischen Ökonomie*)』으로 알려진 미발표 원고에서 '예속관계와 개인의 발전'을 축으로 역사를 3단계로 구분하여 논하고 있다. 여기서 마르크스는 교환관계의 발전, 즉 화폐 경제의 출현과 발전을 분석하면서, 그것이 갖는 역사적 함축을 단편적으로 보여주고 있는데, 이때 역사발전은 '보편적으로 발전한 개인'으로 나아가는 '개인의 발전사'로 파악된다.2) 이

---

2) MEW, 42, pp.91. (이하의 논의에서는 이 부분을 벗어난 인용만 전거를 명기함.) 물론 마르크스의 역사발전 3단계론을 과연 그의 일반 이론으로 재구성할 수 있는가라는 의문이 제기될 수 있다. 우선 원고 자체가 미발표 수고에 지나지 않고, 발표된 다른 저작에서 이러한 3단계론이 다시 등장하지 않으며, 원고의 내용도 매우 함축적이라는 점이 지적될 수 있겠다. 그러나 3단계론이 일반적으로 마르크스의 역사발전이라 주장되는 5단계설과 배치되지 않으며, '경제적 사회 구성체의 연쇄'라는 시각 이외에 '개인의 발전사'라는 시각으로 그것을 보완하고 있다는 점을 먼저 강조해야 하겠다. 둘째로 『요강』이 습작의 성격을 지닌 것이라는 점을 인정한다 해도, 이 습작만큼 후기 마르크스의 사상적 풍부함을 보여주는 저작이 없다는 것도 지적되어야 하겠다. 오히려 그의 생전에 출판된 『자본』에서는 『요강』에서의 풍요로운 사상적 갈래들이 절단되고 축약되었다고 말할 수 있다. 그리고 물론 비록 축약되거나 전면에 드러나지 않았다 하더라도 개인의 발전을 축으로 역사를 보는 그의 시각은 초기, 특히 『독일 이데올로기』에서 후기의 『자본』에 이르기까지 일관되는 그의 입장이라 할 수 있다. 이 부분에 대한 철학적 논의의 단초는 다음의 논문에서 얻었다. Russell Keat, "Individualism and Community in Socialist Thought", John Mepham, David-Hillel Ruben, ed., *Issues in*

점에서 이미 그의 공동체 사상에는 포이에르바하의 인간학과 더불어 개인과 공동체 사이의 진정한 매개를 가족, 시민사회, 국가라는 인륜성의 형식으로 고민한 헤겔 법철학의 문제성이 계승되고 있음이 드러난다.

먼저 첫 번째 단계는 '인격적 예속관계'의 단계로서 역사 5단계설의 도식에 따르면 가부장제, 고대 노예제, 봉건제를 포함하는 시대라고 말할 수 있다. 이 단계에서는 엄밀한 의미에서 개인은 존재하지 않는다. 생물학적 개체로서의 인간은 자생적으로 혹은 역사적으로 직접 가족이나 씨족, 즉 공동체로 확장되어, 개인과 공동체에 대한 뚜렷한 분별 의식이 존재하지 않는다. 여기서는 혈연에 기초한 지배 예속 관계가 공동체 질서의 중심축을 이루며, 구성원들의 서열에 기초한 분배가 이루어진다. 그리고 이 서열은 각 구성원이 행하는 특정한 형태의 노동과 그 생산물에 의해 결정된다. 이때 공동체 내의 구성원의 관계가 '인격적' 예속관계라 함은 어떤 사물적 매개 없이 직접적으로(인신적으로) 지배가 행사된다는 뜻이다. 그러므로 인신에 대한 직접적이고 물리적인 강제, 즉 폭력은 일상적으로 이루어진다. 또한 이때의 인간관계는 철저히 대면적인 특성을 지닌다. 구성원은 저마다 다른 구성원의 얼굴과 신체의 특성, 버릇뿐만 아니라 그의 인생사를 알고 있다. 그리고 구성원들이 공유하는 삶의 의미와 가치는 그것이 통용되는 공동체 안에서 거의 '자연적 질서'와 같은 위상을 갖는다. 즉 의미와 가치의 변화가 일어난다 해도 그것은 일부 영

Marxist Philosophy, Vol. IV. Social and Political Philosophy, Harvester Press, Sussex, 1981, p.137.

웅적 인물에 의해 주도될 뿐, 평범한 다수의 범인들은 스스로 공동체를 구성하거나 선택할 수 없는 만큼 삶의 의미와 가치를 불변의 가치로 받아들일 수밖에 없다.

그렇다고 이 관계가 '순수한 인격적 관계'만이라고 보는 것은 환상이다. 봉건 관계도 일정한 시기에 이르면 그 영역 내에 '사물적인 성격'을 지닌다. 즉 예속관계가 더 이상 직접적 폭력에 의해 유지되는 것이 아니라 상품이나 화폐와 같은 사물을 매개로 하여 지탱되기 시작한다. 그러나 이때의 사물적인 관계는 여전히 국지적이고 편협한 것이며, 따라서 예속관계 전체는 인격적인 것이다. 이에 반해 근대 자본주의적 세계에서도 '인격적인 관계'가 나타날 수 있는데, 그것은 "생산관계와 교환관계의 순수한 유출물로 등장한다"는 점에서 이 단계와 그 성격을 달리한다.[3) 이 첫 번째 단계에서 인간은 밀접한 인격적, 대면적 관계망의 공동체 속에 갇혀 있다고 할 수 있다.

두 번째 단계는 '사물적 예속관계에 기초한 인격적 자립'의 단계로서 자본주의 시대를 말한다. 우선 여기서 자립적 개인이 비로소 사회적 실재로서 등장한다. 신분적 속박으로부터 해방된 개인들은 "자립적이고 서로 자유롭게 관계 맺는 것처럼" 보인다.[4) 개인은 저마다 상품 소유자로서 평등하고 자유로우며 법적으로 독립적인 인격체로 인정받는다. 그러나 이 자립성은 단지 환상에 지나지 않으며, 좀더 정확하게 말한다면 상호 무관심이다. 이러한 가상의 인격적 자유를 획득한 개인들은 각자의 욕구 충족을

3) MEW, 42, p.98.

4) MEW, 42, p.97.

위해 보편적인 등가 교환 체제에 들어감으로써 상호 관계를 맺게 된다.

이제 전통 공동체의 속박으로부터 자유로운 개인은 화폐로 발전하는 교환가치라는 사물을 매개로 해서만 다른 개인과 관계를 맺게 된다. 사물적인 예속관계라 함은 개인들의 "사회적 관계가 자립화되어 겉보기에 자립적인 개인들에 대해 대립하는" 상태이다. 개인 대 개인의 사회적 관계는 교환가치라는 사물의 사회적 관계로 전화된다. 이 단계에서도 인간의 인간에 대한 지배 예속관계는 존속된다. 자신의 노동력을 상품으로 팔지 않으면 생존할 수 없는 개인과 생산수단을 소유한 개인 간의 교환관계는 외면상 평등한 계약관계로 보이나, 실제로는 전자의 후자에 대한 지배 예속 관계일 뿐이다. 그리고 이것이 자본주의적 경제 질서의 근간을 이루는 노동과 자본의 관계, 즉 '자본관계'이다. 하지만 이 '자본관계'는 형식적 자립성을 획득한 개인들에게 인간에 의한 인간의 지배로 느껴지지 않는다. 오히려 그것은 자본이라는 사물이 인간을 지배하는 형태로 나타난다.

이때 개인들 간의 공동성의 확보는 첫 번째 단계에서처럼 직접적이고 자생적인 방식으로 이루어지지 않는다. 그것은 교환가치를 매개로 한 보편적 교환관계 속에서 간접적인 방식으로만 나타난다. 공동체적 성격은 교환관계에 들어가는 주체로서의 개인들에게는 낯선 것, 외부에서 주어지는 것으로 파악된다. 따라서 자본주의의 보편적 교환관계에서 생산과 소비의 전면적인 의존은 동시에 생산자와 소비자의 상호 무관심이다. 여기서는 '비교'를 위해 의사소통 수단이 발전한다. 그러나 이것은 본질적으로 불안정한 것이며 항시 위기를 안고 있다. 왜냐하면 공동성의 확보는 항시 차후적으로 이루어지기 때문이다. 이에 반해 미래의 공산사회에서는 '비교'가 아니라 '현실적인 공동성과 일반성'이 확보된다.5)

이렇게 두 번째 단계의 자본주의 사회에서 개인들 사이에 차후적으로 확보되는 공동성은 개인들에게 이차적인 것, 비본질적인 것으로 나타난다. 그들에게 일차적이고 본질적인 것은 그들의 자립성이다. 공동성은 각 개인의 자립성의 실현을 위해 필요한 절차 혹은 결과일 뿐이다. 그러나 마르크스가 보기에 이 개인의 자립성이라는 것도 사실 가상에 불과하다. 왜냐하면 개인들 사이의 지배와 예속 관계는 사라진 것이 아니라 다만 사물적 관계에 가려져 있을 뿐 온존하기 때문이다. 나아가 인간관계가 교환가치의 관계라는 사물관계에 의해 매개되는 것을 넘어서 실제로는 지배되고 있기 때문에, 이 자본주의 사회는 소외된 사회라는 것이다. 그렇지만 개인의 발전을 축으로 역사 전체를 조망하는 우리의 맥락에서는 이 "사물적 예속관계에 기초한 인격적 자립"의 단계에서 "비로소 최초로 일반적인 사회적 물질대사, 보편적 관계, 전면적 욕구와 보편적 능력의 체계"가 형성될 수 있다는 점이 중요하다. 첫 번째 단계의 전통 공동체가 갖는 편협성을 분쇄하고 보편적인 교환관계 속에 들어갈 때, 개인은 비로소 비록 불구이나마 미래사회의 주체가 될 가능성을 갖게 된다.

마르크스에게서 '근대적 개인'이란 속박되지 않은 개인이며, 그런 점에서 '반(反)공동체적 개인'이라 말할 수 있다. 이때 공동체에 속박되지 않았다 함은 곧 해방적 의미를 지닌다. 특정 공동

5) MEW, 42, pp.94-95.

체의 혈연적, 지연적, 문화적 편협성을 타파하고 전 세계의 어느 곳에서도 거주할 수 있는 개인이 출현할 조건을 마련한다는 의미에서 자본주의는 그 안에 '문명화 경향'을 지니고 있는 것이다. 자신의 고향의 대지로부터 추방되어 도시 공장 주변의 노동자 주택 단지로 이주할 수밖에 없었던 엄청난 수의 인구 대이동은 한편으로 이들에게 전통 공동체로부터의 '뿌리 뽑힘'을 가져왔지만, 다른 한편으로 전통 공동체로부터의 '해방'을 가져왔던 것이다. 그러나 이들 개인이 자본주의적 교환관계하에서 아직 공동성을 자기의 본질로 갖지 못하고 그것을 시장을 통해 차후적으로 확보하는 한, 공동성은 이 개인에게 비본질적인 것이다. 자본주의는 엄청난 잠재력을 지닌 개인을 출현시키지만, 개인과 공동체의 비본질적인 관계라는 한계로 인해 이 잠재력은 충분히 발현되지 못한다.

세 번째 역사발전 단계는 '자유로운 개성'의 연대로서 미래의 공산주의가 이에 해당된다. 이 단계의 개성은 "보편적인 개인의 발전에 기초하고, 그들의 공동적, 사회적 생산성을 자신들의 사회적 재산으로 종속시킨 것에 기초한 자유로운 개성"이다. 우선 이러한 개성이 성립하기 위해서는 먼저 '보편적으로 발전한 개인'을 낳는 두 번째 단계, 즉 자본주의적 보편적 교환관계가 전제조건이다. 다시 말해 "이러한 개성이 가능하게 되는 능력 발전의 정도와 보편성은 바로 교환가치의 기초 위에서의 생산을 전제로 한다. 이러한 생산은 개인의 자기 자신으로부터의 소외 및 타인으로부터의 소외의 일반성과 아울러 개인의 관계와 능력의 일반성과 전면성(全面性, Allseitigkeit)을 만들어낸다."[6] 즉 자본주의 사회는 소외를 전면화시키는 부정적 측면뿐만 아니라 다양한 인간관계와 고도의 생산 능력을 구비한 개인을 만들어내는 긍정적 측면을 지니고 있다는 것이다. 이러한 보편성, 즉 "보편적인 교환 속에서 산출된 개인의 욕구, 능력, 향유, 생산성 등의 보편성"이야말로, 부르주아 경제체제가 가져온 긍정적 결과로서의 실질적인 '부(富)'인 것이다.[7] 자본주의 교환 체제는 한편으로 경제적 가치라는 의미에서의 부, 결국 자본의 자기 증식을 초래하는 부 이외에 이러한 전면적으로 발전한 욕구, 능력, 향유, 생

6) MEW, 42, p.95.

7) MEW, 42, p.396. 마르크스는 교환가치적 의미에서의 부 이외에 자본주의 경제체제가 낳은 실질적인 부에 대해 다음과 같이 서술하고 있다. "어떤 편협한 민족적, 종교적, 정치적 규정하에 있든 인간이 언제나 생산의 목적으로 나타나는 고대의 세계관이 생산이 인간의 목적이고 부가 생산의 목적인 근대 세계보다 더욱 숭고한 것처럼 보인다. 그러나 사실상 편협한 부르주아 형태를 제거하고 나면, 부란 보편적인 교환 속에서 산출된, 개인의 욕구, 능력, 향유, 생산성 등의 보편성 이외에 다른 무엇이겠는가? 자연력, 즉 소위 자연의 힘 및 개인 자신의 고유한 본성의 힘에 대한 인간 지배의 완전한 발전 이외에 무엇이겠는가? 발전, 다시 말해 미리 주어진 척도에 따라 평가되지 않는 모든 인간 능력 자체의 발전의 총체성을 자기 목적으로 삼는 이전의 역사발전 이외에 다른 어떤 전제도 없이, 개인의 창조적인 잠재성의 절대적인 구현 이외에 다른 무엇이겠는가? … 부르주아 경제학과 그것이 조응하고 있는 생산의 시기에서 인간 내부의 이러한 완전한 구현은 완전한 박탈로 나타난다. 이러한 보편적인 대상화는 총체적인 소외로, 모든 특정한 일면적인 목적의 파괴는 어떤 전적으로 외면적인 목적에 자기 목적을 희생하는 것으로 나타난다. 따라서 한편으로는 유치한 고대 세계가 더 높은 것으로 보인다. 다른 한편으로 이 모든 것에도 불구하고 폐쇄된 형태, 형식 및 주어진 한계를 찾는 곳이 바로 고대 세계다. 고대 세계는 편협한 입장에서의 만족이다. 반면 근대는 만족스럽지 못한 상태로 내버려두거나, 근대가 만족된 것으로 나타난 경우에 그것은 저속하다." (MEW, 42, p.395 이하)

산성과 그것을 원하고 향유하고 다룰 줄 아는 개인이라는 의미에서의 실질적인 부를 창출한다는 것이다. 따라서 마르크스가 보기에 이러한 개인이 출현할 조건이라 할 수 있는, "무계급 사회를 위한 물질적 생산과 그에 상응하는 교류관계", 즉 보편적 교환관계라는 조건이 충족되지 않은 상태에서 소외를 극복하려는 것은 "돈키호테 같은 짓"이다.8)

다음으로 미래사회가 실현되기 위해서는 두 번째 단계에서 출현한 개인들이 "자신의 사회적 관계를 자기 자신들의 공동적 관계로서 공동의 통제하에 종속"시켜야 한다. 두 번째 단계에서와 같이 그들의 공동성이 그들에 대해 낯설고 외면적인 것이어서는 안 된다. 자신들의 사회적 관계를 공동의 통제하에 둔다는 것은 바로 생산수단에 대한 공동 소유와 계획을 의미하는 것으로 이해할 수 있다. 공동성의 확보는 항시 위기를 안고 있는 시장을 통해 차후적이고 간접적으로 이루어지는 것이 아니라, 소유와 교환에 대한 공동 통제에 의해 이루어진다. 이것이 후에 『자본』에서는 '자유로운 생산자 연합'으로 제시되는 공동 통제의 형태이다. "자유는 사회화된 인간, 연합한 생산자들이 자연과의 물질대사를 합리적으로 규제하는 데서만 존재할 수 있다. 즉 그들이 맹목적인 힘으로서의 이 물질대사에 의해 통제되는 것이 아니라, 물질대사를 그들의 공동적인 통제하에 두고 최소한의 힘의 소모를 통해 인간본성에 가장 적합하고 품위 있는 조건하에서 이 물

8) MEW, 42, p.93. 이런 점에서 과거 현실 사회주의의 붕괴는 마르크스의 역사관에 의해서도 설명될 여지를 갖는다. 자유로운 개인의 발전이라는 전제조건 없이 역사발전 단계를 건너뛰어 사회주의를 실험하려 했던 것은 주체 없는 상태에서의 사회 실험과 마찬가지였다.

질대사를 수행하는 데서만 존재할 수 있다. 그러나 이것은 언제나 필연의 왕국으로 남아 있을 수밖에 없다. 이 왕국의 저편에서 스스로를 자기 목적으로 여기는 인간적 힘의 발전, 즉 진정한 자유의 왕국이 시작된다. 그러나 이 자유의 왕국은 필연의 왕국을 그 토대로 해서만 꽃 필 수 있다. 노동일의 축소가 그 토대이다."[9] 자유의 왕국으로서 미래의 공동체는 한편으로 자본주의적 교환관계 속에서 등장하는 '반공동체적 개인들'이 그들의 사회적 관계를 더 이상 사물적 관계에 맡기지 않고 자신들의 공동 통제하에 둘 때 가능하다는 것이다.

마르크스는 후에 『자본』 1권의 마지막에서 이러한 역사철학적 비전을 제시하면서, 이 미래의 공동체에서는 자본주의적 노동 분업과 달리 "낡은 노동 분업이 지양"되고 "사회적 세부 기능의 단순한 담당자인 부분적 개인이 다양한 사회적 기능들을 서로 바꿔가며 행위하는 전면적으로 발전한 개인에 의해" 대체된다고 말하고 있다.[10] 이 전면적으로 발전한 개인들은 청년기 마르크스 사상에서 직접 공동성을 확보한 개인으로서 '유적 존재'라 불렸던 개인들이다. 이들이 이제 『자본』에 오면 "자유로운 개인들의 연합"을 형성한다. 이 자유로운 개인들은 "공동의 생산수단을 가지고 노동하며 그들의 많은 개인적 생산력을 자기 의식적으로 하나의 사회적 노동력으로 지출하는" 개인들이다.[11] 이들이 연합

9) Karl Marx und Friedrich Engels, *Karl Marx Friedrich Engels Gesamtausgabe*, Dietz Verlag, Berlin, 1974- [이하 MEGA라고 표기하고 권수와 쪽수를 명기함], 4.2, p.838.

10) MEW, 23, p.512.

11) MEW, 23, p.92.

할 때, "결합된 전체 노동자 또는 사회적 노동체가 포괄적인 주체로" 기능할 것이며, 더 이상 사물 혹은 사물관계가 주체로 행세하지 못할 것이다.12) 이제 역사발전의 세 번째 단계에 이르면, 개인과 공동체는 상호 화해한다. 한편으로 이 단계에서는 첫 번째 단계에서와 같이 공동체에 의해 개인이 속박되지 않으며, 다른 한편으로 두 번째 단계에서와 같이 개인과 공동성은 더 이상 서로에 대해 외면적인 관계 속에 있지 않다. 마르크스가 그리는 공동체는 교환관계를 통해 성장한 자유로운 개인들이 그들의 사물적 관계를 연대에 의해 공동 통제하에 둘 때 성립하는 것으로서, 고대의 편협한 상태의 공동체로 회귀하는 것이 아니다.

그러나 그가 제시하는 미래의 '현실적 공동체'에는 그것을 구성할 주체, 전면적으로 발전한 개인의 물질적 토대만이 주어져 있을 뿐, 그 공동체의 실제 구성 메커니즘이 결여되어 있다. 물론 마르크스는 자신의 미래 공동체 기획이 기본적으로 경제적 조건에 초점을 맞추고 있다는 사실을 충분히 의식하고 있었으며, 바로 이 때문에 그는 다른 사회 운동에 대해 자신의 미래 기획이 더 확실한 '현실적 가능성'에 근거하고 있다고 주장할 수 있었다. 그에게 있어 '자유로운 개인의 연합'을 형성하기 위한 기존의 물적 조건을 현실로 전화시키는 것이 바로 다름 아닌 미래 공동체 형성 운동으로서의 '공산주의'이다.13) 그러나 사물적 인간관계의 소외를 극복하는 물적 조건이 갖추어진다고 해서 공동체가 저절로 구성되는 것은 아닐 것이다. 물론 그에게서 '연합' 혹은 '연

---

12) MEW, 23, p.442, 531 이하 참조.

13) MEW, 3, p.70 참조.

대'로 읽힐 수 있는 계기가 있다. 그 연대는 궁극적으로는 물적 토대에 대한 공동 소유와 계획으로 현상적으로 나타난다고 말할 수 있다. 그러나 왜 그리고 어떻게 전면적으로 발전한 개인들이 — 자본주의적 경제체제가 지속되는 한 이들은 '반공동체적 개인들'에 머물 것이다 — 연대하는가에 대한 문제의식은 없다. 그것은 '자유로운 개인들'이 공적인 문제에 대해 자유롭게 토론하고 협의하는 공중(公衆)이 되고 그럼으로써 그들이 공론장 혹은 여론(Öffentlichkeit)을 형성한다는 문제의식일 것이다.[14)]

한편으로 비판적으로 따져 물으며 서로 토론하는 공중으로서의 사적 개인들에 의한 공동체적 연대를 기획한다는 관점이, 인간 활동 전반을 노동으로 환원하여 사고하는 마르크스의 노동 패러다임에서는 자리하기가 힘들었다고 할 수 있다. 즉 노동과 노동 생산물로서의 상품 및 그것의 교환관계를 축으로 개인과 공동체의 문제를 접근하는 그의 관점 자체가 노동 활동으로 환원되지 않는 인간의 다른 활동에 대한 논의의 여지를 차단했다고 말할 수 있다. 다른 한편으로 위에서 상술한 개인 발전사를 중심으로 한 시각과 쉽사리 조화되지 않는 그의 거대 '주체철학'

---

14) 하버마스는 마르크스에게서 공론장의 주체가 더 이상 사적 소유자에 제한되지 않고 무소유자에게로 확장됨으로써 부르주아 공론장이 사회의 재생산 과정에 대한 지도와 관리라는 형태로 전화되는 사회주의적 비전이 제시되고 있다고 분석한다. J. Habermas, 한승완 역, 『공론장의 구조변동』, 나남, 2001, p.226 이하 참조. 그러나 마르크스가 미래의 공동체에서 재생산 과정에 대한 공동 지도와 관리를 논하는 곳에서 연합한 개인들의 공중으로서의 성격을 언급하는 경우는 발견되지 않는다는 점에서, 그가 공중 혹은 공론장의 문제의식을 일관되게 중요한 의제로 생각했는가는 의심스럽다.

에서도 그 원인을 찾아볼 수 있을 것이다. 잘 알려져 있듯이 공식적 마르크스에게 있어서는 역사적, 사회적 조건에 의해 규정된 공동의 계급적 이해로 묶인 프롤레타리아가 그 역사 필연성에 따라 이 미래 공동체를 형성하는 주체로 등장한다. 이 주체가 하나의 계급 공동체로 통일된 '집합 단수'로 상정되는 한, 그들은 다양한 의견을 가진 개인들로, 즉 복수로 파악되지 않는다. 따라서 이들이 '정의', '좋음', '바람직한 것' 등에 대해 서로 토론한다는 '규범적 논의'의 차원은 불필요하게 된다.[15] 그 결과 미래 공동체의 본질적인 구성 원리라고 할 수 있는 민주주의의 요소가 마르크스에게는 결여되어 있다고 할 수 있다.

3. 사적 소유의 다양한 형태: 노동과 소유의 분리와 통일

전면적으로 발전한 개인들의 연합이 미래 공동체의 모습이라면, 다양한 소유형태의 분석은 그것의 실현을 위한 사회경제적 토대를 밝히는 작업이다. 소유제도에 대한 마르크스의 접근방법은 철저히 그것의 역사성을 드러내 보이는 것이다. 마르크스의 소유제도에 대한 논의는 '부르주아 정치경제학'의 몰역사적인 소유제도에 대한 접근, 혹은 자본주의적 사적 소유를 영구화하려는 태도에 대한 비판이 주조를 이루고 있다.

마르크스에게 있어 우선 소유는 "노동하는 주체가 그의 생산이나 재생산의 조건을 자신의 것으로 대하는 태도"를 말한다.[16]

15) Seyla Benhabib, "Normative Voraussetzungen von Marx' Methode der Kritik", E. Angehrn und G. Lohmann, Hg., *Ethik und Marx*, Hain Verlag bei Athenäum, Königstein, 1986, p.98 참조.

이와 관련하여 그의 소유에 대한 생각을 축약적으로 보여주고 있는 『자본』 1권의 마지막 부분의 한 구절을 보자.

> "자본주의적 생산양식으로부터 생겨난 자본주의적 취득양식, 즉 자본주의적 사적 소유는 자기 노동에 기초한 개인적인 사적 소유에 대한 첫 번째 부정이다. 그러나 자본주의적 생산은 어떤 자연과정의 필연성에 따라 자기 자신의 부정을 낳는다. 이것은 부정의 부정이다. 이 부정은 사적 소유를 다시 만들어내지는 않지만, 자본주의 시대의 성취물인 협업, 노동 자체에 의해 생산된 생산수단과 대지에 대한 공동 점유의 토대 위에서 개인적 소유를 다시 만들어낸다."[17]

여기서 일단 우리는 마르크스가 자본주의 생산양식의 정착을 '자기 노동에 기초한 사적 소유'로부터 '자본주의적 사적 소유'로 이행하는 것으로 파악하고 있음을 확인할 수 있다. 그리고 변증법의 수사를 동원하여 이를 제1 부정이라 부르고 있다. 이러한 이전의 사적 소유형태에 대한 부정으로서의 자본주의적 사적 소유는 다시금 자신의 부정, 즉 부정의 부정을 가져온다. 이 제2 부정은 최초의 사적 소유를 단순히 복구하는 것이 아니라 새로운 소유형태, 즉 '공동 점유에 기초한 개인적 소유'를 낳는다는 것이다. 마르크스는 여기서 다시 소유에 대해서도 앞서 살펴본 '개인의 발전사'에서와 같이 3단계적 발전을 제시하고 있다. 이하에서는 이를 '자기 노동에 기초한 사적 소유', '타인 노동에 의한 사적 소유', '공동 점유에 기초한 개인적 소유'로 정리하여 살

16) MEW, 42, p.403.

17) MEW, 23, p.791.

펴보고, 이 이행 과정이 노동과 소유의 통일로부터 분리, 재통일로 진행되는 과정으로 이해되고 있음을 밝힌다.

『요강』의 '자본주의적 생산에 선행하는 형태들'로 알려진 부분에서 마르크스는 공동 소유와 사적 소유가 존재하는 다양한 방식을 서술하고 있다. 이때 이 역사과정은 인간이 개별화되는 과정으로 파악된다. 이 과정을 통해 생산주체는 개별자로 '자생적 공동체'로부터 독립되고 분리되어 간다. 그리고 자본주의적 생산양식은 이 분리과정의 완성이라는 것이다.

우선 소유의 원천적 형태는 '직접적 공동 소유'이다.[18] 이 상태에서 개인은 그의 노동조건을 자신의 것으로 대하지만, 그것은 어디까지나 그의 노동의 산물이 아니라 자연으로 앞서 주어진 것이다. 토지형태로 나타나는 노동조건은 마치 그의 감각기관과 마찬가지로 그가 재생산하고 발전시키는 것이지만, 이 재생산과정에 앞서 자연으로, 그러나 그의 '비유기적 자연'으로 주어져 있는 것이다.[19] 동시에 이들 개인이 토지를 자신의 것으로 대할 수 있는 것은 어디까지나 공동체에 의한 매개에 의해서 이루어진다. 자신이 어떤 한 공동체의 일원으로서 그 공동체에 속한다는 것이 대상적 조건을 자기 것으로 대하기 위한 전제조건이다. "살아 있는 개인의 자연적 생산조건은 그가 어떤 자생적 사회, 종족 등에 속한다는 것이다. … 개인 자신의 생산적 현존은 오직 이러한 조건에서만 (가능하다.) … 따라서 소유는 종족(공동체)에 속함을 의미한다."[20]

---

18) MEW, 42, p.405.

19) MEW, 42, p.385, 393.

20) MEW, 42, p.400.

마르크스는 이런 공동 소유의 형태를 세 가지로 분류하고 있다. 우선 '동양적 형태'에서는 토지에 대한 공동 소유만 있을 뿐 아직 사적 소유가 존재하지 않는다. 개인은 다만 점유할 뿐이며, 본래의 진정한 소유의 주체는 오직 공동체이다. 이러한 형태에서는 공동체가 실체(Substanz)라면 개인은 속성(Akzidenz)일 뿐이다.

두 번째 형태인 '그리스 로마 형태'에서는 가령 '공유지(ager publicus)'와 같은 공동체 소유가 사적 소유와 나란히 존재한다. 점령한 토지의 일부는 공유지로 남고 나머지는 공동체 구성원인 도시의 시민들에게 분배된다. 개인이 토지에 대한 사적 소유자로 되기 위해서 공동체의 일원이어야 한다는 전제조건이 충족되어야 하지만, 적어도 여기서 개인은 사적 소유자로 등장한다. 이 '고전 고대적' 형태에서는 공동 소유와 사적 소유라는 두 대립적 소유형태가 공존하고 있다고 말할 수 있다.

세 번째 형태는 '게르만 형태'이다. 도시라는 현존하는 공동체가 있었던 '그리스 로마 형태'에서와 달리 여기서는 가부장들이 서로 먼 거리를 두고 분산되어 거주하는 형태가 기본이다. 따라서 공동체가 현전하는 경우는 개별 토지소유자들이 전쟁, 종교, 법적 중재 등을 위해 서로 모일 때이다. 공동체는 도시와 도시의 관료의 형태로 하나의 통일체(Einheit)로 존재하는 것이 아니라, 개별 토지소유자들의 회합(Vereinigung)의 형태로 존재한다. 따라서 개별적 토지소유가 우선이고 공유지는 이를 보완하는 것으로 나타난다. 공유지가 소유로서 유의미하게 되는 경우는 가령 적대 종족의 위협으로부터 이를 보호하기 위해 토지소유자들이 자립적 주체로서 서로 연합하여 전쟁을 벌일 경우에 한정된다.[21)]

이 세 가지 토지소유 형태는 자본주의적 사적 소유가 형성되기 이전에 공동 소유와 사적 소유가 존재하는 다양한 방식에 대한 유형분류라고 할 수 있다. 다만 '동양적 형태'에서는 공동체의 공동 소유 이외에 엄밀한 의미에서 사적 소유가 존재하지 않았다면, '그리스 로마 형태'에서는 공동 소유와 사적 소유가 나란히 공존하고, '게르만 형태'의 경우 개별 토지소유자의 사적 소유가 중심을 형성하는 방식으로 서로 차이를 보여주고 있다. 마르크스는 이 세 형태가 종족 혹은 공동체의 자연적 기질과 그들이 정주한 환경적 조건, 즉 기후, 토지의 물리적 성격, 이용의 방식, 적대 종족이나 주변 종족과의 관계, 이주, 역사적 체험 등에 따라 결정된다고 보고 있다.[22] 이런 점에서 보면 이들 세 형태를 어떤 발전사적 단계로 보는 것은 사태를 단순화하는 오류를 범하는 것이다. 다만 우리는 '게르만 형태'로부터 자본주의적 사적 소유가 최초로 출현할 수 있었던 것이 사적 소유가 그만큼 중심을 형성하고 있었기 때문이라고 말할 수 있을 것이다.

그러나 이들 세 형태가 자본주의적 사적 소유에 대비해서 공통적인 점은 이들이 언제나 공동체를 매개로 한 소유라는 사실이다. 즉 자생적 형태든 역사적으로 발전된 형태든, 공동체에 의한 토지의 점령을 기초로 해서만 소유가 형성될 수 있었다. 고립된 개인이 토지를 소유한다는 것은 불가능했다. 따라서 자본주의 시대에서와 같이 "전적으로 자유로운 노동자로 나타나는 그런 엄격한 의미의 개인은 여기서 등장할 수 없었다."[23] 여기서 우리

21) MEW, 42, pp.384-392 참조.

22) MEW, 42, p.394.

23) MEW, 42, p.393.

는 이들 세 형태가 위에서 살펴본 '개인의 발전사'에서 첫 번째 단계, 즉 아직 엄격한 의미의 개인이 등장하지 못한 '인격적 예속의 단계'에 속함을 알 수 있다.

이러한 엄격한 의미의 개인의 미발전은 이제 소유권을 통해 설명된다. 이들 세 형태는 "노동하는 주체가 객관적 생산조건에 대해 자신의 것으로 관계한다"는 점에서 동일하다. 여기서는 "노동자가 소유자이거나 소유자가 노동한다."[24] 여기서 개인들은 서로에 대해 동료 소유자로서 관계를 맺는다. 개인들은 소유자이자 똑같이 노동하는 한 공동체의 구성원이다.[25] 즉 노동과 소유의 분리가 아직 일어나지 않은 것이다. 따라서 여기서 사적 소유라 하더라도 그것은 '자기 노동에 기초한 사적 소유'인 것이다.

인간이 토지의 부속물로 함께 정복되었을 때, 즉 생산조건의 하나로 정복되었을 때, 노예제와 농노제가 발생하는데, 여기서도 살아 있는 노동과 그것의 노동조건의 분리는 일어나지 않는다. 오히려 노동하는 주체인 노예와 농노는 객관적인 생산조건에 직접 속하는 것으로 가축이나 토지의 부속물과 같이 다른 자연물과 동급에 놓인다. 스스로 자연적 생산조건의 하나로 취급받는 생산자가 대상적 조건에 대해 소유자로 관계하는 것은 불가능하다. 노예제와 농노제는 종족에 근거한 소유의 발전형태일 뿐이다.[26]

결국 노예제와 농노제를 포함한 이 단계에서는 공동 소유이거나 공동체를 통해 규정된 사적 소유가 지배적인 형태이다. 개인

24) MEW, 42, p.405.

25) MEW, 42, p.383.

26) MEW, 42, p.397, 399, 401 참조.

이 토지를 소유한다 해도 그것은 어디까지나 공동체의 통제를 받는 것, 즉 최종적인 처분권까지 갖는 것이 아니라 용익권(用益權)을 가질 뿐인 '공동체의 봉토'이다.[27]

마르크스에게 있어 자본주의 생산양식의 형성은 노동과 소유의 분리가 확대 재생산되는 과정이다. 이는 위에서 살펴본 소유형태의 해체이다. 우선 노동하는 주체가 토지를 자신의 것으로 대하는 상태가 해체된다. 나아가 노동 주체의 생산도구와 생활수단에 대한 소유도 부정된다. 또한 농노와 노예와 같이 살아 있는 노동력이 직접적인 생산조건이 되는 상태도 해체된다. 생산수단으로부터 이렇게 이중적 의미로 분리되어 있는 자유노동자의 출현이 이른바 '본원적 축적' 과정이다. 한편으로 자기 자신의 노동력 이외에는 팔 것이 없는 '자유노동자'와 다른 한편으로 화폐와 생산수단 및 생활수단을 소유하고 타인의 노동력을 구매하여 이를 통해 자신의 소유의 가치를 증식하는 자본가가 등장하는 이 과정은 폭력과 압제로 점철된 고통의 역사였다.

그러나 자본가와 노동자가 각기 상품 소유자로 교환관계에 들어설 때, 그들 간의 교환이 등가물 교환인 이상 그 자체는 자기 노동에 기초한 소유라는 "상품생산과 상품유통에 근거한 취득법칙, 혹은 사적 소유의 법칙"에 저촉되는 바가 없다. 이들의 교환은 동등한 상품 소유자 간의 거래인 것이다. 자기 노동에 기초한 사적 소유의 토대 위에서 이는 '정의로운' 것이다. 설사 노동자에게 임금으로 지불한 것보다 더 많은 노동이 생산물에 첨가됨으로써 잉여가치가 발생한다 하여도 이것이 자본가에 의해 단순

27) MEW, 42, p.635.

히 소비된다면, 사적 소유의 토대에는 아무런 변화가 없는 것이다. 왜냐하면 다음번 교환에서도 자본가와 노동자는 각기 자기 자신의 노동에 기초한 상품 소유자로 서로 마주할 것이기 때문이다.

문제는 자본주의적 축적이 발생할 때이다. 즉, 자본가가 생산과정에서 취득한 타인의 노동이 더 많은 타인 노동을 취득하기 위해 새로운 자본으로 투입되는 경우이다. "과거의 부불노동의 소유가 계속해서 증대되는 규모의 살아 있는 부불노동의 취득을 위한 유일한 조건으로 나타나는 것이다." 이로써 '자기 노동에 기초한 사적 소유'는 '타인 노동에 기초한 사적 소유'로 전환된다. 마르크스는 가치 증식이라는 자본의 본성상 이러한 전환이 '변증법적으로 필연적인 전환'이라 주장한다. "상품생산과 상품유통에 근거한 취득법칙 혹은 사적 소유의 법칙은 고유의 내부적인 불가피한 변증법에 의해 그 정반대물로 전화한다. … 노동과 소유의 분리는 노동과 소유의 동일성으로부터 출발했던 것처럼 보이는 법칙의 필연적 결과로 된다."28) 이것이 바로 위에서 자본주의적 사적 소유에 의한 '제1 부정'으로 의미한 내용이다.

과거의 '자기 노동에 기초한 사적 소유'에서는 노동과 소유가 분리되지 않았다면, 자본주의적 사적 소유의 고유한 형식은 '타인 노동에 기초한 사적 소유'에 있다는 것이다.29) 여기서 노동과

---

28) MEW, 23, p.609 이하.

29) "사회적, 집단적 소유의 대립물인 사적 소유는 노동과 노동의 외적 조건들이 개인에 속하는 곳에서만 존재한다. 그러나 이 개인이 노동자인가 비노동자인가에 따라 사적 소유의 성격도 달라진다. 언뜻 보기에 눈에 띄는 (사적 소유의) 무한한 형태는 이 양 극단 사이에 놓인 중간상태를 반영할 따름이다."(MEW, 23, p.789, 792 참조)

소유는 완전히 분리되는 것으로 나타난다. 여기서 마르크스의 자본주의적 사적 소유에 대한 비판은 몇 가지 불분명한 점을 내포하고 있다. 우선 그는 상품생산과 상품유통에 기초한 사적 소유가 '자기 노동에 기초한 사적 소유'라는 점에서 자본주의적 사적 소유에 대해 정의로운 것으로 보고 있는 것처럼 보인다. 이는 본래 그의 소유에 대한 정의, 즉 '노동하는 주체가 그의 생산이나 재생산의 조건을 자신의 것으로 대하는 태도'라는 시각에서 봐도 일관성을 갖는다. 이에 반해 자본주의적 사적 소유는 그 소유주체가 더 이상 노동하는 주체가 아니며, 소유의 취득은 타인 노동에 의해 이루어진 것이므로, 그것은 정의롭지 못한 것이라 할 수 있을 것이다. 따라서 그의 비판은 유통과정에 붙어 있는 등가물 교환이라는 가상(Schein)의 배후에 있는 생산과정에서 드러나는 축적이라는 자본주의의 본모습을 겨냥하고 있다고 할 수 있다. 이런 점에서 그의 논의는 자본주의적 사적 소유를 '자기 노동에 기초한 사적 소유'의 가상으로 왜곡시키고 신비화하려는 소위 '부르주아 정치경제학'에 대한 이데올로기 비판이라는 차원을 함축하고 있다. 그러나 이런 규범적 함축은 다른 한편에서 '고유의 내부적인 불가피한 변증법'이나 '필연적 결과' 등의 표현에 의해 퇴색되고 있다. 상품 생산과 유통으로부터 필연적으로 이러한 전화가 일어날 수밖에 없다면, 자본주의적 사적 소유를 정당하지 못한 것이라 비판하기는 어려울 것이다.

노동과 소유의 분리를 특징으로 하는 자본주의적 소유 이후에 대한 마르크스의 전망은 노동과 소유의 재통일로 제시되리라 기대할 수 있다. 노동하는 주체가 생산수단의 소유자로 다시 서는 전망이 그것이다. 먼저 이를 구체적으로 논하기 위한 단서로 『잉여가치학설사』로 알려진 1861-1863년의 수고의 다음의 구절을 보자.

> "노동과 소유의 분리는 … 생산수단에 대한 소유가 사회적 소유로 전화되기 위해 필연적으로 거쳐야 할 통과점이다. 개별 노동자가 개별자로 다시 복구될 수 있었던 것은 오직 대규모로 생산력과 노동발전이 분열됨으로써 성립한, 생산수단에 대한 (자본주의적) 소유에서이다. 이러한 노동에 대한 자본가의 낯선 소유는, 오직 그의 소유가 **그 자립적인 개별성을 유지하는 비(非)개별자, 다시 말해 연합된, 사회적 개인의 소유로** 변형됨으로써만 지양될 수 있다."30)

여기서 주목할 점은 마르크스가 노동과 소유의 분리, 즉 자본주의적 사적 소유를 사회적 소유로 나아가기 위한 필수적인 통과점이라고 보고 있다는 사실이다. 그리고 그렇게 본 이유는 바로 개별성, 개성의 출현이 바로 이러한 노동과 소유의 분리를 통해서만 가능하기 때문이라는 것이다. 따라서 자본주의적 사적 소유를 지양한 형태에서도 자본주의적 소유형태로만 가능했던 성과, 즉 개별성은 폐기되는 것이 아니라 보존되어야 할 것이다. 즉 사회적 소유의 주체가 사회성을 대변한다고 해서 거기에 개별성이 소실되어서는 안 될 것이다. 이것이 인용문의 "그 자립적인 개별성을 유지하는 비(非)개별자"로 의미하는 바일 것이며 그것의 다른 이름이 "연합된, 사회적 개인"이다.31) 물론 이 '비(非)개

---

30) MEGA, 3.6, p.2145. 강조는 필자의 것임.

31) 『정치경제학 비판 요강』에서는 이를 '사회적 개별자'로 표현하고 있다. MEW, 42, p.723.

별자'가 구체적으로 무엇을 의미하는가에 대해서는 여러 해석이 가능하다. 그것은 이제까지 대부분의 마르크스주의에서 국가, 사회 전체로 이해되어 왔다. 그리고 여기서 곧바로 자본주의적 사적 소유에 대한 대개념으로 사회주의적 국가 소유가 주장되고 실험되어 왔음은 주지의 사실이다. 그러나 마르크스 자신에게도 명확한 형태로 제시되고 있지 못하는 새로운 소유형태의 주체 문제에서 이 '비개별자'를 개인들 자체로 이해할 수 있는 전거가 있다.

마르크스는 『자본』 3권에 대한 1863-1867년 수고에서 '회사자본(Gesellschaftscaptal)'을 '직접적으로 연합한 개인들의 자본(Capital direkt associirter Individuen)'으로 등치시키고 있다. 즉 자본주의적 주식회사의 '회사'가 바로 '연합한 개인들'인 것이다. 그리고 이 주식회사는 "자본주의적 생산양식 자체 내부에서 사적 소유로서의 자본의 지양"이다.[32] 그러나 주식 소유주가 스스로 노동하는 생산자들, 즉 노동자들이 아닌 이상 노동과 소유의 분리가 아직 지양되지는 않았다. 소유자로서 주주의 대부분은 비노동자들이다. 따라서 주식회사는 자본과 노동의 대립이 아직 부정적인 방식으로 지양된 것이다.[33]

반면 '협동조합공장(Cooperativfabrik)'에서 노동자들은 연합하여 자기 자신의 자본가가 된다. 이로써 자본주의 생산양식의 발전에서 자본과 노동의 대립이 긍정적인 방식으로 지양된다. "자본주의적 주식회사와 협동공장은 모두 자본주의적 생산양식으로

---

32) MEGA, 4.2, p.502.

33) 우리사주제, 종업원 주주제의 경우 사정은 다르다고 볼 수 있다.

부터 연합적 생산양식으로의 이행형태로 볼 수 있다. 다만 전자에서는 대립이 부정적으로 지양되었고 후자에서는 대립이 긍정적으로 지양되었을 뿐이다."[34] 협동조합에서 조합원은 지분을 갖는 개별적 소유자로 참여하여 공동으로 경영한다. 마르크스 자신은 명백히 하고 있지는 않지만, 이것이 앞서 살펴본 '공동 점유에 기초한 개인적 소유'의 구체적 형태라 할 수 있을 것이다.[35]

또한 여기서 확인할 수 있는 것은 소유권을 점유권과 분리하고 있다는 점이다. 소유권의 이중화는 이미 자본주의 이전의 토지소유에서도 나타났는데, 앞서 보았듯이 전근대의 공동체에서 토지소유자는 최종적인 처분권을 포함한 완전한 소유권을 갖는 것이 아니었다. 그는 다만 용익권의 형태로 제한된 권리를 가질 뿐이었다. 소유권과 점유권의 분리는 이런 점에서 소유권의 무제한적 행사가 공동체에 해악을 끼치는 것을 방지하는 효과를 갖는다. 마르크스도 대지에 대한 소유에 관해 다음과 같이 서술하고 있다.

> "더 높은 경제적 사회구성체의 입장에서 보면 대지에 대한 개인의 사적 소유는 인간에 대한 인간의 사적 소유와 마찬가지로 전적으로 어리석은 것으로 나타날 것이다. 한 사회 전체, 한 국가, 심지어 동시대의 사회 모두를 합쳐도 이들이 대지의 소유주는 아니다. 이들은 다만 대지의 점유자, 용익자(用益者)일 따름이며, 선량한 가장으로서 대지를 개량하여 후세대에게 물려주어야만 한다."[36]

---

34) MEGA, 4.2, p.504.

35) 이러한 해석의 실마리는 황태연, 「Karl Marx와 중국의 소유제 개혁」(학술단체협의회 1995 하반기 학술토론회 발표문)에서 얻었다.

토지에 대한 소유권은 특정한 개별 인간에게 있는 것이 아니라, 미래세대를 포함한 인류 전체가 대지의 소유자라는 것이다. 이 말은 결국 누구나 평등하고 포기할 수 없는 대지에 대한 용익권을 갖는다는 것을 의미한다. 그리고 무엇보다 이 용익권을 극대화함으로써 다른 사람의 용익권이 박탈되지 말아야 한다는 것을 의미한다.[37] 자본주의적 사적 소유의 지양형태로 제시되고 있는 '공동 점유에 기초한 개인적 소유'도 바로 이런 점에서 소유권의 이중화, 혹은 소유권의 제한을 고려하고 있는 것으로 보인다.

이러한 공동성의 중시와 아울러 또한 우리가 주목하는 것은 바로 개별성과 개성을 중시하는 역사관, 사회관이다. 미래의 공동체는 '연합된 개인들'로서 주어지는 것이다. 물론 이들 개인은 자본주의에서와 같이 "사적 개인으로서가 아니라 사회적으로 생산수단을 점유"한다.[38] 적어도 여기서 우리가 확인할 수 있는 것은 앞서 우리가 살펴본 개인발전의 역사와 소유형태의 역사를 보는 전망이 일치한다는 점이다. 마르크스는 노동과 소유의 재통일로서 주어지는 미래의 소유형태가 단순한 고대 공동체 소유로의 복귀일 수 없다는 점을 강조하고 있는 것이다. 개인발전에서 제3 단계가 편협한 상태의 공동체로의 회귀일 수 없듯이 소유에서도 단독자로서의 공동체 소유로의 회귀일 수 없다.

---

36) MEW, 25, p.784.

37) Elmar Waibl, *Ökonomie und Ethik. Die Kapitalismusdebatte in der Philosophie der Neuzeit*, Friedrich Frommann Verlag, Stuttgart-Bad Cannstatt, 1984, p.380 참조.

38) MEGA, 3.6, p.2144.

4. 나가는 말

이제까지 마르크스의 소유에 대한 생각을 '노동하는 주체가 생산조건을 자신의 것으로 대하는 태도'를 중심으로 살펴보았다. 이 소유의 주체가 개인인가 사회 혹은 공동체인가에 따라 공동 소유와 사적 소유로 구분된다. 사적 소유는 다시 '자기 노동에 기초한 사적 소유'와 '자본주의적 사적 소유', 즉 '타인 노동의 착취에 기초한 소유'로 구분된다. 사적 소유의 두 극단적 형태 사이에 다양한 종류의 사적 소유가 존재한다. 마르크스가 자본주의적 사적 소유의 비판적 분석을 통해 그것의 지양을 전망했을 때, 그 구체적 형태는 바로 주식회사와 협동조합 제도에서 나타나는 '공동 점유에 기초한 개인적 소유'이다. 이때 이 개인적 소유는 단순한 사적 소유의 부활이 아니라는 것이 그의 주장이다. 자기 노동의 협소한 폭을 넘어선 협업이라는 새로운 기초가 등장했고 다른 한편 대지와 생산수단에 대한 공동 점유라는 토대 위에 선 소유이기 때문이라는 것이다.

이러한 마르크스의 소유관은 생산활동을 하는 주체가 소유자라는 시각을 기본으로 하는 것으로 노동과 소유의 분리와 재통일이라는 이데올로기 비판과 규범적 비판을 함축하는 것이었다. 나아가 우리는 이러한 소유형태의 분석과 비판의 근저에는 개인과 공동체의 관계라는 주제가 자리하고 있음을 보여주려 했다. 첫 번째 역사단계는 공동체에 의해 개인이· 속박되어 있는 '인격적 예속'의 단계였는데, 이 단계는 공동체를 매개로 소유관계가 성립한 역사시기에 해당한다. 두 번째 단계는 전통 공동체의 속박으로부터 해방된 자유로운 개인들이 사물을 매개로 예속관계에 들어서는 자본주의 시대를 말한다. 이 단계에서 비로소 전근대적 편협성을 극복하고 보편적인 교환관계 속에서 '보편적으로 발전한 개인'이 출현한다. 이러한 개인은 소유형태로 보면 교환을 매개로 한 '타인 노동에 기초한 사적 소유'를 통해 엄격한 의미의 개인으로 형상화된다. 이 단계의 공동성이 기본적으로 상호 무관심한 가운데 비교를 통한 사후적 공동성이라면, 그것의 극복은 '보편적으로 발전한 개인들'이 그들의 사물적 관계를 공동으로 통제하는 방식으로 기획된다. 소유형태의 분석 차원에서 보면, 이는 '자립적인 개별성을 유지하는 비(非)개별자', 즉 '연합된 개인들'이 소유의 주체로 되는 것에 상응한다. 이때 공동 점유의 형태로 확보된 공동성의 주체가 결코 국가나 사회 전체가 아니라 '연합된 개인들'이라는 점이 강조되어야 할 것이다.

물론 이러한 마르크스의 소유관은 그의 '사회적 소유'에 대한 일부 불분명한 점을 사상한 채 재구성된 것인 만큼, 보완이 필요할 것이다. 그러나 필자는 이러한 의도적 재구성을 통해 이제까지 충분히 주목되지 못한 마르크스를 그려보고자 하였다. 이렇게 재구성된 마르크스는 역사와 사회를 분석하는 데 있어 인간 개성의 발달을 중심축에 놓는 마르크스, 집단주의를 결코 미래적 대안으로 볼 수 없는 마르크스였다. 그리고 이런 점에서 마르크스의 이론적 고투는 여전히 유의미하다고 할 수 있다.

그럼에도 마르크스의 소유관은 점차 지식경제로 이행하는 과정에서 물적 자본 이외에 '인적 자본'이나 '사회적 자본' 등이 논의되는 현재 한계를 노정하고 있는 것이 사실이다. 인간의 상상력과 창조력에 기반한 새로운 형태의 경제에서는 물건을 소유하고 시장에서 처분할 수 있는 배타적 권리로서의 근대적 '소유'보다는 '접속'이 더 중요하게 된다. 새로운 경제에서는 배타적 점유와 교환보다는 네트워크를 통해 재산을 빌려주거나 사용료를 물리거나 단기간 사용권한을 부여하는 방식의 '접속'이 사회적 계층화에 있어 중요한 비중을 차지하게 된다.[39] 이러한 시대 진단과 전망에 일정한 신뢰를 보낼 경우 노동과 소유의 분리 여부를 중심으로 여전히 배타적 소유를 논하는 그의 소유관은 한계를 드러낸다. 다만 그가 점유와 소유의 이중화에 주목하고 있는 점이 지식경제의 네트워크에서 중요한 '접속'과 '참여'의 계기를 처음부터 배제하고 있지 않다는 점을 지적하고자 한다.

---

39) Jeremy Rifkin, 이희재 역, 『소유의 종말』, 민음사, 2000, p.11, 121 이하 참조.

“마르크스의 사적 소유 비판과 공동체 사상의 전통”에 대한 논평

| 김 이 석 | 국회예산정책처 |

1. 논평자가 본 논문의 주제

이 논문은 마르크스의 사적 소유에 대한 비판의 의미를 개인발전과 공동체적 삶에 대한 관련을 통해 재조명하고자 하였다. 이 논문의 주제를 논평자의 입장에서 정리해 보면 다음과 같다.

필자는 우선 개인발전과 공동체적 삶과의 관련성을 역사발전과 연계하여, 마르크스의 전통적인 5단계 발전론을 대신하여 그의 3단계 역사발전론을 내세운다. 이 3단계 역사발전론에 따르면, 역사는 첫 번째 공동체의 개인에 대한 ‘인격적 예속관계’ 단계, 그 다음으로 공동체의 해체와 함께 개인의 개성이 발전하는 ‘사물적 예속관계에 기초한 인격적 자립’의 단계, 마지막으로 공동체성이 회복되지만 독립된 개성이 유지되는 ‘자유로운 개성의 연대'로서의 미래의 공산주의의 단계로 발전한다.

이어서 필자는 이런 발전단계에 상응한 소유제도를 노동과 소유의 분리와 통일이라는 관점에서 살피고 있다. '자기 노동에 기초한 사적 소유' 단계에서 '타인 노동에 의한(자본주의적) 사적 소유' 단계로 넘어가고 이것이 '공동 점유에 기초한 개인적 소유' 단계로 넘어간다는 것이다. 아울러 필자는 이런 세 번째 단계의 구체적 형태로 협동조합공장을 제시하고 있다.

2. 논평상의 어려움과 논평자의 관점

논평자는 이 논문을 논평하는 데 많은 어려움을 느끼고 있다. 이 논문에 대한 논평은 한편으로는 마르크스의 이론을 기본적으로 받아들이는 사람의 입장에서(within Marx) 이런 필자의 주장이 얼마나 신선한지 혹은 전통적 이론에서 벗어나 있는지를 다룰 수 있겠고, 다른 한편으로는 마르크스의 이론체계를 받아들이지 않는 입장에서 논평할 수도 있다. 논평자는 후자의 입장에 있으며, 이에 따라 필자가 첫 번째 관점에서 아무리 훌륭한 논문을 썼다고 하더라도 논평자는 이에 대해 언급할 수 없으며 필자의 문제라기보다는 마르크스의 이론체계가 지닌 문제, 혹은 그와 관련된 문제를 지적하게 될 가능성이 높다. 첫 번째 어려움은 이로 인해 발생한다.

두 번째 어려움은 경제학과 철학을 공부한 사람들의 학제 간 의사소통의 어려움이다. 재산권 이론은 거래비용 경제학에 기반을 둔 신제도학파의 성장으로 많은 발전을 하고 있지만, 이 논문에서는 전혀 언급되고 있지 않다. 그래서 자원의 희소성과 정보와 지식과 관련된 인간의 인지적 한계 등 인간이 직면한 기본적 상황과 이에 대한 해결책으로서의 사적 재산권 제도에 대해 필자가 동의하는 것인지 그 여부를 알 수 없다.[1)] 경제학자들은 공유의 비극, 정보와 지식의 활용 및 자원의 절약적 사용에 대한 인센티브의 부족 등을 사적 재산권 제도를 통해 극복하고 있음을 재발견하고, 이런 인식을 바탕으로 대기오염과 같은 환경문제에 대해서도 거래가 가능한 '공해배출권'의 창출을 통해 해결하고자 하고 있다.[2)]

3. 논 평

1) 변증법적 부정의 부정

이 논문에서는 공동 점유에 기초한 개인적 소유와 자유로운 개성의 연대가 이루어진 사회가 어떻게 가능한지에 대한 자세한 설명이 생략된 채 변증법적 역사발전의 필연성(?)에 의존하는 듯한 인상을 받는다. 부정의 부정을 통한 더 나은 통합으로의 발전이라는 변증법적 역사진화관은 역사의 진화에 대해 왜 그런 방식의 역사가 진행될 것인지 설명한다기보다는 이를 비유에 의존하는 성격이 강하다.[3)]

---

1) 흄(David Hume)과 같은 철학자는 희소성의 제약을 인간이 직면한 피할 수 없는 제약이라고 보았다.

2) 구소련의 농장을 방문한 미국 농부들은 '성한' 과일과 '상한' 과일을 함께 포장하여 성한 과일까지 빨리 상하게 하는 광경을 목격하고 놀라움을 금치 못했다고 한다. 미국의 농장에서 이런 일이 벌어지지 않았던 것은 과일의 '주인'이 있었기 때문이다. 자신의 과일을 가장 높은 가치로 팔기 위해 자신의 이런 행동을 스스로 감시한다. 이에 관해서는 다음을 참고. 토머스 소웰, 서은경 역, 『시티즌경제학』, 물푸레, 2002, p.308.

사적 소유의 발달이 공동체의 직간접적 간섭이 배제된 상태에서 개인이 주체적으로 판단하여 자신의 사적 소유물의 사용, 수익, 처분에 대해 결정하도록 허용한다는 의미이므로 사적 소유의 발달로 인해 개인의 자기 주체의식이 성장한다는 점에 대해서는 이해할 수 있다. 그러나 개성을 유지한 채 공동체적 관계를 회복한다는 것이 어떤 상태를 두고 말하는 것인지, 또 어떤 과정을 거쳐서 어떻게 이루어지는 것인지에 대해서는 구체적 설명이 생략되어 있다. 그 대신 단순히 공동체적 억압에 대한 '부정'의 '부정'을 통해 공동체적 억압이 제거되었지만 아울러 사적 소유에 따른 상대방에 대한 무관심도 극복된 그런 상태로 한 단계 승화된다는 것을 암시하고 있을 뿐이다.

물론 공동체성이 한 단계 승화되어 회복된 상태에 대해 짤막한 언급이 없지는 않고, 협동조합공장(cooperative)을 공동 점유에 기초한 사적 소유의 구체적 형태로 제시하고는 있다. 그러나 이런 '이상적'(?) 상태가 경제학자들에게 의미하는 바가 무엇인지, 그들이 제기할 비판이 무엇이었을지는 별로 생각해 보지 않은 것 같다. 아울러 노동자가 주주인 '협동조합공장'은 인센티브

---

3) 예컨대, 엥겔스는 "나비들은 나비 알로부터 나비 알의 부정을 통해 존재하게 되었으며, … 나비들이 죽는 순간 그들은 또 한번 부정된다"고 하였지만, 미제스가 지적했듯이, "엥겔스는 자신이 단지 언어의 유희를 하고 있다는 것을 깨닫지 못하였다. 만약 엥겔스처럼 똑같이 그런 부적절할 뿐더러 논리적 연구에 해를 끼치는 말장난을 일삼는 다른 누군가는 나비를 나비 알의 부정이 아니라 나비 알의 긍정이라고 주장할 수도 있을 것이다. 이 말장난을 엥겔스보다 더 비상식적이라고 할 수도 없을 것이다. 나비의 탄생은 나비 알의 자기 긍정, 즉, 알이 가지고 있었던 모든 가능성들의 성취가 아닌가?" (Ludwig von Mises, *Theory and History*, p.105)

의 측면과 노동의 이동성의 측면에서 장단점을 아울러 지니고 있는 회사소유 유형의 하나이므로 이것이 공동체성의 회복과 어떻게 연결되는지도 불확실하다. 이제 이상적 상태와 협동조합공장에 대해 차례로 살펴보자.

2) 공동체성이 회복된 사회의 모습

이 논문에서는 미래의 이상적 상태를 "노동 분업이 지양된 상태, 지배가 지양된 상태, 개별화가 극복된 상태"라고 묘사하고 있다. 그러나 이것이 어떤 상태를 말하는지 정확하게 이해하기가 쉽지 않다.

(1) 노동 분업이 지양된 상태

경제학을 공부하는 사람의 입장에서 바라볼 때, 노동의 분업이란 여러 사람이 모여 살고 있다는 사실로부터 각자가 얻을 수 있는 이득을 얻는다는 의미이다. 리카도의 비교우위론은 타이핑과 변론 두 가지에서 갑이 을보다 모두 다 잘한다고 하더라도, 갑이 을보다 변론을 상대적으로 더 잘하고 을이 갑보다 타이핑을 상대적으로 더 잘한다면, 갑은 변론에 전념하고 을은 타이핑에 전념하는 것이 더 유리하다는 것을 보여준다. 즉, 모든 점에서 열등하더라도 혼자서 모든 것을 다 생산할 때보다 자기가 상대적으로 더 잘하는 일에 전념하고 이로부터 생산된 것을 남이 생산한 것과 교환하는 것이 서로가 서로에게 도움이 되는 생산의 조직 방법인 것이다.

해방 직후 우리나라 농촌에서는 각 농가가 농업, 비료제조회사, 정미소, 섬유회사 등의 기능을 모두 다 담당하였다. 이제 분업화가 진전되어 비료제조회사가 비료를 만들고, 농가는 이 비료를 사다가 농사에 쓰고 농작물을 생산하며, 이를 비료회사에 다니는 사람들이 사다가 먹는다. 아담 스미스의 핀 공장의 예는 이런 노동 분업이 획기적으로 생산성을 증대시킨다는 점과 이런 분업의 정도는 시장의 크기에 의해 제약된다는 사실을 극적으로 보여준다.

그렇다면, 노동 분업의 지양은 분업 생산의 철폐와 이에 따른 교역의 철폐를 의미한다. 다시 말해 이는 여러 사람이 모여 사는 사회의 이득의 포기와 이에 따른 생활수준의 급격한 하락을 의미한다. 아마도 분업과 자신이 생산한 것과 타인이 생산한 것과의 교환이 없게 되면 많은 수의 사람들, 특히 저소득층은 엄청난 고통에 직면할 것이다. 이런 상태를 왜 더 이상적인 것으로 보는지 의문이다.

(2) 지배가 지양된 상태, 개별화가 극복된 상태

지배가 지양된 미래의 상태에 대해 제대로 이해하기 위해서는 현재의 시장경제체제에서 누가 누구를 어떤 의미에서 지배하고 있는지에 대한 설명부터 필요하다. 그런 다음 새로운 미래 공동체에서는 이런 지배관계가 어떻게 된다는 것인지를 제시해야 할 것이다. 그러나 논문에서는 이에 대한 구체적 설명이 빠져 있다.

개별화가 극복된 상태라는 것도 논문에서 인용한 포이에르바하의 '인간과 인간의 통일'이라는 개념과 마찬가지로 어떤 상태를 의미하는지 잘 이해가 되지 않는다.[4] 이 개별화가 극복된 상

4) 개별화가 극복된 상태, 혹은 '인간과 인간의 통일'이 달성된 상태란 예컨대, 두 사람이 있을 때, 그 두 사람의 가치관이 같게 되는 상태인가?

태라는 것이 종전의 시장경제 이전의 공동체로의 회귀를 의미하지는 않는다는 것까지는 알겠는데, 그 이상은 잘 알 수 없다. 이를 상상해 보기 위해 이렇게 질문을 던지고 싶다. 협동조합공장에서는 개별화가 극복되어 있는 반면, 다른 유형의 공장에서는 이것이 극복되지 않은 것인가?

3) 협동조합공장이 공동체성을 회복시키는가?

신디칼리즘으로도 불리는 협동조합주의는 노동자-주주를 도입하여 평등분배의 이상을 대규모 근대산업에 적용시키려고 하였던 운동이다.[5] 그러나 이 제도는 특정산업이 여타 산업에 비해 더 번창하게 될 때, 각 산업에 속한 노동자인 동시에 공동 소유자였던 사람들 간에 불평등을 가져온다는 점으로 인해 평등분배의 이상을 실현시키는 데 한계를 드러내었고, 이에 따라 시장경제에 대한 전반적 대안으로서의 관심은 그만큼 줄어들었다.

노동자-주주가 속한 회사가 도산 위험에 빠질 수 있어, 협동조합주의는 주식처분에 대한 제한에 따라 노동자-주주에게 소유주식 가격의 하락이라는 위험을 안게 만들 수 있고, 노동자들의 이동을 제한하게 하는 효과가 있어서 노동자-주주 제도가 노동자에

서로 다른 가치관을 가지지만 서로의 가치관을 존중하는 상태를 말하는가? 혹은 (자발적 의사가 아니지만) 한 사람의 의지에 다른 사람의 의지를 맞추게 된 상태를 말하는가?

5) 노동자-주주 제도는 노동자의 자발적 기여가 회사의 성패를 좌우할 정도로 중요한 업종, 예컨대 법률회사, 컨설팅회사 등에서 그 조건이 맞을 때 효과가 있다는 것이 입증되고 있다. 그러나 이를 산업 전반에 적용하더라도 똑같이 효과를 발휘할 것으로 기대할 수 없는 것은 물론이다.

게 언제나 유리한 것도 아니며, 노동자가 더 높은 부가가치를 생산할 수 있는 곳으로 이동하는 것도 제한하는 역할을 한다.

이런 점에서 경제학자의 눈에는 노동자-주주의 형태는 여러 가능한 소유형태의 하나로 특정 산업에 특정 조건 아래에서 상대적으로 더 효과적일 수 있는 것일 뿐, 이로 인해 여타 소유형태를 보이는 회사에서는 볼 수 없는 어떤 공동체성이 회복될 것으로 기대하기는 어렵다. 예를 들어, 법률자문회사의 경우, 변호사가 얼마나 열심히 변론을 위해 노력하는지 감시하거나 측정하기는 어렵지만 이들의 전문적 노력이 회사의 흥망에 결정적일 경우 변호사를 고정 급여를 주고 고용해서는 최선을 다하도록 하기 어렵기 때문에 일반적으로 이들은 피고용자로 두는 회사의 소유형태보다는 이들도 주주로서 참여시키는 것이 더 일반적인 회사소유 형태가 되고 있다.

4) 주식시장의 발전과 '노동과 자본의 분리'

주식시장을 포함한 시장경제에서의 금융시장의 발달은 '노동과 자본 간의 분리', 그리고 '자본을 가진 계층', '팔 것이라고는 노동밖에 없는 노동자'라는 이분법적 분할이 유용한 개념이 아니라는 것을 보여준다.

자신이 지닌 주식의 가치가 휴지조각으로 변하는 것 이상으로는 회사가 진 채무에 대해 책임을 지지 않는 주식회사의 등장과 주식을 거래하는 주식시장의 성장은 극소수의 대규모 자본가가 아닌 대다수 일반 대중(노동자)의 저축을 생산에 직간접적으로 투자할 수 있는 길을 터주었다. 이들은 팔 것이라고는 노동밖에 없는 노동자가 아닌 것이다.[6] 일반 투자자들보다는 기관 투자가

들이 주식시장에서 중요한 역할을 하는 것은 사실이지만 이들은 일반 노동자들이 금융기관에 저축하거나 펀드 등에 간접적으로 투자한 것을 동원할 뿐이다. 그런 점에서 일반 노동자들의 저축이 대규모 자본을 가진 극소수 사람들의 자본보다 주식시장에서 더 중요한 역할을 담당하는 방향으로 주식시장이 발전되어 왔다.

논문에서는 자본주의에서는 팔 것이라고는 노동밖에 없는 노동자들과 자본을 가진 계층으로 이분화한다고 적고 있으나 주식시장의 발전은 이런 양분화가 일반적인 경향이라고 보기 어렵게 한다. 더구나 논문에서 주장하는 것이 사실이어서 시장자본주의가 노동밖에 팔 것이 없는 노동자를 양산한다고 가정하더라도, 자산이 없는 이들이 어떻게 '자발적'으로 연대하여 협동조합공장의 노동자-주주가 될 수 있는지도 의문이다.

5) 원자화된 개인과 타인에 대한 무관심

마지막으로 한 가지만 첨언한다면, 공동체와 개인의 관계에서 자본주의 체제가 어떤 점에서 문제인지 좀더 설명되었으면 한다. 원자화된 개인, 타인에 대한 무관심이란 설명이 없는 것은 아니지만 충분히 납득이 될 정도는 아니다. 기본적으로 자본주의 사

---

6) 자본의 축적이 되어 있느냐의 여부에 따라 채택하는 기술이 달라진다. 물고기를 잡을 때, 창 또는 그물 가운데 어느 것을 쓸 것이냐는 축적해 놓은 자본의 크기에 달려 있다. 당장 그물을 만들 동안 먹을 물고기를 축적해 두지 않았으면, 창으로 물고기를 잡아야 한다. 이런 점에서 자본시장의 발달은 말하자면 창이 아니라 그물로 물고기를 잡는 신기술의 채택을 앞당기는 역할을 하였다. 아울러 신기술의 채택을 통한 생산성의 증대는 다시 노동자들의 임금을 높이는 계기가 되었다. 기업은 노동의 한계생산성 이상 임금을 주려고 하지 않을 것인데 노동의 한계생산성은 고정된 것이 아니라 어떤 도구를 사용하느냐에 따라 크게 달라지기 때문이다.

회도 사회이므로 타인과 관계를 가지며 생활한다. 가족관계, 직장에서의 관계, 종교 활동 등등. 원자화되어 있다는 것이 어떤 의미인지 정확하게 알 수 없다.

타인에 대한 무관심도 자본주의와 직접 관련이 있는지도 불확실하다. 세금을 통해 재원을 마련하여 국가가 시혜를 베푸는 복지제도가 발전할수록 자신의 부모나 친지, 친구에 대한 관심과 책임감이 줄어든다는 의미에서 국가가 가부장적 역할을 떠맡는 것이 이런 경향의 중요한 원인이라는 분석이 가능하기 때문이다.

4. 논평을 마치면서

서두에서 말한 것처럼 이 논평은 마르크스를 받아들이는 관점에서 이루어진 것이 아니다. 기본적으로 경제학을 공부하는 경제학자의 입장에서 이루어진 것이다. 그러나 경제학자도 희소성에 직면한 인간의 문제를 연구하는 사회철학자의 한 부류라고 본다면, 이런 논평이 의미가 없지는 않을 것이다.

사회주의 계획경제의 실제적 작동 가능성에 대한 사회주의 계산논쟁[7]이 실제보다 더 생산적으로 진행되고 서로 의사소통이 잘 될 수 있었더라면, 많은 사람들에게 고통을 주었던 사회주의의 실험은 상당 부분 피할 수 있었다. 이런 점에서 솔직하면서도 생산적인 토론 과정은 매우 중요하다고 믿고 있다. 그래서 더 나

---

7) 사회주의 계산논쟁에 대해서는, 김이석, 「의도와 인지적 한계를 지닌 인간의 경제학」, 박만섭 편, 『경제학, 더 넓은 지평을 향하여』, 이투신서, 2005; 이몬 버틀러, 김이석 역, 『루드비히 폰 미제스』, 자유기업원, 2000 및 P. Bottke, ed., *The Elgar Companion to Austrian Economics*, 1994, pp.478-484 등을 참고.

은 의사소통을 위해 직선적인 표현을 마다하지 않았다. 마찬가지로 더 나은 의사소통을 위해 직선적이고도 알기 쉬운 반론과 더 상세한 설명을 기대해 본다.

"마르크스의 사적 소유 비판과 공동체 사상의 전통"에 대한 논평

| 서 유 석 | 호원대 교양학부 |

1. 논문의 기본적인 문제의식

사적 소유에 대한 마르크스의 비판은 단순한 정치경제학적 논의를 넘어서서 개인발전과 공동체적 삶에 대한 유의미한 철학적 비전을 담고 있다. 그런데 이 점이 그 동안의 마르크스 연구에서는 충분히 부각되지 못하였다.

2. 논문의 요지

그 동안 마르크스의 역사관은 보통 5단계 발전론으로 해석되어 왔는데, 이 역사관은 그 초점이 '경제적 사회구성체의 발전과정'에 맞추어져 있었다. 이와는 달리 마르크스의 역사관을 3단계론('인격적 예속', '사물적 예속에 기초한 인격적 자립', '자유로운 개인의 연대')으로도 해석할 수 있는데, 오히려 이 관점이야말로 '개인의 발전사'(개인이 공동체와 관련하여 어떤 발전과정을 거쳐 결국 양자의 화해에 이르는가)에 대한 마르크스의 사상을 잘 드러내준다. 한편 개인의 발전에 있어 소유관계의 변화가 중요한 역할을 하는데 이 역시 3단계로 나누어 볼 수 있다('자기 노동에 기초한 사적 소유', '타인 노동에 기초한 사적 소유', '공동 점유에 기초한 개인적 소유' 단계, 즉 노동과 소유의 통일, 분리, 재통일 과정).

중요한 것은 두 번째 단계(자본주의)를 넘어서 공산주의 단계에 이르는 데 필요한 (생산수단에 대한) 공동 소유와 계획(소유와 교환에 대한 공동 통제), 특히 공동 소유('사회적 소유')의 의미에 대한 정확한 해석이다. 일부의 해석은 마르크스의 '사회적 소유'를 곧 국가의 소유로 해석하나 이는 왜곡이고, 그 참된 의미는 '자유로운 개인들의 소유'이다. 자본제적 소유양식에 대한 대안으로서 마르크스가 언급한 주식회사와 협동공장의 사례가 바로 그것이다.

자본주의적 주식회사(자본과 노동의 대립이 소극적으로 지양된 형태)와 협동조합(자본과 노동의 대립이 적극적으로 지양된 형태)은 사회적 소유가 다름 아닌 '공동 점유에 기초한 개인적 소유'임을 보여주고 있다. 그리고 이런 주장 속에는 점유권과 소유권의 분리라는 관점도 함축되어 있다.

3. 몇 가지 질문

(1) 필자는 글의 중간 부분에서 마르크스 이론에 대한 두 가지 근본적인 의문을 제기하고 있다.[1] 그는 마르크스의 이론에는 공

산주의 건설에 필요한 노동자 계급의 연대에 대한 구체적 논의가 없을 뿐 아니라, 그런 논의의 가능성 자체가 마르크스의 노동 환원적 패러다임과 '거대 주체' 철학으로 인해 원천적으로 차단되어 있다고 지적하고 있다. 만일 이 지적이 옳다면 마르크스 이론은 치명적인 결함을 갖는 셈인데, 그럼에도 마르크스의 공동체에 대한 논의가 의미를 갖는다고 주장하는 근거는 무엇인지 묻고 싶다.

(2) 논평자에게는 필자의 이런 마르크스 해석이 다소 양 극단으로 흩어져 있는 것으로 보인다. '개인과 공동체의 화해'라는 사상을 이끌어낼 때는 호의적으로 해석하고, 문제점을 지적할 때는 지나치게 단순한 접근을 하는 것으로 보인다. 마르크스가 연대의 가능한 길에 대해 상세한 연구를 남기지 못한 건 사실이다. 하지만, "무엇 때문에 노동자 개인들이 연대에 이르는 데 어려움을 겪는지"에 대해서는 선구적 통찰을 남겼고, 또 노동자의 연대

---

1) 필자의 마르크스 비판은 다음과 같다.
(1) 마르크스는 자본주의에서 공산주의로의 이행에 필요한 물적 토대는 언급하고 있으나, ① 왜 그리고 어떻게 전면적으로 발전한 개인들이 연대하는가에 대한 문제의식이 없다. 연대를 위해서는 자유로운 개인들의 공론장 형성이 필요한데, 그의 노동 환원적 패러다임에서는 이러한 논의가 원초적으로 자리 잡을 수 없었다. ② 거대 주체(단수로서의 프롤레타리아트) 철학도 이러한 논의를 원천적으로 차단했다. ③ 결국 미래 공동체의 본질적인 구성 원리인 민주주의의 요소가 마르크스에게는 결여되어 있다.
(2) 물건에 대한 배타적 소유보다 네트워크를 통해 재산을 빌려주거나 사용료를 물리거나 단기간 사용권한을 부여하는 방식의 '접속'이 사회적 계층화에 있어서 중요한 비중을 차지하게 된 오늘날 마르크스의 소유이론은 한계가 있다.

와 관련해 당(Partei)의 일정한 역할에 대해서도 언급하고 있다. 마르크스의 이런 논의를 긍정적으로 재해석할 가능성은 없는지에 대해 묻고 싶다.

(3) 19세기 중엽에 마르크스가 이상적으로 그려본 '주식회사'와 '협동공장'의 모습은 오늘날 현실 속에 존재하는 그 실제의 모습과는 커다란 괴리가 있다. 이 괴리는 어떻게 설명할 수 있는가? 또 마르크스는 주식회사의 경우 자본과 노동의 대립이 여전히 부정적인 방식으로 지양되고 있다고 지적하고 있다. 그러면 각주에 언급한 우리사주제나 종업원 주주제의 경우는 이보다 한 걸음 더 발전된 형태인데, 필자는 이 후자의 의미(미래사회를 위한 모델로서의 가능성, 특히 소유권과 관련한 의미)에 대해 어떤 판단을 하고 있는지 알고 싶다. 한편 협동공장 논의는 구 공산권에서도 일정한 실험을 거쳤다. 과연 그 속에서 미래 이상사회의 맹아를 찾을 수 있는가? 아니면 필자가 언급하는 협동공장과 구 공산권의 그것은 다른 것인가? 필자는 구 공산권이 공산주의를 위한 물적 토대를 갖추지 못했다는 사실에 주목하고 있다. 그렇다면 그 조건을 갖출 경우에 협동공장은 이상적 모델인가?

(4) 오늘날 신자유주의의 흐름은 좌파집권 정부들에게도 국영기업의 민영화를 부추기고 있다. 소비재를 제외한 생산수단(특히 천연자원이나 독점적인 기업시설 등)의 사적 소유에 대한 제한이 사회주의 전통의 핵심이라고 할 때, 공기업 민영화 문제는 이 전통에 대한 근본적인 부정이다. 이에 대한 필자의 견해를 듣고 싶다.

사유재산권, 왜 소중한가? ※

| 민 경 국 | 강원대 경제무역학부 |

1. 문제의 제기

'참여정부'에 들어와서 재산권이 그 어느 때보다도 함부로 다루어지고 있다. 함부로 다루어도 된다는 분위기도 역력하다.[1] 사

※ 이 논문은 사회철학연구회 2005년도 추계 학술심포지엄에서 발표한 논문이다. 토론에 참여한 분들의 유용한 논평에 대하여 심심한 감사를 드린다. 그리고 특히 『철학연구』의 익명의 심사위원들에게도 유용한 논평에 대하여 깊은 감사를 드린다.

1) 재산의 사용권과 취득권, 용익권을 말한다. 이것은 사회적으로 용인된 행동 가능성이다. 용인 또는 부인은 행동규칙을 통해서이다. 따라서 재산권을 반영하는 것이 행동규칙이다. 해서는 안 될 행동, 책임영역, 자유영역을 말해 주는 것이 행동규칙이다.

유재산권을 정부의 하사품인 것처럼 취급한다.

-- 노무현 정부는 쓸 돈을 정해 놓고 세금을 정하는 정부다. 납세자의 돈을 공유재산처럼 취급하는 태도다. 나라의 빚더미를 키우는 것도 사유재산권을 무시하는 부도덕한 처사다.

-- 재산권 행사에 대한 규제도 심하다. 의료-연금제도, 교육정책, 부동산정책, 기업규제 등, 모든 부문에서 시민들의 재산권 행사를 엄격하게 규제하고 있다.[2)]

-- 지역의 균형발전과 신도시, 수도이전, 공공주택 건설을 명분으로 사유재산권을 뒤흔들고 있다. 국토는 정부 것인 양 취급한다. 더구나 이런 대형 프로젝트를 위해 정부는 강압적인 방법을 동원하고 있다. 그 결과는 풀뿌리 공동체 조직의 붕괴다. 이런 재개발 노력을 통하여 정부는 가정, 사업, 교회 등과 같은 사유재산을 뒤엎어 버리고 있다.

-- 더욱 심각한 것이 또 있다. 북한정권에 대한 노무현 정권과 각종 친북단체의 우호적인 태도다. 사유재산권의 소중함과 신성함을 존중하는 정부라면 그런 태도를 취하지 않을 것이다. 재산권은 인권과도 같다.[3)] 수십조 원이 필요한 대북정책을 민족공조라는 이름으로 남발하고 있다. 납세자의 돈, 남한의 재산은 북한정권을 살리기 위한 공유재산으로 취급한다.

-- 사유재산권에 대한 존엄성을 무시하는 풍조도 무시할 수 없

---

2) 정부규제는 사유재산권의 요소를 정부에 이전하는 것과 동일하다. 정부규제와 정부소유와 동일하다. 이에 관해서는 R. Epstein, *Simple Rules for a Complex World*, London, 1995.

3) D. Boaz, *Libertarianism*, New York, 1997.

다. 반(反)기업 정서, 반(反)부자 정서가 그것이다. 재산축적을 범죄행위로 취급한다. 이런 정서를 부추기는 세력도 대단히 많다.

사유재산권은 정부가 이렇게 함부로 다룰 대상이 결코 아니다. 재산권은 아주 소중하고 신성하기까지 하다. 왜 소중한가? 이것이 이 글에서 다룰 주제다. 인간존재의 핵심은 무엇인가의 문제에서 출발하여 이 주제에 접근한다. 인간존재의 핵심은 무엇인가? 이 문제는 중요하고도 근원적이다. 이것은 도덕의 문제인가? 아니다. '지식의 문제(knowledge-problem)'이다. 개인의 지식이 제한되어 있다는 뜻이다. 희소성의 구조적 원인도 지식의 문제 때문이다. '공유의 비극'도 지식의 문제이다. 지식이 부족하기 때문에 도덕적 행위도 제한된다(2절). 그런데 그 어떤 두뇌와 정신도, 그리고 그 어떤 컴퓨터도 해결할 수 없는 지식의 문제, 이 문제를 해결하고 이 해결을 통해 공유의 비극을 없애주는 것, 이것이 사유재산권이다. 그래서 이것이 소중하다. 정부소유와 공유는 이런 해결의 훼방꾼일 뿐이다. 정부는 구조적으로 무지하기 때문이다(3절).

개인들에게 소중한 도덕적 가치의 선택을 촉진하고 장려하는 것, 그래서 개인들의 도덕적 한계를 완화해 주는 것, 이것도 사유재산권이다. 이것이 사유재산권이 중요한 두 번째 이유이다. 정부의 재산권 개입은 인간을 부도덕하게 만들 뿐이다. 정부는 구조적으로 부도덕하기 때문이다. 그러니까 정부는 사유재산권을 건드려서는 안 된다(4절). 정부의 하사품이 아니라 자생적으로 생겨난 것, 그래서 자생적 질서라는 것, 이것이 사유재산권이다. 이것이 세 번째로 소중한 이유다. 정부는 사유재산권을 하사할 만큼 지적 능력도 없고 도덕적 역량도 없다. 그래서 사유재산권에 개입할 권능이 전혀 없다(5절).

그러니까 정부가 할일은 공유재산에 민간 주인을 찾아주는 일이다. 환경사회주의를 해체하여 환경도 주인을, 교육과 의료, 연금도 모두 주인을 찾아주어야 한다. 정부는 구조적으로 무지하고 부도덕하기 때문이다. '도로사회주의'도 철폐해야 교통사고와 교통체증도 줄어든다. 해변과 제방도 사유화다. 그래야 '뉴올리언스 비극'과 같은 공유의 비극도 생겨나지 않는다. '일기예보 사회주의(weather socialism)'도 민영화해야 공유의 비극을 막을 수 있다. 사유재산권과 자유시장은 지적으로 대단히 현명하고 도덕적으로 대단히 훌륭하다. 그러니까 사유화가 인류를 구제할 최선의 대안이다. 적어도 현재로서는 그렇다(6절).

2. 출발점: 인간이성의 구조적 한계

재산권 논쟁은 플라톤-아리스토텔레스 논쟁 이래 2,500년이나 지속된 논쟁이다. 이 논쟁의 핵심은 무엇인가? 그리고 그 논쟁에서 간과하고 있는 것은 무엇인가?

1) 사유재산권 논쟁의 거대한 오류

재산권 논쟁의 특징은 인간은 이기적이냐 이타적이냐의 논쟁이다. 이기적이기 때문에 공유재산에 대해서는 개인들이 책임지려 하지 않는다고 생각한 인물, 그가 아리스토텔레스다.[4] 그리고

---

4) "(플라톤의 공산주의: 필자) 제안에 대한 또 다른 이의가 있다. 그도 그

그의 주장을 이어받아 '공유의 비극'[5]으로 묘사하고 있는 생물학자 하딘도 인간의 이기심을 강조한다.[6] '공유의 비극'의 비극을 '인센티브의 비극'으로 보고 있다. 그러니까 공유의 비극을 극복하기 위한 방법은 사유재산제라는 것이다. 그러나 플라톤 이후, 인간의 이기심, 상업정신을 비판하면서 사유재산제를 부정하는 사람들은 이기심 대신에 이타심을 강조한다.

그런데 흥미로운 것은 재산권 논쟁에서 개인들은 완전한 지식을 가지고 있다는 암묵적 또는 명시적 전제이다. 그러나 우리가 주목하는 것은 인간이 이기적이냐 이타적이냐의 문제는 중요하지 않고, 중요한 것은 '지식의 문제'이다. 인간들이 완전한 지식을 가지고 있다면 그들이 이기적이든 이타적이든, 사유재산제이든 공유재산제이든, 공유의 비극이 생겨나지 않기 때문이다.

그리고 지식의 문제를 고려한다면 사회적 문제는 더 이상 분배정의 또는 효율적인 자원배분이 아니라 '행동조정'의 문제이다.[7] 지식의 문제를 중시하는 경우 사회적 문제는 행동조정 문제

럴 것이 다수가 공유할 경우 공유된 것에 대해서는 잘 관리하려는 생각이 없기 때문이다. 누구나 주로 자신의 이해관계를 생각한다. 공동의 이해관계는 거의 생각하지 않는다." 이 인용은 사유재산권과 관련하여 아리스토텔레스의 『정치학』에서 기술한 내용의 일부이다. 물론 아리스토텔레스가 이런 이기심을 찬양한 것은 아니다. 그는 덕의 중요성을 강조했다. 사적 소유와 공공의 덕의 조합을 강조하고 있다.

5) 하딘의 주장은 이렇다. 즉, 목초지가 모든 사람의 소유라면, 목초지가 사유재산제에서 더 남용되고 착취된다는 것이다. 따라서 사유재산제가 필요하다는 것이다. 따라서 하딘은 아리스토텔레스의 이 주장을 그대로 답습하고 있다.

6) G. Hardin, "The Tragedy of Commons", in *Science*, 13, 1968.

7) 김이석, *The Obviation of the Coordination Problem in a Changing*

로 본다. 예를 들면 누구와 협력하고 어떻게 협력할 것인가의 문제가 등장하는데, 이것은 지식의 문제이다.

그런데 박정순 교수는 자신의 논문 「사유재산권과 자유주의적 분배정의론」에서 이렇게 말하고 있다.

> "소유권의 문제는 자연적 또는 사회적 자원의 희소상태라는 배경적 조건하에서 분배정의의 관점에서 파악되어야 할 것이다."

박 교수의 이런 주장은 인간이 이기적이냐 아니냐의 논쟁의 관점을 반영한 것이다. 분배정의를 사회적 문제로 보고 있다.

그러나 희소한 자원을 어떻게 분배하는 것이 정의롭고 어떻게 배분하는 것이 효율적인가를 사회적 문제로 보는 시각과 다른 시각이 지식이론의 관점이다. 지식의 문제와 관련하여 하이에크는 이렇게 말하고 있다.[8)]

> "전지전능한 인간들끼리 사는 세계에서는 행동규칙(소유권 제도: 필자)이 필요 없다. 이런 사실을 무시한 채, 도덕 및 법질서를 연구한다면 그것은 핵심적인 문제를 도외시한 것이다."

따라서 재산권 논쟁의 오류는 완전한 지식의 전제다. 완전한 인간이 사는 세계에서는 자원의 희소성도 분배적 갈등도 있을

World, New York University Ph.D. Dissertation, 1998.

8) F. A. Hayek, *Freiburger Studien*, Tübingen, 1969; F. A. Hayek, *Law, Legislation and Liberty, Vol. 2, Mirage of Social Justice*, Oxford, 1976, 민경국 역, 『법, 입법 그리고 자유 I. 사회정의의 환상』, 자유기업원, 1998.

수가 없다. 그런데 완전한 인간이 사는 세계를 전제하거나 지식의 문제를 도외시한 것이 '구성주의적 합리주의'이다. 데카르트-홉스-벤담-밀-롤즈 등, 프랑스 계몽주의 전통이다. 그러나 지식의 문제가 인간존재의 핵심이다. 몰라서 못 산다. 더 많이 안다면 욕망을 더 잘 충족시킬 수 있다. 따라서 우리가 주목해야 할 문제는 세 가지이다.

-- 지식의 문제란 무엇인가?
-- 왜 인간에게는 지식의 문제가 존재하는가?
-- 이런 지식의 문제와 사유재산권과의 관계가 무엇인가?

이 마지막 문제는 직간접적으로 이 글의 전체 내용을 구성한다.

2) 진화적 인식론과 지식의 문제

인간들은 혼자서 살 수가 없다. 항상 수많은 타인들과의 관계 속에서 살아갈 수밖에 없다. 이런 인간관계 속에서 자신의 삶을 '합리적으로' 영위할 수 있으려면 경제적, 사회적 환경 전반을 알고 있어야 한다. 타인들의 목표와 행동과 반응방식, 그들의 생각과 의견도 알아야 한다. 그러나 문제는 이런 것들에 대한 개인이 가진 지식이 불확실하다는 것이다. 이런 불확실성을 하이에크는 "인간이성의 구조적 무지(constitutional ignorance)"라고 표현하고 있다.[9] "우리는 무엇을 모르는지조차 모를(unknown igno-

9) F. A. Hayek, *Freiburger Studien*, Tübingen, 1969; 민경국, 『진화냐 창조냐: 하이에크의 진화론적 자유주의 사회철학』, 자유기업원, 1996.

rance)"(Kirzner) 정도로 우리의 구조적 무지는 무한정이다. 우리가 알고 있는 지식은 다음과 같은 특징을 가지고 있다. 즉, 지식의 선별성과 부분성, 지식의 주관성, 그리고 지식의 오류 가능성이다.

-- 개인은 자신의 삶과 밀접한 관련성이 있는 지식만을 가지고 있다. 그래서 선별적이다. 외부세계 또는 사회 전체의 모든 상황이 아니라 오로지 자신에 고유한 상황에 대해서만 알고 있다.

-- 개인이 가지고 있는 지식은 주관적이다. 인지하는 자신과 결부되어 있다. 개인의 주관적인 인지역사를 떠나 관찰자의 입장에 선다는 것은 불가능하다.[10] 개인의 지식은 장소적으로나 인적으로 결부되어 있다. 현장지식이라고 불러도 무방하다. 삶의 터전에서 습득한 지식이라는 뜻이다.

-- 인지가 선별적이고 국지적이기 때문에 개인의 지식은 오류 가능하다.

그런데 인간이성의 무지가 '구조적인' 이유는 무엇인가? 지식을 산출하는 인지과정 그 자체의 특성 때문이다. 그 인지과정의 특성은 다음과 같다[11].

10) 따라서 데카르트의 전통이 주장하는 것처럼 인식에 있어서 객관성을 얻기 위해서는 자기초월적 입장을 취해야 한다는 주장은 인간의 인지활동의 특성과 맞지 않는다. 그런 입장을 취하는 것은 불가능하다.

11) F. A. Hayek, *The Sensory Order*, Oxford, 1920/1952, 민경국 역, 『감각적 질서』, 자유기업원, 1998; G. L. Edelman, *Neural Darwinism*, New York, 1987.

-- 외부세계의 복잡성을 축소하여 외부세계를 인지하고 이로써 지식을 습득한다. 현실을 축소해서 자신과 관련된 부분만을 간추린다.[12)]

-- 간추려내기 과정은 신경질서라는 분류도구(인지도구)를 통해 이루어진다. 외부세계에 대한 인지란 이런 도구를 통해 현실을 분류하고 해석한 결과이다.[13)] 그리고 인지도구도 이런 해석과정에서 변한다. 지식의 진화가 이것이다. 이런 분류와 해석과정에서 전적으로 새로운 해석과 그리고 새로운 분류가 생겨난다. 이것이 새로운 지식의 창출과 새로운 행동방식의 창출이다.[14)]

-- 지식의 습득과정에서 인간들은 추상적인 사고규칙을 사용한다. 이런 추상적 사고규칙은 학습을 통하여 습득된 것이기는 하지만 초 의식적이다.[15)] 그것이 초 의식적인 이유는 의식적인 사고과정을 조종하지만 그러나 이런 조종이 의식적인 사고과정에 등장하지 않기 때문이다[16)]

---

12) H. Legewie, "Organismus und Umwelt", in R. Thurnwald, Hrsg., *Forschungen zur Voelkerpsychologie und Soziologie*, Leipzig, 1931; H. Maturana and F. Varela, *Autopoesie: The Organnization of Living System*, Oxford, 1974.

13) 이런 선별은 정신의 사고의 규칙을 비롯한 분류도구에 의해 이루어진다. 이런 분류도구는 개인의 형태발생과정과 그리고 개체발달과정에서 습득한 것이다.

14) 외부환경에 관한 지식은 인간의 감각기관에 미치는 외적 사건의 객관적인(물리적인) 속성에 의해 좌우되는 것이 아니라 두뇌의 분류 메커니즘에 달려 있다.

15) 분류도구 또는 인지구조를 조종한다. 분류와 인지를 조종한다.

16) F. A. Hayek, *New Studies in Philosophy, Politics Economics and the History of Ideas*, London, 1978.

따라서 인간이성의 한계가 구조적인 이유는 지식을 산출하는 인지도구 그 자체의 한계 때문이다. 지식의 문제가 인간존재의 핵심이고,[17] 인성 그 자체라는 뜻이다. 희소성의 구조적 원인도 이 지식의 문제이다. 지식의 부족 때문에 일인당 소득성장도 제한된다. 지식의 문제 때문에 개인은 도덕적 행동도 어렵다. 물론 개인들은 부족한 지식을 메우거나 낡은 지식을 교체하기 위해 부단히 새로운 지식을 창출하거나 습득하려고 노력한다.

그러나 필요한 모든 지식을 스스로 전부 수집할 인식능력이 구조적으로 없다. 이런 무지가 지속된다면 그들은 합리적인 행동이 가능하지 않다. 이런 구조적인 무지의 극복을 도와주어 합리적으로 행동할 수 있는 조건은 무엇인가? 이 문제가 인간이성의 한계와 사유재산권의 관계이다.

3. 사유재산권과 인간이성의 한계

왜 사유재산권이 소중한가? 사유재산권은 인간이성의 전제조건, 합리적 행동의 전제조건이다. 다시 말하면 사유재산권이 인간이성의 구조적 무지를 처리해 준다. 그래서 사유재산권이 중요하다. 어떻게 지식의 문제를 해결해 주는가? 사유재산권 아래에서 자생적으로 생겨나는 가격과 행동규칙의 지식전달 기능이 바

---

17) 로렌츠(K. Lorenz)가 '삶을 지식습득과정(Leben als erkenntnisgewinnender Prozess)'으로 파악했던 것은 결코 과장된 표현이 아니다. 포퍼는 지식습득과정으로서의 삶을 더욱 더 극적으로 표현하고 있다. 아메바에서 아인슈타인에 이르기까지 지식의 성장은 동일하다고 말함으로써 인간과 동물의 유사성을 지식습득과정으로 파악하고 있다.

로 그 해결사다.[18]

1) 사유재산권은 인간의 합리성의 전제조건

자본주의 사회의 묘미는 가격현상이다. 수십만, 수백만 가지의 가격이 '저절로' 생성된다. 가격 속에는 수백만, 수천만의 인간들이 제각기 가지고 있는 선호, 의견, 생각, 목표, 등에 관한 '현장지식'이 간추려 반영된다. 이런 가격들은 재화의 상대가치를 알려준다. 가격이 없이는 상대가치의 비교도, 그리고 대안들의 평가도, 합리적인 경제계산도 불가능하다. 가격이 없으면 분업적 사회에서 우리는 아무것도 할 수가 없다. 내 노동을 어디에 투입할 것인지, 내 자본을 어디에 투자할 것인지를 판단할 수가 없다. 가격구조는 비교 평가를 가능하게 하기 때문에 개인들에게 성공하려면 해서는 안 될 일(할 수 있는 일)에 관한 지식('인지적 지식')이 무엇인가를 알려준다. 합리적인 계산을 위해서는 가격이 필요하다는 것을 이미 사회주의자들도 인정했다.

가격들은 개인의 감각기구(소우주)를 가지고는 도저히 접근하기가 불가능한 자연적 및 사회적 세계의 '거시우주(macro-cosmos)'에 대한 적응을 가능하게 한다. 사유재산권이 보장된 사회에서는 개인들이 가질 수 있는 지식보다 훨씬 더 많은 지식의 사용을 가능하게 한다. 왜냐하면 가격이 전달하는 지식을 사용할 수 있기 때문이다.

지식을 전달하는 두 번째 메커니즘이 사유재산을 둘러싸고 형

---

18) 이런 인식의 발견은 스코틀랜드의 계몽주의 전통과 이 전통을 확대 발전시킨 하이에크의 공로가 아닐 수 없다.

성되는 도덕규칙, 종교규칙, 단순한 전통, 관행과 관습 등과 같은 행동규칙이다. 사유재산권 할당에 관한 규칙, 약속이행의 원칙, 동의에 의한 재산 이전 원칙 등과 같은 행동규칙들도 그들 중 한 부분이다[19]. 그런데 우리가 주목하는 것은 사회의 구성원들끼리 공유하고 있는 암묵적 행동규칙이다. 이것은 행동으로 표현할 수 있지만 의식할 수 없는 행동규칙, 즉 초의식적(supra-conscious) 규칙이다.[20] 예를 들면 정의감과 법 감정 등이 이에 속한다.

재산권과 관련된 그리고 시장경제의 기초가 되는 규칙들 가운데 이런 초의식적 규칙들이 대부분이다. 이런 공유된 초의식적 규칙 때문에 서로의 관행과 관습을 이해할 수 있고 타인들의 행동을 예측할 수 있다. 이런 초의식적 규칙을 통하여 상호 간의 의사소통이 가능하다.[21]

그런데 이런 행동규칙들은 지시나 명령과 같이 특정의 행동을 지정하는 것이 아니라 특정의 행동을 당연 금지하는 또는 추상적인 내용을 가지고 있다. 이런 행동규칙들은 우리에게 책임영역, 그들에게 자율적인 행동영역을 설정해 준다. 이 영역은 어느 누구도 침범해서는 안 될 자유영역이다. 이로써 내 책임영역, 내

---

19) F. A. Hayek, *Freiburger Studien*, Tübingen, 1969; D. Hume, *A Treatise of Human Nature*, 1739/1972.

20) 행동규칙들은 민법이나 형법과 같은 사법(私法)처럼 법전화된 것만을 말하는 것이 아니다. 이런 법전화는 사회질서를 위해 필요하기는 하지만 그러나 결코 충분한 것이 아니다. 그리고 사법(私法)과 같이 법전화된 것은 그 규모에 있어서도 보잘 것 없다. 어감이나 정의감 또는 법감정같이 말로 표현되어 있지 않은 '암묵적 규칙'들로 구성되어 있다. 이런 규칙들이야말로 자본주의 사회의 근원적인 도덕적 기반이다.

21) 민경국, 『자유주의와 시장경제』, 비즈위즈, 2003, p.37.

울타리가 어디까지인가를 알려준다. 그리고 그런 행동규칙들은 개개인들이 타인에 대하여 어떻게 행동할 것인가에 관한, 즉, 타인들에 대한 행동방식, 반응방식을 알려주는 역할도 수행한다. 타인들에 대해서 해서는 안 될 행동이 무엇인가를 알려준다.

우리가 주목하는 것은 이런 행동규칙들은 수많은 사람들, 수세대의 사람들이 제각기 가지고 있는 지식('규범적 지식')을 반영한다는 것이다. 따라서 행동규칙도 가격과 마찬가지로 인간이 자신의 소우주(microcosmos)만을 가지고는 도저히 진입할 수 없는 거시우주에 대한 적응을 가능하게 한다. 사유재산권을 기반으로 하여 발전된 시장경제는 웅대한 '의사소통체계(communicative system)'이다. 가격구조와 행동규칙들을 통하여 개개인들이 각자 가지고 있는 대규모의 지식이 소통된다.

우리가 주목하는 것은 사유재산권과 그리고 이와 관련된 행동규칙들의 의사소통체계 때문에 인간들의 '합리적인 행동'이 비로소 가능하다는 것이다. 사유재산권은 따라서 합리성 또는 인간이성의 전제조건이다. 사유재산권이 없이는 가격도 없고 필요한 행동규칙도 없기 때문에 합리적인 행동이 불가능하다. 사유재산권과 그리고 가격과 행동규칙들을 관료나 전문가나 정치가들이 함부로 다루어서는 안 되는 이유, 그리고 우리는 오히려 그것들에 대해 항상 경외감을 가져야 할 이유가 바로 이 때문이다.

2) 지식의 문제의 해결을 통한 공유의 비극의 해결

사유재산권이 공유의 비극을 해결하기 때문에 중요하다는 주장은 아마 사소한 주장처럼 보일 것이다. 그러나 인센티브에 의해 해결되는 것이 아니라 지식의 문제에 대한 해결을 통해서 공유의 비극이 해결된다고 말한다면 이런 주장은 매우 의미 있는 주장이고 또 새로운 주장이기도 하다.

아리스토텔레스-하딘의 '공유의 비극'의 시나리오와 관련하여 우리가 주목하는 것은 그 시나리오에 등장하는 인간들에게 지식을 전달하는 그 어떤 메커니즘이 전혀 없다는 점이다. 하딘의 시나리오를 보면 목초지 자체의 가격도 그리고 목초의 가격도 존재하지 않는다. 목초지 그 자체와 그리고 풀(목초)은 누구나 사용할 수 있는 공유재이기 때문이다. 토지이용의 비용과 편익도 계산할 아무런 근거도 없다. 공유지이기 때문에 그 공유지를 다른 재산과 비교할 수도 없다. 더욱 더 주목할 만한 것은 책임영역을 말해 주는 그 어떤 규칙도 존재하지 않는다는 것이다. 어떻게 책임을 지고 얼마만큼 책임을 질 수 있는가를 알려주는 아무런 규칙도 없다.

따라서 아리스토텔레스-하딘의 시나리오에 등장하는 목축업자 개인들에게는 구조적 무지가 지배하고 있다. 이런 무지의 상황에서는 인간들이 이기적이든 이타적이든, 목초지의 현명한 이용이 불가능하다. 그래서 공유의 비극이 생겨난 것이다.

이런 공유의 비극을 해결할 수 있는 방법은 지식의 전달 메커니즘의 존립조건을 확립하는 것이다. 그것이 바로 사유재산권이다. 사유재산권은 지식의 문제를 자동적으로 해결하고 공유의 비극도 역시 자생적으로 해결해 준다. 가격과 행동규칙의 생성을 통해 비로소 구조적 무지가 해결되고 합리적인 경제활동이 가능하다.

그런데 아리스토텔레스-하딘의 시나리오에서 매우 흥미로운 것이 있다. 그 시나리오의 등장인물들이 '합리적'으로 행동한다는 가정이 그것이다. 이것은 잘못된 가정이다. 왜냐하면 '합리성'을 전제할 수 없는 상황에 합리성을 전제하고 있기 때문이다. 합리적 행동의 전제조건으로서 지식을 전달해 주는 행동규칙이 없는데도 불구하고 합리적 행동을 전제하고 있기 때문이다. 합리적 행동을 전제할 수 있다면 그 상황은 이미 공유의 비극이 없는 질서 잡힌 상황이다. 공유의 비극은 질서가 없다는 의미이다. '질서'란 하이에크가 정의하듯이 타인들의 행동을 기대할 수 있는 상황이다.[22] 이런 기대는 행동규칙의 존재에 의해 가능하다.

3) 사회계약론적 재산권 이론의 치명적 오류

합리성을 전제할 수 없는 상황에서 합리성을 전제하여 사유재산권 이론을 전개하는 것은 데카르트-벤담-루소-롤즈의 구성주의적 합리주의의 전통에 속하는 사회계약론이다. 학자들마다 서로 다른 사회계약론을 전개하고 있지만 공통된 점이 하나가 있다. 행동규칙이 전혀 존재하지 않는 상황, 따라서 사유재산권이 존재하지 않는 상황을 기술하고 이 계약에 참여하는 사람들이 합리적이라고 가정하고 있다는 점이다.[23] 그러나 합리적인 행동을 위

---

22) F. A. Hayek, *Law, Legislation and Liberty, Vol. 1, Rule and Order*, London, 1973.

23) 마치 홉스나 그밖의 사회계약론자들이 자연상태를 전제하고 계약을 체결하는 허구를 기술하는데, 계약을 맺기 위해 개개인들이 비용과 편익을 계산할 어떤 근거도 없는 경우와 동일하다. 사회계약론의 허구성에 대한 비판에 관하여서는 하이에크, 민경국 편역, 『자본주의냐 사회주의냐』, 문예출판사, 1989; 민경국, 『헌법경제학: 진화론적 자유주의 시각에서 본 계약론적 입헌주의』, 강원대학교 출판부, 1995를 참조. 계약론의 가장 최근의 예를 들면 J. Rawls, *A Theory of Justice*, Harvard, 1971/1999; J. M. Buchanan, *Liberty between Anarchy and Leviathan*,

해서는 사유재산과 관련된 규칙을 전제할 경우에만이 가능하다. 행동규칙이 없이는 합리적인 행동은 불가능하다. 합리성을 전제할 수 없는 상황에 합리성을 전제한 것은 치명적 오류다.

만약 인간들이 합리적으로 계산하여 사회계약을 맺는다고 한다면 규칙이 없는 상태, 재산권이 없는 상태가 아니다. 이미 질서가 잡혀 있는, 따라서 사회계약을 더 이상 필요로 하지 않는 상태이다. 이런 경우 사회계약이란 단순히 도장만 찍으면 되는 상황이다. 그러면 사회계약의 의미는 유명무실하다.

따라서 이 모든 것은 재산권과 관련된 행동규칙은 인위적으로 그리고 합리성을 따져서 만든 것이 아니라는 것을 말해 준다. 재산권을 '인간의 계획의 산물'로 보는 사회계약론적 재산권 이론은 그래서 잘못된 것이다.[24] 스코틀랜드 계몽주의 전통이 보여주고 있듯이 그리고 우리의 역사적 경험으로 본다고 해도 이런 행동규칙들은 인위적으로 만든 것, 또는 인간이성의 판단의 산물이 아님에 틀림이 없다. 특정의 문제를 해결하기 위해 입법부와 같은 집단적인 의사결정을 통해 제정된 것도 아니다. 그럴 만한 지적 능력을 갖지 못한 것이 인간이기 때문이다.

사유재산권과 행동규칙들이 인간의 이성에 의해 만들어낸 것이 아니라면 그것은 수많은 세대 동안 시행과 착오 과정을 거쳐 형성된 '문화적 진화'의 결과로밖에 볼 수가 없다. 그것은 아리스토텔레스 이래 우리의 사고방식을 지배해 온 질서의 이분법,

---

Chicago, 1974.

24) 우리가 주목하는 것은 사유재산권이 없는 상황(홉스-뷰캐넌의 아나키 상태, 애커먼의 우주선 시나리오)으로부터 사유재산권 체제로의 전환과정을 인간의 합리성을 가지고 정당화할 수 없다는 것이다.

즉 자연적 질서냐 아니면 인위적 질서냐의 이분법으로는 도저히 파악할 수 없는 질서이다. 자연적 질서를 본능적 질서 또는 물리적 질서라고 본다면 그것은 하이에크가 반복적으로 강조하고 있듯이 제 3의 범주인 '자생적 질서(spontaneous order)'이다. "인간 행동의 결과이기는 하지만 인간계획의 집행결과가 아닌 질서"이다(A. Ferguson). 엘릭슨의 말을 빌리면 "법이 없이도 형성되는 질서(order without law)"가 자생적 질서이다.[25] 자연적 질서는 동물의 질서, 물리적 질서를 의미한다. 인간세계에서는 원시부족사회, 가족 친지, 친구 같은 연대, 우정, 나눔 등의 가치를 기반으로 하는 질서이다. 사회생물학이 다루는 대상이다. 인위적 질서는 인간들이 공동의 목표를 달성하기 위해 조직하는 소규모 단체이다. 이런 것들은 자생적 질서의 요소가 될 수 있다. 그러나 인위적 질서로 중앙집권적 경제체제가 특징적이다. 공법, 규제법 등이 모두 인위적 질서에 해당된다. 복지국가, 사회정의 등도 자생적 질서를 인위적 질서로 만들려는 노력이다.

다시 말하면 사유재산권은 인위적 질서도 아니고 자연적 질서도 아닌 '자생적 질서'라는 것을 의미한다. 자생적 질서의 생성 과정은 다윈 이전의 다윈주의자들, 즉 흄-스미스-퍼거슨, 그리고 멩거-하이에크의 '자생적 질서이론'의 중요한 인식대상이다 이 문제는 문화적 진화와 관련하여 5절에서 설명할 것이다.

물론 사회계약론이 타당하기 위해서는 인간의 이성은 사회와 독립적인 변수로 취급할 수 있는 경우이다. 인간이성은 사회와 관계없이 이미 완전히 개발되어 사회를 창조할 수 있을 만큼 전

---

25) R. C. Ellickson, *Order without Law*, Harvard, 1991.

지전능한 경우이다. 사회와 독립적인 이성, 사회의 외생적인 이성이 존재한다면 사회계약론은 타당하다. 그러나 이것은 잘못된 가정이다. 완전한 이성은 사전적이든 사후적이든 존재하지 않는다. 생물학적으로 인간이성은 제한되어 있다. 인간이성은 사회 속에서 비로소 개발되고 형성되고 변동된다.

4) 현장지식의 특성과 사유재산권

사유재산권이 중요한 이유는 현장지식의 성격과 존재형태 때문이다. 현장지식은 개인들이 제각기 자신들의 삶의 현장에서 습득하는 지식이다. 그들 각자가 처한 상황에 고유한 지식이다. 그들 각자의 머릿속에 들어 있다. 이런 의미에서 현장지식은 분산되어 있다. 이런 지식은 계량화가 가능한 지식, 말로 표현할 수 있는 지식, 암묵적 지식으로 구성되어 있다.

그런데 특히 중요한 것은 암묵적 지식이다. 라일(G. Ryle), 폴라니(M. Polany), 오크쇼트(M. Oakeshott), 그리고 멩거, 미제스, 하이에크 등과 같은 학자들이 논의했던 지식이다. 말로 표현할 수 없는 지식, 알고 있는지조차 모르는 지식이다. '초의식적 지식'이다. 이런 지식은 개인의 능력과 재주, 기업가적 판단, 또는 개인의 성격과 특성, 등에 구현된 지식이다.

그런데 우리가 주목하는 것은 이런 현장지식의 '집단적 소유'가 가능한가의 문제이다. 이런 지식은 그 어떤 집단도 이용하고 관리하기가 불가능하다. 현장지식의 분산과 그 암묵성 때문에 그 어떤 관료나 전문가도 이런 현장지식을 수집하는 것이 불가능하기 때문이다. 따라서 그런 지식은 개개인들에게 사유재산으로 인정하는 것이다. 그러면 이런 인정은 무슨 의미인가? '자기소유

(self-ownership)'와 개인적 자율의 인정, 그리고 사유재산권의 인정을 의미한다.[26)]

롤즈[27)]는 이유가 무엇이든, 개인의 재주와 능력 또는 그밖의 개인적 특성을 '공공자산'으로 만들 것을 제안한다. 사유재산권을 부정하는 주장이다. 그 제안이유가 제아무리 타당해도(이것은 4절에서 다룬다), 그 제안은 실현하기가 불가능하다. 나 스스로도 알 수 없는 초의식적 지식을 어떤 특정 집단이 어떻게 알고서 이를 관리하고 이용할 수 있단 말인가! 그러나 사유재산이 허용될 경우 개인들은 자신의 암묵적 지식을 자유로이 이용할 수 있다. 그리고 그들의 행동을 통해서 가격과 행동규칙들에 반영되어 그 암묵적 지식을 익명의 수많은 타인들도 이용할 수 있다. 사유재산제의 묘미가 바로 이것이다.

집단적 의사결정과정에서 암묵적 지식의 사용이 불가능하다면, 흥미롭게도 정치적 담론으로서 하버마스가 기술하고 있는 '이상적인 의사소통체계'는[28)] 순박한 유토피아에 지나지 않는다.[29)] 하

---

26) 자기소유란 타고난 재주를 자유로이 활용할 권리, 그들의 재주와 노력에 기인한 것을 가질 권리이다. 자기소유는 누구나 자신이 추구할 목적과 수단을 생각하고 배우고, 평가하고 선택할 수 있는 자율성의 기반으로 이해되고 있다. M. N. Rothbard, *For A New Liberty: The Libertarian Manifesto*, New York, 1978, pp.28-29.

27) 내가 누구고 내가 무엇 하는 사람인가를 보여주는 모든 개인적 특성을, 단순히 자기가 성취한 것이 아니고 우연의 결과라고 해서 다른 사람으로 하여금 관리하게 해야 한다는 논리는 맞지 않는다. 나를 386 정치인들이 노무현 정부에게 맡기란 말인가?

28) J. Habermas, *The Theory of Communicative Action*, Vol. 1, Boston, 1984.

29) 시장경제는 거대한 의사소통체계이다. 시장경제의 의사소통체계는 하버

버마스의 이상적 담론상황은 집단적 정치과정보다는 그가 반대하고 있는 시장경제에 적합하게 보인다. 참여민주주의든, 성찰적 민주주의든, 심의민주주의든, 집단적 의사결정의 결함은 현장지식의 사용이 불가능하다는 점이다. 이런 점에서 사회주의 계획경제와 같은 집단주의나 다름이 없다.

그럼에도 불구하고 사유재산이 없어도 사회주의는 시장경제와 서로 양립한다(사민주의 계획경제든, 중앙집권적 계획경제든)고 믿는 학자들이 아직도 많다. 사무엘슨(Samuelson)과 롤즈(Rawls)가 그 대표적 예다. 그러나 양립성은 잘못된 것이다. 사회주의 계획경제는 불가능하다. 사유재산권이 없는 경제에서는 합리적인 경제계산이 불가능하기 때문이다. 그 이유는 무엇보다도 가격이 없기 때문이다.

5) 사회주의 계획경제가 망한 이유는?

그런데 사회주의와 시장경제의 양립성을 믿는 사람들은 가격을 계획할 수 있다고 믿는다. 그러나 원천적으로 불가능하다. 현장지식의 암묵성과 분산 때문에 관료나 전문가가 가격을 정하는데 필요한 모든 지식을 수집 가공하기가 불가능하기 때문이다. 이미 1930년대 미제스와 하이에크가 뚜렷하게 밝힌 주장이다.[30)]

이 대목에서 우리가 분명히 확인하고 넘어가야 할 것이 있다.

마스의 담론상황에 의해 더 잘 기술될 수 있다.

30) 1930년대 '경제계산논쟁'에서 사회주의는 불가능하다는 것을 보여주면서 사회주의는 망한다는 것을 설파한 인물이 미제스-하이에크다. 지식을 전달하는 가격과 자생적 행동규칙이 존재할 수 없기 때문이다. 이에 관해서는 F. A. Hayek, *Individualism and Economic Order*, London, 1943, 박상수 역, 『개인주의와 경제질서』, 자유기업원, 1996.

사회주의 계획경제가 망한 이유가 무엇이냐의 문제가 그것이다. 왜 망했는가? 사람들은 인센티브 문제 때문이라고 말하고 있다. 마치 공유의 비극은 인센티브의 문제인 것처럼 말이다. 그러나 그것은 완전히 옳은 생각은 아니다. 계획하는 데 필요한 지식의 문제가 없다면 사회주의 계획경제는 망하지 않았을 것이다. '현장지식'을 수집 가공할 수 없는 영구적인 문제, 이것이 사회주의 계획경제를 망하게 만들었다. 흔히 사람들은 전면적인 계획은 불가능하다고 해도 부분적인 계획과 규제는 가능하다고 믿고 있다.

그러나 자본주의에서 가격을 규제하는 것도 불가능하다. 지식의 문제 때문이다. 시장과정의 결과를 수정하기 위한 모든 형태의 규제도 가능하지 않다. 그래도 규제한다면 그것은 지적으로 매우 건방진 일이다. 수천만의 현장지식을 반영하는 가격이나 행동규칙 대신에 관료나 전문가가 만든 인위적 가격과 인위적 규제법, 그들의 아주 작은 지식만을 반영할 수밖에 없는 이런 가격과 규제법을 강요하는 것, 이것이 얼마나 교만하고 건방진 일인가! 사유재산권과 가격 그리고 자생적인 행동규칙에 대해 경외감을 가져야 할 이유가 이것이다. 이런 경외감이 자유주의의 요체이다.

특히 암묵적 지식은 개개인들이 제각기 삶의 현장에서 갈고 닦은, 검증된 지식이다. 이런 지식이야말로 인간사회에 매우 중요하다. 철학자이자 수학자인 화이트헤드(A. Whitehead)가 말하고 있듯이 문명의 발전은 소위 과학지식이나 '명시적 지식'과 같은 전문가 지식이라기보다는 개개인들이 가진 암묵적 지식(초의식적 지식)의 덕택이다. 그래서 사유재산제도가 중요하다.

사유재산에 대한 정부규제 그리고 정부소유제로 체제가 전환하면 이런 암묵적 지식, 개인의 발전은 물론 사회발전에 없어서는 안 될 암묵적 지식이 낭비되고 소실된다. 현장에서 삶에 종사하기 위해 터득한 지식, 바로 이런 지식을 통해서 도덕규칙, 관행, 관습과 같은 수많은 행동규칙들이 생겨났다.

4. 사유재산권의 덕을 찾아서

지식의 문제가 인간존재의 근원적 문제이고 이를 처리해 주는 것이 사유재산권이라면 이런 제도는 더 없이 소중하고 신성하다고 말할 수 있다. 그러나 사유재산권은 이런 인식론적인 이유에서만 신성하고 소중한 제도가 아니다. 지식의 문제를 해결해 주기 때문에 개인들이 도덕적 가치를 선택할 수 있다. 그래서 사유재산권은 한편으로는 특정의 도덕적 가치를 전제하지만 다른 한편 중요한 도덕적 가치를 촉진시켜 준다. 그래서 도덕적으로도 소중하고 신성하다. 사유재산권이 어떤 도덕적 가치를 촉진하고 장려하는가?

1) 사유재산권의 도덕적 가치

도덕적 관점에서 사유재산권을 비판한 대표적 인물은 누구보다도 마르크스이다. 그리고 오늘날 사유재산권에 대한 도덕적 비판도 마르크스의 비판을 넘지 못하고 있다. 그의 비판의 내용은 이렇다.

"사유재산권이란 타인들의 권리를 침해하지 않는 한 아무런 간섭을 받지 않고 배타적으로 사용할 권리이다. 그렇기 때문에 이런 권리를 자의적으로 남용한다. 이기심의 권리, 타인을 전혀 배려하지 않는다."

이 인용문은 마르크스의 에세이 『유대인 문제에 관하여』에서 자주 인용되는 문구이다. 전반부의 주장은 옳다. 누구나 타인의 재산권을 존중할 의무가 있다. 그러나 우리가 주목하는 것은 마르크스 비판의 후반부이다. 즉, 자의적으로 그리고 타인을 배려하지 않고 재산권을 행사한다는 주장이다. 이것은 전적으로 옳지 않다.[31] 사유재산제는 오히려 다양한 소중한 도덕적 가치를 촉진하고 장려하고 고무시켜 준다. 그래서 사유재산권이 소중하고 신성하다.

-- 사유재산제는 타인을 전혀 배려하지 않는다는 비판은 옳지 않다. 사유재산의 소유자들은 자신의 재산을 타인들에게 유익한 방향으로 이용하려는, 다시 말하면 타인들을 배려하고자 하는 강력한 동기를 갖는다.[32] 사유재산의 가치는 타인들의 가치평가에 좌우되기 때문이다. 배타적일수록 재산권의 수요자에게 유익한 방향으로 관리하고 이용하는 인센티브가 작용한다. 이것이 시장경제의 묘미이다.

-- 사유재산제에서는 아주 최선의 판단으로 행동하고 거래하려고 한다. 그 이유는 이렇다. 즉, 소유자는 자신의 재산의 이용과

---

31) 물론 사유재산권은 자유거래를 가능하게 하고 소유물을 불합리하게 처분할 자유도 허용한다. 도박으로 재산을 탕진하거나 남용할 자유도 있기 때문이다. 그러나 이것은 최악의 시나리오이다.

32) 백화점 소유자가 고객들을 배려하여 다양한 서비스를 제공하는 것, 교육과 훈련에 의해 노동능력을 향상하려는 노력 등 사례는 대단히 많다.

그리고 그 처분에서 생겨나는 결과에 대하여 책임을 지고 있기 때문이다. 사유재산제도는 소유자에게 현명한 관리자가 되도록 만든다.

-- 사유재산제는 자원의 절약의 미덕을 촉진한다. 이런 미덕은 자원고갈을 막아준다.[33)]

-- 사유재산제는 재산을 비생산적으로 이용하는 것을 막고 생산적인 용도로 사용하도록 유도한다. 근면성, 부지런함, 새로운 가치 있는 용도 개발, 이런 것도 도덕적 덕목이다.

현명한 판단, 절약, 배려, 그리고 생산적 이용 등, 이런 도덕적 덕목은 사회주의자들이 깨닫지 못한 중요한 도덕적 가치이다. 이 덕목들은 '신중(愼重, prudence)의 덕목'이라고 볼 수 있다. 책임 있는 판단, 자신의 웰빙을 돌보는 것, 자본축적에 힘쓰는 것을 의미한다. 이런 도덕적 가치는 사유재산권이 보장되지 않는 계획경제나 사유재산권을 제한하는 혼합경제체제에서는 볼 수 없는 것들이다. 사유재산제만이 이런 도덕적 가치를 활성화할 수 있다.

사유재산제는 이런 덕목만을 촉진하는 것이 아니다. 재산의 책임 있는 그리고 현명한 이용을 촉진하고 장려하기 때문에 탐욕이나 질투 또는 거짓, 사기, 부성실성과 같은 악덕을 개선해 준다.

엄격성, 정확성, 열린 마음 등도 사유재산제가 촉진하는 덕목

33) 그리고 현대의 종말론자들도 깨닫지 못한 사실이다. 그들은 사유재산제는 자원의 낭비와 소모를 초래한다고 생각했다. 이 부분에 대한 흥미로운 사례에 대해서는 과트니/트라웁, 김정호 편역, 『7천만의 시장경제이야기』, 자유기업원, 2004, pp.66-68 참조.

이다. 훌륭한 판단을 내리고 새로운 기회를 창출하는 창조의 덕목, 그리고 위험을 부담하는 용기를 발휘하는 덕목을 의미하는 기업가적 정신도 그런 도덕적 태도다.34)

2) '사적 악-공공이익' 대신에 '사적 덕-공공이익'

사유재산권이 소중하고 신성한 이유는 그것이 소중한 도덕적 가치를 장려하고 촉진할 뿐만 아니라 그것이 공적(public) 덕을 야기하기 때문이다. 이 주제는 설명을 요한다.

현명한 판단, 절약, 자기책임 등과 같은 도덕적 가치들은 아담 스미스가 강조하던 덕목이다. 그는 『국부론』과 『도덕감정론』에서 덕목을 타인의 재산과 생명 그리고 자유를 침해해서는 안 된다는 '정의의 원칙'과 동일한 비중으로 취급한다. 그러나 사회주의 계획경제와 그리고 복지국가의 등장으로 인하여 그 덕목들 중 대부분은 도덕적 가치로서 인정을 받지 못했다. 개인적 웰빙만을 도모한다는 이유에서다.

특히 공동체주의와 같은 현대적인 윤리학자들이, 예를 들면 신중의 덕목 대신에 새로운 '덕을 찾아서(after virtue)', 내세운 것은 참여, 유대감, 연대감, 나눔의 미덕, 사랑, 공동체에 대한 애착 등과 같은 적극적인 덕목(이타심)이다. 그러나 5절에서 설명하겠지만, 이런 도덕은 가족이나 친구 또는 원시부족사회와 같은 규모사회에 적합한 도덕일 뿐이다.35). 오늘날과 같은 거대한 사회

34) 그러나 마르크스는 이런 기업가 정신과 창조성을 신뢰하지 않았다. 그렇기 때문에 그는 인간이 발명하고 향유하고 이용할 방법을 배운 것을 기초로 하여 재화의 증가를 위한 충분한 여지를 고려하지 못했다.

35) 황경식, 「자유주의는 진화하는가: 자유와 소유 그리고 공동체」, 철학연

의 덕목이 될 수 없다.

이런 적극적인 덕목은 아담 스미스가 자신의 저서에서 사회라는 '건물'과 비교하면서 이들은 건물의 장식품에 지나지 않는다고 말했던 덕목이다.[36] 그는 타인의 재산권이나 생명자유를 침해해서는 안 된다는 정의의 원칙을 건물의 기둥으로 표현하고 있다. 건물의 기둥이 무너지면 건물이 산산조각이 나듯이 정의의 원칙이 무너지면 사회가 붕괴된다고 말한다. 그러나 이타심이 없다고 해도 사회는 붕괴되지 않는다. 장식품이 없다고 해도 건축이 무너지지는 않는 것처럼.

공동체주의자 매킨타이어가 저서 『덕을 찾아서』에서 공동체주의의 덕을 찾는 것처럼 자유주의자들도 자유주의의 덕을 찾는데, 이런 일을 해낸 인물이 아리스토텔레스의 전통을 이어받은 리버테리안 덴 우일(Douglas J. Den Uyl)이다.[37] 그가 찾은 것도 신중의 도덕이다.

어쨌든 우리가 주목하는 것은 신중과 그밖의 가치들이 도덕적 지위를 가지고 있다는 것이다. 사유재산권에 의해 장려되는 신중과 같은 덕목은 '사적인 악'이 아니라 '사적인 덕'이다. 그리고 이런 사적인 덕은 결코 공적인 악이 아니라 공적인 이익을 야기한다. 그들 자신의 번영뿐만 아니라, 사회 전반에 번영을 가져다주기 때문이다.

따라서 우리가 지금까지 진실이라고 믿고 있었던 하나의 오류

구회 편, 『자유주의와 그 적들』, 철학과현실사, 2006.

36) A. Smith, *The Theory of Moral Sentiments*, 1792, 박세일/민경국 공역, 『도덕감정론』, 비봉출판사, 1976/1995.

37) Douglas J. Den Uyl, *The Virtue of Prudence*, New York, 1991.

를 수정해야 할 것이다. 맨더빌(B. Mandeville)의 오류가 그것이다. 그는 잘 알려져 있듯이 자본주의의 정당성을 '사적 악(private vice)'이 '공공이익(public benefits)'을 야기한다는 사실에서 찾고 있다. 그러나 사적인 악이 아니라 '사적인 덕(private virtue)'이 공공이익을 야기한다. 이것이 사유재산권의 소중함을 말해 준다.

3) 노동의 혼합 대신에 기업가적 발견

사유재산제도가 도덕적인 이유는 또 있다. '네 것', '내 것'을 구분하는 재산권의 할당의 원칙이 도덕이기 때문이다. 어떤 원칙이 왜 도덕적인가? 할당의 원칙과 관련하여 우리가 주목하는 것은 두 가지이다. 첫째로 어느 한 대상물이 내 것이 되기 위해서는 나와 대상 사이에는 타인과는 전적으로 상이한 연결매개가 있어야 한다. 둘째로 이 연결이 도덕적이어야 한다.

예를 들면 내가 그것을 도둑질한 것이거나 사기나 기만을 통해서 습득한 것이라면 그것은 내 것이 될 수가 없다. 그것을 내가 생산했어야 한다. 또는 나의 노동과 혼합했어야 한다. 아니면 내가 그것을 발명했거나 창작했어야 한다. 또는 그 일을 위해 열심히 노력했어야 한다. 이런 예에서 볼 수 있듯이 소유자격의 도덕적 요건으로서 흔히 들 수 있는 것이 노동, 노력, 발견 등이 있다.[38)]

그런데 지금까지 이런 매개를 노동에서 찾는 노동의 '소유자격 이론(entitlement theory)'이 지배적이었다. 로크-노직의 이론이 그

---

38) K. Nielsen, *Equality and Liberty, A Defence of Radical Egalitarianism*, Toronto, 1985.

것이다. '노동의 혼합(mixing labour)'이 소유자격을 규정한다. 그러나 이 이론의 결함에 대해서는 이미 충분히 논의되었다. 그럼에도 불구하고 치명적인 결함 하나를 주목해야 할 것이다. 노동을 혼합할 대상의 '발견'과 관련된 전체과정이 배제되어 있다는 점이 그것이다.[39] 소유할 대상 자체의 발견, 소유할 대상의 유용성 판단, 소유대상과 관련된 장래의 비전, 상상, 착상 등, 미제스-하이에크가 인간의 요소로서 강조했던 '기업가적 발견(entrepreneurial discovery)'이 빠져 있다. 노동의 혼합(투입)은 이런 발견과정이 끝난 후의 일이다.

따라서 우리가 주목해야 할 것은 소유의 도덕적 원천은 노동혼합(투입)이 아니라 기업가적 발견이라는 것이다. 이것이 '발견의 소유자격이론(entitlement theory of discovery)'이다.[40] 새로운 기회에 대한 상상 또는 육감이나 예감, 새로운 기회의 기민한 포착, 적극성, 직관, 착상, 순발력 등으로 표현되는 정신적 요소가 기업가적 정신이다. 이런 요소의 대부분은 암묵적, 초의식적 정신활동으로 구성되어 있다.[41] 기업가 정신, 이것은 인간의 보편적 정신이다.[42]

그리고 특히 우리가 주목하는 것은 이런 기업가 정신이라고

---

39) R. Schlatter, *Private Property: The History of an Idea*, New Brunswick, 1951; I. M. Kirzner, *Perception, Opportunity, and Profit*, Chicago, 1979.

40) I. M. Kirzner, "The Nature of Profits", in Robin Cowan, ed., *Profit and Morality*, Chicago, 1995.

41) F. A. Hayek, *New Studies in Philosophy, Politics, Economics and the History of Ideas*, London, 1978.

42) I. M. Kirzner, *Competition and Entrepreneurship*, Chicago, 1971.

해서 기업하는 사람들만을 지칭하는 개념이 아니라는 것이다. 그것은 자본가, 원료공급자, 기업인, 그리고 심지어 노동자 등 모든 사람들을 지칭한다. 노동자도 더 좋은 일자리를 찾으려고 노력한다. 노동자의 의사결정도 기업가적 의사결정이다. 이 직장에 들어가는 것이 좋을지, 아니면 다른 어떤 직장을 선택할 것인지, 또는 더 좋은 조건으로 일자리를 제공하는 회사는 없는지를 찾는다. 이런 생각과 판단 그리고 새로운 기회의 발견 등이 기업가 정신이다. 적극적이고 창조적이고 활동적 인간, 이런 인간을 지칭한다. 기업가 정신이란 모든 인간의 정신을 구성한다.

따라서 이런 기업가적 발견을 배제한 소유자격이론은 인간행동 그 자체도 이해할 수 없고,[43] 원초적 재산습득은 물론 소득결정의 윤리적 정당성도 이해할 수 없고 사회의 역동성과 활력도 이해할 수 없다. 기업가 정신을 배제한 이론은 로크의 소유자격이론 이외에도 경제학의 균형이론과 한계생산에 따른 분배이론 등, 이루 헤아릴 수 없이 많다.[44]

그런데 우리가 주목하는 것은 롤즈의 정의론이다. 그의 잘 알려진 세 가지 정의원칙의 강점이 무엇이고 약점이 무엇이든, 그

---

43) 기업가적 판단이 없는 소유자격이론은 진화적 인식론이 기술하는 인간의 인지와 합당하지 않다. 스키너(F. A. Skinner)의 자극-반응 공식으로 기술하는 행동주의 심리학의 인간관을 전제하고 있다. 로크의 경험주의가 그것이다. 이런 인간은 비현실적이다. 기업가 정신이야말로 인지의 창조성과 인지의 독립성을 강조하는 진화론적 인식론에 해당되는 인지적 특성이다.

44) 마르크스의 노동가치론, 밀(J. S. Mill)-마셜(A. Marshall) 전통에 따른 주류 경제학과 그리고 이 경제학의 생산이론, 노동을 비롯한 생산요소 소득의 분배이론, 균형이론 등이다.

의 정의이론의 결함은 정의에 관한 논의에서 기업가적 정신을 완전히 배제시켜 버렸다는 점이다. 그가 수용하고 있는 것들, 즉 이미 설명한 시장경제와 사회주의의 양립성, 가격의 분배기능과 자원 배분기능의 분리, 이를 전제로 하는 애커먼(Ackerman)의 '우주선'[45]과 롤즈의 원초적 상태, 그리고 신고전파 미시경제학의 악명 높은 '완전경쟁 상황'의 전제, 이런 것이 기업가 정신을 배제한 결과이다. 따라서 그의 이론도 재산과 소득의 발견이 가진 윤리적 성격을 고려할 수 없다. 오히려 사유재산권에 대한 부정적 결과를 초래하는 개념들이다.

사유재산제의 반대논리로서 롤즈가 기업가 정신을 배제한 부분이 또 있다. 소유의 자격이 없다고 보는 행운(幸運)에 대한 그의 철학적 논의이다. 롤즈가 보듯이 '자연적 로토'든 '사회적 로토'든, 삶에서 행운이 작용하는 것은 분명하다. 그러나 우리가 주목하는 것은 행운 그 자체가 성공을 좌우하는 것은 아니라는 것이다. 행운을 성공의 기회로 포착하는 기업가적 발견과 판단, 이것이 성공을 좌우한다. 기업가적 발견이 있기 전에는 행운이란 존재하지 않는 것이나 다름이 없다. 한 가지 더 부언해도 좋다면, 사유재산제의 시장경제보다 운이 더 많이 작용하는 것이 정치이다. 시장경제에서는 행운이라고 해도 그것이 새로운 가치의 생산에 기여하지 못하면 그 행운에 대한 보상이 없고 그런 행운은 더 이상 행운이 아니다. 그러나 정치 시스템에서는 이런 생산적 맥락이 전혀 없다. 생산과는 전혀 관계없이 행운과 음모의 결합이 보상받는 곳이 정치 시스템이다.

---

45) B. Ackerman, *Social Justice in the Liberal State*, New Heaven, 1980.

4) 기업가적 발견의 도덕적 성격

기업가적 판단이 소유자격이 될 수 있을 만큼 도덕적인 이유도 그것이 생산과 번영에 기여하기 때문이다. 그리고 특히 주목하고자 하는 것은 기업가 정신 그 자체의 도덕적 가치도 매우 소중하다는 것이다.46)

-- 추리력과 상상력, 창의력, 기민성과 착상, 순발력, 육감 그리고 훌륭한 센스에 의한 새로운 발견과 창조하는 정신.

-- 기업가적 발견과 판단은 불확실성과 오류와 결부되어 있기 때문에 용기와 위험부담에 대한 과단성.

-- 기업가적 판단은 자유로운 판단이다. 자유로운 판단과 자유로운 결정은 정직성, 그리고 자기 억제와 생산성, 그리고 인내심을 의미한다.

사유제하에서 이런 기업가적 정신은 대단히 도덕적이다. 부도덕성을 찾을 수가 없다. 이런 정신은 자신의 웰빙은 물론 공공이익을 야기한다. 기업가적 판단과 기업가적 정신이 새로운 것을 발견하고 새로운 가치를 창출하고 새로운 소득원을 창출하는 원천이다. 그리고 이것이 문명의 발전의 원천이었다. 기업가적 판단이 이와 같이 도덕적이기 때문에 이런 도덕성을 기초로 하는 재산습득의 행위도 대단히 도덕적이다.

기업가적 발견의 소유자격이 도덕적인 이유가 또 있다. 로크의

46) 기업가적 정신과 경제발전에 관해서는 J. Roepke, *Strategie der Innovation*, Tübingen, 1977. 뢰프케는 기업가적 정신을 가지고 새로운 패러다임을 정립하려고 하고 있다.

'단서조항'과도 아무런 관계가 없기 때문이다. 기업가 정신이란 아무도 미처 생각하지 못했던 것을 발견하고 창조하는 일이다.[47] 따라서 어느 한 사람이 새로운 것을 발견했으면 그의 발견은 다른 사람의 발견할 기회를 박탈한 것이 아니다.[48] 새로운 것을 발견한 사람은 그 발견된 것을 소유한다고 해도 다른 어떤 누구에게도 해가되지 않는다.

5) 로크 대신에 흄의 사유재산권 이론

우리는 로크를 다시 볼 필요가 있다. 로크는 사유재산권의 대변인이라고 알려져 있다. 그러나 그는 사유재산권의 도덕적 기반을 마련하기 위해 노력했지만 그의 이론은 그 반대파들에게 자본주의 소유관계를 비판할 실마리가 되었다. 그의 이론체계의 잘못 때문이다. 그의 재산권 이론의 근원적인 세 가지 요소, 즉 단서조항과 노동이론 그리고 인지이론이 이런 부정적인 기여를 했다.

'소유의 신화 학파(Myth of-Ownership-School)' 형성의 계기를

---

47) De Jesay, *Justice and Its Surroundings*, Indianapolis, 2002; I. M. Kirzner, *Discovery, Capitalism, and Distributive Justice*, Oxford, 1989.

48) 사유재산권에 대한 비판의 표준으로 드는 것이 이른바 종획운동이다. 그러나 이것도 기업가 이론으로 해석할 수 있다. 어느 한 사람이 다른 사람과 공동으로 사용하는 무주물의 토지이용에 관한 새로운 잠재력을 누구보다도 먼저 발견하고, 잘못하면 다른 사람이 먼저 이용하리라는 생각이 남보다 먼저 생각하는 등, 재빨리 선점하려는 생각이 든 것이다. 종획운동을 사유재산권의 결과론적으로 해석하기도 한다. 즉, 종획운동을 통한 사유재산제에 의해 경제적 번영을 가져왔다는 해석이다. 결과론은 종획운동 그 자체를 옹호하는 이론은 아니다. 이에 관해서는 김승욱, 「사유재산권과 경제성장」, 자유기업원 웹사이트 칼럼, 2005.

마련해 준 것이 단서조항이라고 해석해도 무방하다.[49] 노동이론은 '기업가적 정신'을 배제하는, 그래서 기업가적 이윤을 부정하는 마르크스 이론, 밀-마셜 전통의 신고전파의 분배이론을 낳았다.[50] 인간행동은 인간본성의 문제가 아니라 교육과 훈련의 문제라는 그의 생각은 프랑스혁명 후 사유재산제 철폐를 위한 이론적 기반이 되었다.[51]

로크의 이론이 가지고 있는 근원적인 오류에도 불구하고 로크의 재산권 이론이 오늘날 가장 강력한 영향을 가진 자유주의 재산권 이론으로 여겨지고 있는 것은 지성사의 잘못이 아닐 수 없다. 그러나 로크의 세 가지 취약점을 극복한 자유주의 사상의 조류가 있다. 흄-스미스-퍼거슨 등의 스코틀랜드 계몽주의 철학이 그것이다. 오랫동안 역사의 배후에 밀려나 있었던 사상이다. 그렇기 때문에 거의 모든 재산권 이론에서는 취급하지도 않았다. 이 맥락에서 우리의 주목을 끄는 것은 김남두 교수가 편집한 저

---

49) 뢰머(J. Roemer), 코헨(G. Cohen), 크리스트먼(J. Christman), 네이글(T. Nagel) 등, 네 것 내 것을 따지는 것이 신화라는 것이다. J. Christman, *The Type Of Property: Toward An Egalitarian Theory Of Ownership*, Oxford, 1995; G. Cohen, *Self-ownership, Freedom and Equality*, Cambridge, 1995; J. Roemer, *Free to Lose*, Cambridge, 1988; L. Murphy and Th. Nagel, *The Myth Of Ownership: Taxes and Justice*, New York, 2002.

50) 물론 로크가 기업가 정신과 같은 발견을 중요한 재산권 요소로 설명하고 있다는 논쟁이 있다. 그러나 이런 논쟁은 쓸모없는 논쟁이다. 그는 순박한 행동주의 심리학을 전제하고 있는 것이 확실하기 때문이다. J. Tully, *A Discourse on Property: John Locke and His Adversaries*, Cambridge, 1980; J. Waldron, *The Right to Private Property*, Oxford, 1988.

51) T. Bethell, *The Noblest Triumph*, New York, 1998.

서 『재산권 사상의 흐름』(1993)이다. 그는 아담 스미스나 또는 데이비드 흄의 재산권 사상을 완전히 제거시켜 버렸다. 왜 그랬을까? 그도 역시 지성사의 오류를 답습하고 있다.

인성을 바꿀 수 있다는 생각에 정면 도전한 것도 스코틀랜드 계몽주의 철학자들이었다.[52] 노동이론을 반대한 것도 그들이었다.[53] 지식의 문제를 중시한 것도 그들이었다. 기업가적 정신을 구현한 도덕규칙으로서 발견자-소유자 원칙을 도입한 것도 그들이었다.[54] 그들이 정립한 것들은 대부분 오늘날 자유사회의 사법(私法)의 근간이 되고 있는 도덕적 가치들이다.

스코틀랜드 계몽주의자들의 재산권 이론에서는 이타심이나 자선과 같은 '적극적인 덕성'과 효율성의 판단은 그 어떤 역할도 하지 않는다. 그 대신에 소유의 안정성을 중시한다.[55] 그들은 삶의 불안정, 합리적인 행동의 불가능성, 원활한 상거래의 불가능성 등, 소유의 불안정이 몰고 올 치명적인 결과도 잘 알고 있었다. 그들에게 우리가 주목해야 할 것이 또 있다. 문화적 진화이론

---

52) 흄은 기본적으로 로크의 소유권 이론을 중요하게 취급하지 않았다. 그의 *A Treatise of Human Nature*, 1739/1972, p.209 주석에서나 다룰 정도다.

53) 스코틀랜드 계몽주의자들은 로크의 '노동과 외적 자원과 혼합'이라는 개념은 자의적이라고 보았다. 기존에 일련의 규칙들이 존재하고 있는데도 불구하고 이런 규칙들과 관계없이 왜 노동의 혼합이 사적 소유권을 확립해 주는지를 의심했다. 또 그들은 로크의 단서조항은 취급하지도 않았다.

54) '현재의 소유자-소유자' 원칙, 소유권의 승계원칙 등이 첫 번째 원칙이다. 그밖에 사법(私法)에 대해서는 스미스의 『법학강론』 2부를 참조. 서진수 역, 『법학강론』(1, 2부), 자유기업원, 2002.

55) 민경국, 『시장경제의 법과 질서』, 자유기업원, 1997, pp.480-482.

과 그리고 이와 쌍둥이 개념인 자생적 질서이론을 개발하여 사유재산권의 소중함을 밝혀냈다는 것이다. 따라서 이 문제를 다루지 않을 수 없다.

5. 사유재산권은 문화적 진화의 선물

이제 사유재산권이 소중하고 신성한 세 번째 이유를 설명하자. 그 이유는 이렇다. 첫째로 사유재산권은 문화적 진화의 선물이라는 것이다. 그것은 언어와 함께 야만에서 인류를 탈출시키고 문명된 삶을 가능하게 한 요소라는 것이다. 두 번째로 거대한 사회의 소유관계는 사유재산권일 수밖에 없고 공유제의 기반이 되는 도덕적 기초는 거대한 사회의 도덕적 기초가 될 수 없다는 사실이다.

1) 인간이성의 한계와 도덕적 역량의 한계

우리가 다루고자 하는 주제는 이렇다. 즉, 인간은 지식의 문제를 가지고 있고 그래서 도덕적 역량도 제한되어 있다. 그렇기 때문에 공유제가 아니라 사유제이다. 이 수제를 설명하자.

사유재산권을 부인하거나 무시하는 사상들이 추구하는 도덕적 가치는 사랑, 연대, 유대, 참여와 나눔과 같은 이타심의 도덕이다. 이런 덕목은 타인들의 목적과 행동 그리고 생각이나 견해를 알아야 가능하다. 사회 전반을 알아야 한다. 특히 최근 공동체주의자들은 인간은 자신(자아)을 초월하여 자기와 공동체 전체와의 관계를 인지할 수 있다고 믿고 이른바 '공화주의 덕(republican Virtue)'을 강조하고 있다. 그러나 진화론적 인식론이 보여주고 있듯이 감각기관을 통하여 직접 알 수 있는 범위는 제한되어 있다. 이것이 인간이성의 구조적 무지이다. 이런 무지 때문에 거시우주를 직접 구체적으로 알 수가 없다. 직접 감각도구를 통하여 알 수 있는 범위는 극히 제한되어 있다. 가족, 친지, 친구관계 등, 대면사회(face to face)에 국한되어 있다. 그렇기 때문에 개인들은 이타심을 가족이나 또는 친구관계와 같은 소규모 그룹에만 행사할 수 있을 뿐이다.

요컨대 지식의 한계는 도덕적 역량도 제한한다.56) 좁은 자아에 머물러 있을 수밖에 없다. 좁은 자아를 초월할 수가 없다. 초월적 입장에서 사회를 보라는 공동체주의 또는 프랑크푸르트학파의 요구는 공허할 수밖에 없다. 사적 세계에서 공적 세계로 이동한다고 해서 이기적인 인간이 이타심으로 변동하는 것도 결코 아니다. 좁은 자아가 공적 세계에서 넓은 자아로 변화될 수가 없기 때문이다. 사유재산을 철폐하면 이기심이 사라지고 공공서비스 정신이 자리를 대신한다는 믿음도 허구이다. 교육을 통해 바꾼다

---

56) 이타주의는 생물학적 진화론에 입각하여 그룹과 관련된 이기주의의 결과로서 설명하고 있다. 개체뿐만 아니라 유전인자도 이기적이라는 것이다. 생물학적 선별과정에서 유사한 유전인자 조합이 닮지 않은 유전인자 조합보다 선호한다. 그렇기 때문에 유사한 유전인자 조합에 대하여 이타주의적 행동이 작용한다. 이타주의와 상호적 이타주의를 생물학적 진화이론을 통한 설명에 관해서는 O. E. Wilson, *Sociobiology — The Synthesis*, Cam- bridge, 1975와 그리고 On Human Nature, Cambridge, 1978을 참조. 그리고 W. Wickler and U. Seibt, *Das Prinzip Eigennutz, zur Evolution sozialen Verhaltens*, Hamburg, 1991; R. L. Trivers, "The Evolution of Reciprocal Altruism", in *Quarterly Review of Biology*, Vol. 46, 1971, pp.35-57. 그러나 중요한 것은 사회생물학의 인식대상은 소규모 그룹이라는 점이다.

는 것도 불가능하다. 우리의 구조적 무지 때문이다. 자기초월성은 이타심을 주장하는 사람들 스스로도 지키기 어려운 요구이다.

그런데 우리가 주목하는 것은 정부 사람들이다. 그들도 좁은 자아를 초월할 수 있는 지적 능력이 없다. 그래서 도덕적 능력도 제한되어 있다. 간단히 말해서 그들도 이기적이다. 이들에게 생산수단의 관리와 이용을 맡긴다면 그 이용과 관리의 결과는 분명하다. 공유의 비극이 그것이다. 그런데 이 공유의 비극을 막을 장사가 없다는 것이 문제다. 개인의 능력과 재주, 그리고 특성을 공유제로 하자는 공동체주의의 제안, 이런 부도덕한 정부에게 맡기자는 제안은 당치도 않다. 이런 공유의 비극을 막을 수 있는 유일한 방법은 사유재산제이다. 사유재산권은 필연이다.

사유재산제를 '탐욕적 개인주의'라고 비판하면서 개인들의 재산습득을 제한해야 한다고 요구한다. 제한하는 사람은 정치가나 관료다. 그들은 탐욕적이지 않은가? 인간들의 재산습득 욕구를 억제하려는 정치적 노력, 이런 노력은 자유의 파괴를 야기하고 정부의 폭정으로 가는 길이라는 것은 역사적 사실이다. 이른바 시민들의 '탐욕'을 억제하는 과제를 담당한 정부 사람들(정치가, 관료) 그 자체가 탐욕적이기 때문이다. 정치가의 탐욕을 막을 장치가 없다. 그러나 사유재산제에서는 재산을 습득하려면 그만큼 타인들에게 봉사해야 한다. 공짜 점심이 없는 것이 사유재산제가 아닌가! 재산습득은 봉사의 대가이다. 부자가 된 것은 그만큼 타인에게 봉사했다는 증거다. 이런 봉사가 탐욕을 제한하는 훌륭한 메커니즘이다.

사유재산제라고 해서 '과도한 개인주의'가 아니다. 일상적인 상업적 관계를 넘어서 종교적, 사회적, 오락적, 예술적 연합에도 확장된다. 사유재산권이 보호되는 경우에만이 자선사업도, 사립 학교도, 교회도 번창한다. 사적 재산권이 인정되지 못한 사회에서는 종교의 자유도 향유할 수 없다. 따라서 사유재산제가 촉진하는 또 하나의 도덕적 행위이다. 이런 자발적인 연합, 이것이야말로 '진짜 개인주의'이다.57)

지식인이나 정치가들이 공공서비스 정신을 요구하고 사회정의, 복지사회, 공동체주의를 요구한다. 그러나 그들의 이런 주장은 스스로 지키지도 못하면서 타인들에게 도덕을 강요하는 위선과 같다. 사회주의는 그래서 도덕적 위선자들을 키운다. 그러나 사유재산권의 기초가 되는 도덕은 인간의 도덕적 역량은 극히 제한되어 있다는 사실, 인간은 천사가 아니라는 사실을 감안한 도덕이다. 그렇기 때문에 자유주의는 개인들에게 적극적인 의무를 부과하는 것이 아니라 소극적 의무, 특히 타인에게 해서는 안 될 행동을 하지 않을 의무만을 정한다. 자유주의는 지적으로만 겸손한 것이 아니라 도덕적으로도 겸손하다.

2) 거대한 사회의 소유관계는 사유재산권

이타심은 소규모 그룹에서는 잘 작동한다. 그래서 소규모 사회에서는 사유재산권이 지배적일 필요가 없다. 그리고 그 그룹의 누군가가 이타심을 가지고 구성원을 조종하면서 공유재산을 관리할 수 있다. 이것이 가능한 이유는 서로에 관하여 잘 알고 있기 때문이다. 그러나 우리가 주목하는 것은 거대한 사회, 수백만, 수천만이 사는 거대한 사회의 도덕을 소규모 그룹에서 잘 작동

---

57) F. A. Hayek, *Individualism and Economic Order*, London, 1942 참조.

하는 도덕으로 교체시킬 수가 없다는 것이다. 다시 말하면 서로 얼굴을 아는 사람들끼리 사는 소규모 사회의 연대감 도덕을 익명의 사람들끼리 사는 거대한 사회의 도덕적 기초로 만들 수 없다는 것이다. 이것이 불가능하다는 것은, 사회주의 이념에 의해 소규모 그룹의 연대모델을 대규모 사회에 이식하려고 시도할 때, 뚜렷이 드러난다. 그것은 공유의 비극이다. 서로 유대감을 갖고 서로 보살피면서 함께 나누어 먹는 사회의 약속은 결국 낭비와 게으름, 책임회피 등, 온갖 부도덕과 빈곤으로 끝났다. 억압과 폭정이었다.

거대한 사회에서는 사회적 관계는 이타심에 의존할 수도 없고 소유관계도 공유제가 될 수 없다. 그 대신 사유재산권의 인정이다. 사유재산권의 도덕은 적극적 도덕이 아니라 '소극적 성격'을 취한다.[58] 이런 사유재산권의 도덕적 기초는 거대한 사회를 위한 도덕적 기초이다. 우리가 이런 '소극적 도덕'에 의존할 수밖에 없는 것은 인간이 지식의 한계와 이로 인한 도덕적 역량의 제한 때문이다.

3) 사유재산권은 본능을 극복한 문명의 화신

사유재산권은 인간으로 하여금 원시부족사회의 야만적 삶을 극복하고 오늘날과 같은 문명된 삶을 가능하게 했다. 사유재산제도는 문명인의 제도라는 것, 그렇기 때문에 소중하다는 것은 인

58) 타인의 소유권을 존중해야 한다는 도덕, 타인의 신체, 재산, 그리고 인격을 존중해야 한다는 도덕이다. 공식적, 비공식적으로 맺은 계약에 대한 충실성, 스스로 결정하고 그 결정의 결과에 대해 스스로 책임지는 도덕 등이 그것이다.

류문화의 진화과정을 보면 분명히 알 수가 있다.

연대감, 유대감, 나눔, 참여, 사랑, 연대감, 나누어 먹기 모럴, 경쟁을 싫어하는 것, 그룹에 대한 애착심과 애정, 집단주의 사고, 감성적인 사고 등, 이런 정신구조의 근원은 고고인류학자들이 보여주고 있듯이 원시부족사회의 삶의 방식에서 진화된 것이다. 원시인들의 사회적 관계는 수령과 지도자의 명령에 따라 무리를 지어 수렵과 채취를 하면서 나누어먹는 관계였다. 그들은 부족과 혈연으로 소규모 집단(15-30명)을 이루어 서로 도우면서 나누어 먹으면서 애정과 연대로 뭉쳤다. 이것이 '부족사회의 정신구조(tribal mentality)'이다.59)

이런 정신구조는 호모 사피엔스의 신경구조와 본능이 형성되면서 점진적으로 생성된 태도이다.60) 이런 태도를 구현한 분배제도 속에서 인류는 수백만 년 동안 살았다. 인류가 다른 영성동물과 분리되어 살기 시작한 때부터 현재까지 전체 기간을 24시간으로 본다면 그 중 23시간 56-57분 동안 인류는 무리를 지어 수렵, 채취 생활을 했다.61)

그러나 사유재산권의 발달과 시장모럴 속에서 살기 시작한 지는 3-4분 정도밖에 되지 못했다.62) 다시 말하면 인류는 대부분의

59) F. A. Hayek, *Law, Legislation and Liberty, Vol. 2, Mirage of Social Justice*, Oxford, 1976, 민경국 역, 『법, 입법 그리고 자유 I. 사회정의의 환상』, 자유기업원 1998; F. A. Hayek, *The Fatal Conceit*, Oxford, 1988, 신중섭 역, 『치명적 자만』, 자유기업원.

60) Eibl-Eibesfeldt, *Die Biologie des menschlichen Verhaltens*, München, 1986.

61) D. C. North, "Economic Performance Through Time", in *American Economic Review*, Vol. 84, No. 3.

기간을 연대감을 가지고 집단생활 속에서 나누어먹으면서 살아 온 것이다. 따라서 원시인들의 부족사회의 정신태도가 우리의 본능에 정착되었다. 생물학적 진화를 거쳐 오늘날 우리의 본능 속에도 아직 남아 있다.[63)] 사회생물학(Sociobiology)의 인식대상이 바로 이런 본능적인 인간행동, 본능적인 모럴과 같은 행동규칙, 본능적인 선호구조이다.[64)]

그런데 연대감, 유대감 같은 이런 본능을 억압하고 등장한 새로운 도덕은 사유재산권 도덕이다. 정착생활, 인구의 증가와 기술발전이 그 생성원인이다. 본능적인 폐쇄된 모럴을 가지고는 도저히 살아갈 수 없었다. 부족사회의 멘탈리티를 극복해야 했다. 그 투쟁은 결코 쉽지가 않았다. 이를 극복한 인간그룹은 생존과 번영을 누릴 수 있었다. 모방과 학습 과정 속에서 새로운 모럴, 즉 소유권 모럴이 확산되어 갔다. 그 확산은 신속했다. 그리고 이제는 연대감 같은 본능의 생물학적 진화 대신에 사유재산권 모럴을 위한 '문화적 진화'에 들어섰다. 그 문화적 진화의 결과는 광대한 국제적 분업을 포함하는 이 거대하게 확장된 질서의 형성이었다.

이 맥락에서 우리가 주목하는 것으로서, 인류에게 원시부족사회의 야만적 삶을 극복하고 오늘날과 같이 문명된 삶을 가능하

62) 위의 논문.

63) 오늘날 이런 본능을 구현하여 등장한 중간우주(mesocosmos) 사회의 예를 들면 가족, 친족관계, 동창회, 향우회 그리고 친구, 친지 관계 등이다. 취미클럽 등과 같은 소규모의 공동체도 이에 속한다.

64) 본능적으로 재산을 가지려는 인성에 관해서는 R. Pipes, *Property and Freedom*, New York, 1999.

게 한 것은 두 가지 요소이다.[65] 그 하나는 언어의 진화이다. 다른 하나는 사유재산권과 시장경제의 진화이다. 이 두 가지는 모두 문화적 진화의 선물이다. 문명의 화신이다. 그래서 사유재산권이 소중하다. 그러나 이런 문화적 진화는 끝나지 않았다. 끊임없이 본능이 격세 유전적으로 등장하고 있다. 복지국가, 분배정의, 민족주의, 공동체주의 등은 원시부족사회의 정신구조를 제도화하려는 시도에 지나지 않는다. 원시사회에 대한 낭만적인 향수의 표현이다. 그리고 그것은 '사회적 본능'의 도발이다. 원시부족사회에 대한 향수의 발로이다.[66]

복지국가사상, 민족주의, 공동체주의 등은 루소-마르크스-케인즈 등의 원시부족사회에 대한 낭만주의와 그리고 데카르트의 합리주의 사상의 결합이 아닐 수 없다. 현대의 거대한 사회를 본능이 원하는 사회로 만들 수 있는 지적 능력을 가지고 있다는 믿음이 합리주의 사상이다.

문화적 진화와 생물학적 진화가 이 두 가지 모럴을 놓고 싸우고 있다. 구소련과 동유럽의 사회주의의 붕괴는 시장모럴의 승리이다. 문화적 진화의 승리이다. 복지국가의 붕괴도 그 승리의 한 부분이다. 점차 사유재산권이 승리해 가고 있다.

4) 사유재산권과 자생적 질서

사유재산권은 문화적 진화의 산물이다. 장구한 역사적 과정을 거치면서 수많은 시행과 착오의 자생적 결과이다. 그것은 언어와

---

65) G. Radnitzky, "Toward a Europe of Free Societies", in *Ordo*, vol. 42, 1998.

66) 유동운, 『경제본능론』, 북코리아, 2002.

똑같이 '자생적 질서'이다. 문화적 진화와 그리고 자생적 질서의 발견은 하이에크가 밝혀내고 있듯이[67] '다윈 이전의 다윈주의자들(Darwinisten vor Darwin)', 즉 흄과 아담 스미스 그리고 아담 퍼거슨 등, 스코틀랜드의 계몽주의자들의 공로가 아닐 수 없다. 그들은 다윈(C. Darwin) 이전에 진화이론을 개발하여 법과 도덕, 그리고 언어의 생성과 발전을 설명하려 했다. 이런 진화이론을 생물학에 적용한 것이 다윈이었다.

사유재산권이 자생적 질서라는 것은 세 가지 중요한 의미를 가지고 있다. 첫째로 사유재산권은 인간들이 계획하여 만든 것이 아니라는 뜻이다. 입법이 그 원천이 아니라는 것이다. 사유재산권은 정부가 존재하기 전에 이미 존재하고 있었다. 다시 말하면 재산권이 정부의 하사품이 아니라는 뜻이다. 문화적 진화와 생물학적 진화의 싸움에서 전자가 이긴 전리품이다. 그래서 소중하다.

둘째로 이런 전리품은 정치적 권력을 제한하는 역할을 했다. 정치적 권력을 막는 보루다. 약자를 보호하는 보루역할도 했다. 강자의 권력을 막아주기 때문이다. 여성을 보호하는 역할도 했다. 따라서 사유재산권은 여권주의자들(feminists)에게도 중요하다. 여자가 재산을 소유하거나 사용하거나 이전하는 권리를 공식, 비공식적으로 금지하는 한 그들은 남자의 권위에 좌우되고 착취당한다. 따라서 정부가 함부로 개입할 사항이 아니다. 그래서 사유재산권은 소중하다.

셋째로 지금까지 설명한 사유재산권과 시장경제의 모든 장점

---

67) F. A. Hayek, *Freiburger Studien*, Tübingen, 1969.

을 포괄하고 있는 개념이다. 그리고 자생적 질서는 매우 복잡한 현상이기 때문에 인간정신에 의해 다룰 수 없는 질서라는 것이다. 특히 자생적 질서의 기반은 암묵적 지식, 초의식적 지식을 기반으로 한다.[68] 그렇기 때문에 정부의 과제는 재산권을 보호하여 자생적 질서를 보호하는 일이다. 그러나 사유재산권을 신비하게 보는 학파는 재산권을 정부의 하사품으로 여기고 또 소득이란 시장에서 번 사람의 소유가 아니라고 생각하고 있다. 조세를 강제수용이라고 생각하지도 않는다. 정부가 있어야 권리도 있다는 생각, 재산권은 정부가 정한 법의 함수라는 생각은 모두 재산권은 '인위적 질서'라는 것을 의미한다.

6. 맺는 말

사유재산권은 매우 소중하다. 그런데 많은 사람들은 한 나라의 경제적 성공을 좌우하는 것은 사유재산권과 관계없는 문화로 여기고 있다. "경제질서의 선택은 주로 각 나라의 전통과 제도, 각 나라의 사회적인 역학관계, 그리고 특수한 역사적 상황에 좌우된다"라는 롤즈의 주장도 그런 생각과 한통속이다. 사유재산권과 시장경제를 비판하는 말이다. 경제번영은 경제체제와 관계가 없다는 말이다. 그리고 이 말은 사유재산권의 소중함과 신성함을 부정하는 말이다. 그러나 그것은 우리의 경험과도 전혀 일치하지 않는다.

사유재산권과 번영의 관계는 역사적으로도 또렷하게 입증되고

68) 임일섭, 『행동규칙과 자생적 질서』, 자유기업원, 2000.

있다. 사유재산권을 존중하는 나라는 번영한다. 예외가 없다. 대만, 홍콩, 싱가포르, 일본 등 아시아권 경제발전도 사유재산권과 경제자유의 덕택이다. 한국의 경우도 마찬가지이다. 한국경제의 발전을 정부주도형 경제개발의 결과로 보는 것은 대단히 큰 착각이다. 한국의 경제적 성공은 사유재산권의 보호와 그리고 경제자유에 기인한 것이다. 경제적 성공과 사유재산권의 관계는 특수한 지역이나 특수한 문화권에 국한된 것이 아니라 보편적 현상이다.

더구나 철학의 거장 롤즈가 가장 큰 관심을 보여준 서민층('최소 수혜자')의 삶의 기회를 극대화시켜 주는 제도도 아이러니컬하게도 그가 가장 싫어했던 자유시장경제(사유재산권을 철저히 보장하는 제도)다. 경제자유지수가 높은 나라, 다시 말하면 시장경제에 의존하는 나라일수록 그 나라의 빈곤층 10분의 1의 평균소득이 경제자유가 적은 나라보다 훨씬 높았다. 캐나다 프레이저 연구소의 연구결과다. 이것은 경제자유가 높은 나라의 가난한 사람이 경제자유가 낮은 사회의 가난한 사람보다 소득이 높다는 것을 의미한다. 인도나 미국을 비교할 때, 인도보다 미국의 소득분배가 덜 평등하다. 소득분배가 더 평등한 사회가 정의롭다고 믿는다면 미국보다는 인도가 더 정의롭다. 그러나 미국의 경우 최하위 10분의 1의 평균소득은 6,200달러이지만 인도는 837달러로, 미국의 하위 10분의 1에 속하는 사람은 인도의 상위 10분의 1에 속하는 사람만큼 부자다. 롤즈의 정의에 따르면 미국이 더 정의로운 사회다.

역사의 한 장이 이미 넘겨졌다. 우리는 정부에 더 이상 의존할 수 없다. 정부는 구조적으로 무지하고 구조적으로 부도덕하기 때문이다. 우리가 의존할 수 있는 유일한 길은 사유재산제의 자생적 힘, 자유시장경제의 자생적인 힘밖에 없다는 뜻이다. 사유재산제는 인간을 도덕적으로 만들어주고 인간을 현명하게 만들어준다. 정부가 할일은 공유재산의 주인을 찾아주는 일이다. 정부규제도 공유의 성격을 가진 제도다. 그러니까 규제도 풀어야 한다.

환경도 주인을 찾아주어야 한다. 주인 없는 환경은 '공유의 비극'이 필연이다. 정부는 환경보호자가 결코 아니다. 보호할 지식이 전혀 없다. 사유재산권이 보장된 '환경시장(市場)'만이 보호할 수 있는 지식을 말해 준다. 환경사회주의만큼 도로사회주의도 문제가 많다. 교통사고가 더 많다. 교통체증도 크다. 이런 문제를 속도, 음주운전, 날씨 탓으로 돌려서는 안 된다. 공유의 비극이다! 사유화만이 이런 모든 재화의 수요자에게 가장 적합하게 공급된다. 시장에서 공급되는 탁월한 지식 때문에 적합한 공급이 가능한 도덕적 가치의 추구가 가능하기 때문이다. '일기예보 사회주의(weather socialism)'도 병폐다. 예보의 정확성이 없다. 이에 필요한 기술발전도 없다. 이것이 공유의 비극이다. 사유화가 그 해결책이다.

'뉴올리언스 비극', 마이클 샌들(M. Sandel)이 서울 한복판에서 이 비극은 신자유주의의 실패의 증거라고 한마디 던지고 떠났다. 비극의 원인이 제방을 보호할 예산과 인원을 줄였기 때문이라고 한다. 이것이 신자유주의인가? 신자유주의는 사유화의 중요성, 사적 재산권의 중요성을 강조하는 이념이다. '뉴올리언스의 비극'의 비극은 전형적인 공유의 비극이다. 방파제와 그 지역이 주인 없는 공유지였기 때문이다. 개인이 주인이었다면 그런 일이 없다, 뉴올리언스의 비극은 신자유주의 비극이 아니라 사회주의의 비극이다. 동유럽 사회주의의 비극과 동일한 원인이 뉴올리언스의 원인이다.

국가재정 부문은 공유의 비극의 현장이다. 낭비와 탕진이 이루어지고 있다. 빚더미의 증가는 낭비의 상징이다. 그래서 정부는 부도덕하다. 사유재산제에서는 이런 부도덕성이 없다. 현명하게 사용한다. 그래서 비극이 없다. 국 · 공기업은 어떤가? 전형적인 부도덕의 극치, 공유의 비극의 극치가 연출되는 장소다. 빚더미, 직원자녀 일자리, 정치적으로 신세진 사람 일자리 등 부도덕의 극치이다. 민영화하면 모두 없어지고 심지어 수요자에게 가장 잘 봉사하는 공공 서비스 정신까지도 달성된다.

"사유재산권, 왜 소중한가?"에 대한 논평

| 주 동 률 | 한림대 철학과 |

사유재산권, 어느 정도 소중하지만 '문명의 화신'은 아니다

필자에 의하면 "정부의 할 일은 공유재산에 민간 주인을 찾아 주는 일이다." 아마도 필자의 입장에선 이것이 정부의 유일한 역할일 것이다. 왜냐하면 환경도, 도로도, 방파제도 민영화되어야 하므로 정부의 관리가 불필요한 까닭이다. 이러한 관점에서라면 국립대학들도 경찰활동도 민간(기업)에 맡겨야 한다. 물론 세금을 걷어서 학교를 지원하거나 복지정책을 펴는 것은 (부를 소유한 사람의) 사유재산권(이하에서는 '재산권')을 침해하는 행위로 강하게 비판될 것이다. 정부의 규제(그리고 보조)가 전혀 없는 가운데 재산을 가진 사람들의 자기 재산에 대한 완전한 통제력이 보호되는 사회가 그가 보는 이상적 사회이다. 그러나 완전 민영화와 시장지배가 현 상태에서 이루어진다면 이는 현재 상당한 구매력을 가진 소수가 대부분의(과거의) 공공재와 시설을 운영하게 된다는 의미이고, 이러한 사회는 사람들이 살고 싶어하는 사회, 모두에게 보탬이 되는 사회가 되기보다는 그 반대가 될 가능성이 더 높다. 만약에 모든 재화가 애초에 — 평등하게는 아니더라도 — 일정 방식으로 모두에게 분배된 이후에 재산권과 시장만으로 작동되고, 필자가 상정하는 재산권이나 '기업가적 발견' 정신의 좋은 덕목들만 있고, 현재 일부 기업인들이 보이는 악덕들 — 회계상의 기만, 부정적 외부경제(externality)로 인한 이득 등 — 을 보이지 않는 이상화(idealized)된 상태를 필자가 그리고 있다면, 이는 과거에도 또 미래에도 우리가 만날 수 없는 상황을 묘사하는 것이다. 이 상황의 장단점의 평가에 대해서는 (필자가 말하는 인간인식의 구조적 한계하에서) 흐릿한 추측만이 가능할 것이며, 단지 분석적 도구로 그것을 논의하고 평가한다고 해도 이때 비교대상은 현실로 존재했거나 존재하고 있는 왜곡된 사회주의 경제체제가 아니라 잘 작동하는 평등주의적 에토스와 기제 장치를 가진 이상화된 사회주의여야 할 것이다.

필자는 재산권이 '소중한' 이유를 크게 세 가지로 들고 있다. 그런데 통상 철학적 논의에서 추구되듯이 재산권이 하나의 가치로 정당화되는 것이 아니다. 필자에 의해서 재산권은 유일한 혹은 최선의 가치로 주장된다. 강한 주장일수록 증명의 부담은 크고 논증상의 오류 가능성은 많아진다. 필자의 세 이유들을 차례로 검토한다.[1)]

(1) 지식문제의 해결 : 필자에 의하면 '인지도구 그 자체의 한계' 때문에 인간은 '구조적으로' 지식획득에서 제한을 받는다. 인간의 지식은 불가피하게 '선별적, 부분적, 주관적'이고 그 믿음은 '오류 가능성'을 가진다. 이러한 지식의 구조적 문제를 '자동적으로 해결'해 주는 것이 바로 재산권이다. 어떻게 재산권이 이러한 인식론적 난관을 극복하는 만능키가 될 수 있는가? 정확히 재산권이 우리로 하여금 무엇을 비로소 알게 해주며, 왜 그 인식이 정당한 것인가? 지식문제의 수많은 언급에도 불구하고 이 글에서 이 질문에 대한 직접적 답은 보이지 않는다. 관련된 문구는 재산권 자체가 아니라 '가격이 전달하는 지식'을 말하고 있다. "사유재산이 허용될 경우 개인들은 자신의 암묵적 지식[2])을 자유

---

1) 철학적 재산권 논의의 또 다른 축은 재산의 최초 획득(initial acquisition) 방식과 그것의 규범적 정당성이다. 필자는 이에 대해(Locke 전통의) 주류 입장인 '노동의 혼합' 대신에 기업가적 발견을 언급한다. 그러나 기업가적 발견정신과 활동이 최초의 재산획득을 전부 설명할 수는 없다. 이에 대해서는 필자의 체계적 입장이 더 개진될 기회를 기다리자. 한편, 논평자는 필자가 언급, 지지, 비판하는 개별적 철학자들에 대한 다른 해석의 가능성이 있다고 생각한다. 아담 스미스(A. Smith)가 지향하는 사회가 단지 자기이익과 'prudence'에만 의존하지는 않는다는 해석에 관해서는 A. Sen, *On Ethics and Economics*, 1장을 참조; 흄(Hume)이 재산권을 철저히 인공적(artificial) 덕목으로 본 것은 재산권을 "인간들이 계획하여 만든 것이 아니라는" 필자의 주장과 오히려 상충한다; 롤즈(Rawls)가 개인들의 능력을 'common asset'이라고 본 것은 그 능력을 확인해 낼 수 있는 "특정 집단이 … 관리하고 이용할 수 있다"는 것을 의미하지 않으며 롤즈가 필자의 기업가 정신을 도외시할 필요도 없다. 개인들은 능력과 자신의 기업가 정신을 발휘하면서 최대한 보상을 요구할 수 있다. 정의로운 국가는 단지 그들의 생산 기여도에 비추어 보상 수준을(maximin의 만족을 위해) 조정할 뿐이다.

2) 암묵적 지식은 자신들의 삶의 현장에서 습득하는 '현장지식'의 일부로

로이 이용할 수 있다. 그리고 그들의 행동을 통해서 가격과 행동 규칙들에 반영되어 그 암묵적 지식을 익명의 수많은 타인들도 이용할 수 있다."

재산권은 하나의 권리이므로 그 그것을 권리로 인정하는 개인들의 규범의식을 반영할 뿐 그 자체 인식론적 도구는 아니다. 가격은 다르다. 그것은 분명 우리에게 말해 주는 것이 있다. 그러나 아주 제한적인 것이다. 가격은 사물의 내재적 가치를 측정하는 것은 아니다. 아파트 자체는 변하지 않아도 가격은 변한다. 경제학에서는 가격은 사물의 가치가 아니라 바로 그것에 대한 개인들의 선호를 반영한다고 자주 말해진다(revealed preference). 그러나 일부 경제학자들은 가격이 개인들의 선호에 대해서도 정확한 반영장치라고 보지 않는다. '현시선호'란 단지 개인들이 어떤 선택을 했다는 사실에 대한 (재)기술인 것이다. 설사 개인들의 선호를 정확히 반영한다고 해도 그것에 의한 인식이 인간지식의 '구조적 문제'에 대한 '자동적 해결'이라 불리는 것은 이상하다. 시장과 가격은 생산되어야 할 상품과 그 생산에 필요한 재능을 할당하는 기능(allocative role)을 통해 선호들의 교류에 이바지할 뿐이다. 그리고 가격을 통한 판단도 인간의 인지도구와 능력의 한 형태인 한, 필자의 논지대로라면 '오류 가능성'이 있다고 보아야 한다. 논평자는 하이에크 류의 입장이 항상 전제하는 인간지식에 대한 대규모적 비관적 관점이 과장된 것이며, 반면에 그들이 가격, 시장을 운용하는 주체들의 인지능력 — 기업가의 '상

서 '말로 표현할 수 없는 지식, 알고 있는지조차 모르는 지식'이며 '개인의 능력과 재주, 기업가적 판단' 등의 특성에 의해 구현된다.

상, 육감, 예감, 착상' 등 — 에 보내는 과도한 신뢰는 근거가 미약하다고 생각한다. 요컨대 시장과 가격을 통하지 않는 지식도 많이 존재하며, 가격을 통한 '지식'도 제한적이며 진정한 지식이 아닐 가능성이 있고 시장은 왜곡된 '의사소통체계'일 수도 있다.

(2) 도덕적 가치의 촉진 : 이상적 상황에서는 필자가 주장하는 재산권이 촉진하는 가치들(수요자에 대한 배려, 신중성, 근면, 정확성, 열린 마음), 그리고 기업가 정신이 표방하는 가치들(추리력, 창의력, 기민함과 착상, 순발력, 육감, 용기와 위험부담에 대한 과단성)이 실제로 재산권과 기업을 매개로 존재할 것이다. 현실에서도 이것들이 어느 정도는 존재하고 긍정적으로 기능함을 부정할 수 없다. 그러나 현실에서 재산의 증식과 기업의 성공은 이것들이 보장하지 않는다. 실력 있는 정치가에게 줄도 서야 하고 관치금융의 혜택도 받아내야 하고 과대광고도 해야 한다. 무엇보다도 시장이 간과, 도외시하고 재산권과 시장만이 존중될 때 어느 정도 억제되는 다른 가치들도 있다. 이타심과 유대감, 평등, 공동체적 가치들이다. 필자는 이것들이 진화론적으로 넓은 범위에서는 불가능하다고 보기도 하고, 총괄적으로 '원시부족사회의 정신구조'를 반영하는 퇴행적 심성으로 간주한다.

논평자는 이 판단들이 경험적, 이론적으로 논박될 수 있다고 생각하지만 여기서는 이를 추구하지 않고 약한 질문만을 하겠다. 시장관련적 가치들만이 구현된 사회와 그 가치들과 더불어 (혹은 약간 약화된 그 가치들과 더불어) 공동체적 가치들이 구현된 사회 중 어떤 것이 더 나은 사회일까? 필자는 공동체적 가치들의 추구가 '낭비, 부도덕과 빈곤, 억압과 폭정'으로 끝났다고 말한다. 사회주의를 표방하던 몇 국가들이 이에 해당한다고 볼 수 있다. 그러나 시장의 가치들에 공동체적 가치들, 복지국가의 요소들을 가미한 유럽의 몇 국가들에 대해 억압과 폭정을 운위할 수는 없다. (물론 합계적 효율성 면에서 시장주도 국가에 뒤질 수 있다. 그러나 효율성만이 유일한 가치는 아니다.) 필자는 두 종류 가치들이 마치 완전히 배타적인 관계에 있다고 보지만 그러한 극단적 주장은 현실에서도, 그리고 가능한 체제의 선별에서도 불필요한 제한을 담고 있을 뿐이다. 필자는 또한 재산권과 기업이 창출하는 '공적인 이익'을 말한다. 몇 가지 수치가 재산권과 시장이 도입된 사회의 경제적 진전을 암시하는 것이 사실이다. 그러나 과거 '사회주의적' 사회들이 진정 사회주의적 경제를 실천한 것은 아니다. (또 지금과 같은 무차별 시장 침투가 아닌 방식으로 '개방'되었다면 다른 결과가 나왔을 것이라는 관점도 존재한다.) 또한 재산권, 기업, 시장의 점증하는 지배가 산출한 'track record'는 모두 장밋빛 일색인 것은 아니다. 필자가 제시한 것과는 다른 결과, 해석, 관망들이 존재한다. 미국과 상대적으로 더 공동체적인 유럽의 비교, 규제를 없애고 감세를 통해(기업과 부자들의) 재산권을 보호하는 미국 정책의 부정적 결과, 시장이 도입된 러시아와 동구권 나라들의 자생적 경제기반의 파괴 등이 주로 제시되는 부정적 증거들이다.3)

---

3) 경제적 성장과 효율성, 가난과 불평등, 사회적 통합성과 사회적 자율성 등의 지표 각각에서 1980년대 중반부터 1990년대 중반까지 사회민주주의적 복지국가인 네덜란드가 조합주의적 독일이나 자유주의적 미국보다 같거나 우월하다는 주장은 Goodin, et al., *The Real Worlds of Welfare Capitalism*, Cambridge UP, 1999; 지난 30년 간 미국에서 최상층만이 급격한 진전을 보이고 중산층과 하층의 실질 소득이 감소한 현

한국의 경우에도 논평자가 보기에 기업의 성장은 단지 기업가 정신에 의존한 것이 아니라 개발독재시대의 엄청난(불법적) 특혜와 정경유착에 근거한 것이다. 그 기업들 중 일부가 망한 것은 규제 때문이 아니라 자신들이 키워온 거품 때문이었다. 그리고 그들이 망할 때 가장 고통받았던 계층은 기업가들이 아니라 일반 시민들이었다. 그래서 재산권과 기업의 자유에 그 어떤 규제도 없을 경우 필자가 말하는 '공적인 이익'이 산출될지는 의문이다. 그 이익의 산출을 당연한 것으로 여기는 것은 규범적 착오이거나 경험적 증거들을 편향된 방식으로 검토한 결과일 것이다. 더 나아가서 만약에 재산권과 기업가적 정신이 그렇게 좋은 것이라면 왜 더 많은 사람들이 향유할 수 있도록 그것의 확산을 노리지 않는가? (재산이 없는 재산권은 무용지물이므로) 재산과, 기업가 정신의 개발과 유지에 필요한 교육의 확산에는 국가의 일정 개입이 필요하다.

(3) 문화적 진화의 산물 : 재산권이 문화적 진화의 산물이라는 주장에 이어서 필자는 그것이 '문명의 화신'이라고 말한다. 그런데 이 두 주장은 서로 양립할 수 없는 것 같다. 진정한 진화론적

상과 계층 간 격차와 하층생활의 생생한 기록을 위해서는 2005. 5. 14-2005. 6. 6 사이에 *The New York Times*에 게재된 The Times's series on class 참조; '개방' 이후 1990년대 말까지 러시아에서의 열악한 상황들 — 국내 총생산, 산업생산의 감소, 실질소득의 감소, 극빈자층 · 자살률 · 유아사망률의 증가, 평균수명의 감소 — 에 대해서는 N. Holmstrom and R. Smith, "The Necessity of Gangster Capitalism: Primitive Accumulation in Russia and China", *Monthly Review*(Feb., 2000) 참조.

과정은 특정 목표를 갖지 않는다. 그것은 어디로 가야만 하는 종착역 혹은 내재적 방향성을 갖지 않는다. 문화적 진화는 우연적 요소들과 의식적 요소들의 합동 영향력 아래서 끊임없는 변모의 가능성을 가질 뿐이다. 따라서 재산권과 시장이 문화적 전개의 정점에 있다는 의미에서 '문명의 화신'이라고 보고 그것을 '필연'이라고 보는 관점은 진화론적 관점이 아니다.

물론 지금까지의 인간문화의 전개에서 재산권과 시장은 살아남았다. 그것들은 일정 부분 경쟁력을 가진 제도들임에 틀림없다. 그러나 진화론적 관점에서라면 시장도, 재산권도, 상황에 따라 변할 수 있다고 보아야 한다. 국가도 아직 살아남아 있다. 아직 그 기능은 다하지 않았고, 그 기능이 변모할지언정 사라져야 한다는 주장의 근거는 보이지 않는다. 필자는 국가 혹은 공적 인간들이 내재적으로 무지, 부도덕하다고 보고, 시장에 참여하여 재산권을 발휘하는 사람들은 내재적으로 도덕적이라고 본다. ("사유제하에서 이런 기업가적 정신은 대단히 도덕적이다. 부도덕성을 찾을 수 없다.") 그러나 우리 주위에는 무능/부패한 국가/공인들과 아직 상대적으로 현명한 국가/공인들이 있고, 무능/부패한 기업인들과 그렇지 않은 기업인들이 공존한다.

만약에 재산권이 유일한/최선의/최종적 가치로 주장되는 것이 아니라면, 그리고 이 글에서처럼 그것이 인간지식의 구조적 문제의 (만능) 해결책, (최선의) 가치들의 유일한 근원, '문명의 화신'으로 부각되는 것이 아니라 가격을 통한 특정 경제적 요인들의 인식기제, 일부 가치들의 효과적 유도기제, 그리고 사회유지와 발전에서 경쟁력을 가진 하나의 제도로 정당화된다면 재산권이 하나의 가치로 정당화되는 것이고 논평자는 이를 수용할 수 있다. 그러나 재산권이 다른 가치들과의 조정/가감(trade-offs)이 불필요할 만큼의 유일하고 최선의 가치라고 주장하는 것은, 이상적 재산권/시장 사회를 상정한 결과이거나 — 이 경우 이상적 사회주의 상태와 비교해야 하며, 이는 우리의 능력 밖이다 — 현실에서 작동하는 재산권/시장의 명암을 두루 검토해 보지 않은 결과이다. 현실적 시장은 아마도 필자의 관점에서도 합당하지 않은 것일지도 모른다. (모든 기업들이 '사기, 기만' 없이 재산을 취득하는가; 진정 기업가 정신에 따른 분배가 현실에서 이루어지는가.) 그 명암을 간과하고 현실적 시장, 혹은 시장의 확대가 바람직한 사회의 유일한 대안이라고 보는 것은 정치적, 경제적 상상력의 부재 혹은 부정적 증거에 대한 자기 기만적 눈감음을 노정하는 데 지나지 않는다.

"사유재산권, 왜 소중한가?"에 대한 논평

| 윤 평 중 | 한신대 철학과 |

소중한 사유권은 독점자본을 정당화하는가?

필자의 논문은 매우 다양한 학자들과 전거들을 동원하지만 그 핵심은 철저하게 하이에크의 사상 위에 입각해 있다. 그 같은 관점 위에서 사유재산권에 관한 자유주의 담론의 전통 전체를 재해석하여 하이에크에게 사유재산권 논의의 '정통성'을 부여한다. 로크 대신 흄의 사유권 이론의 중요성을 부각시키고 스코틀랜드 계몽주의자들을 높이 평가하며 롤즈 류의 분배정의론을 격렬하게 비판하는 것도 하이에크적 패러다임의 정당성과 적실성에 대한 필자의 확신 위에서 전개되고 있는 것이다. 나아가 필자는 사유재산권과 연관된 하이에크적 진단과 처방이 통시적 문맥에서 인류보편사적으로 옳을 뿐만 아니라 한국사회의 여러 문제점을 다루는 데도 최선책임을 강조하고 있다.

하이에크의 존재는 참으로 중요하다. 시장경제, 사유재산권, 이성, 질서와 법, 자율성 등의 복합성과 역동적 성격을 입체적으로 구명하는 데 있어 그의 통찰은 막중하고 심원한 함의를 지닌다. 현대적 삶의 다면성과 불확실성 앞에 무력하게 좌초하지도 않고, 성급한 개혁이나 혁명의 수사학에 쉬이 휩쓸리지도 않는 균형감과 비전을 지향하는 모든 실천적 패러다임들이 하이에크를 반드시 '통과'해야만 하는 이유는 여기에 있다.

논문의 장점과 단점은 바로 이 지점으로부터 동시에 발원한다. 하이에크적 사유와 이념들의 중요성에 대한 필자의 강조는 일단 정당하지만, 그 한계와 맥락이 적절한 방식으로 다루어지고 있지 않음으로써 논문 전체의 정향이 하이에크 '안'에 수동적으로 머물러 있는 것이다. 이런 특징은 특히 한국사회의 문제들을 다룰 때 치명적인 실천적 부적합성을 야기하게 된다. 또한 논문은 그 범위가 상당히 넓은데도 불구하고 하이에크의 사유재산권 논의의 함의를 일면적으로만 분석함으로써 해설의 이론적 균형성을 다 달성하지 못하고 있다. 이런 이론적 경사는 앞서 지적된 실천적 탈맥락성과 결합해 사태를 더 악화시킨다. 그 결과 오늘의 한국사회에서 하이에크를 부활시키려는 필자의 시도가 성공할 수 있을지의 여부도 불확실하게 되는 것이다.

하이에크에 대한 우리의 평가는 자유주의 이론과 실천의 역사 그 전체적 지평 위에서만 제대로 내려질 수 있다. 우리가 현재 자유민주주의 체제에 살고 있지만 자유주의가 원래 서양의 소산이라는 점은 변함이 없다. 자유주의가 근대 서양의 주 이념으로 등장하고 유럽 국가들의 국가통치와 운영체제의 핵심으로 구체화된 이후 자유주의는 여러 번의 중대한 질적 전환을 경험했다. 이런 변화의 과정은 수많은 요인들에 의해 촉발되었다. 그러나 변화를 초래한 핵심 동력을 개념적으로 압축하면 그것은 경제적 자유주의와 정치적 자유주의, 또는 시장과 시민권 사이의 모순적 공존이라고 표현될 수 있다.

하이에크는 모더니티의 이런 모순에 정면으로 대응하였다. 그리고 그의 두 적은 사회주의와 국가 개입주의적(복지국가적) 수정자유주의였다. '지식의 한계'로부터 발원되는 인간 '이성의 한계'를 망각하고 '치명적 오만'에 빠져버린 나머지 몰락하고 만 마르크스주의를 포함한 사회주의의 기획을 일단 논외로 한다면, 하이에크의 보수주의적 신자유주의는 서구 복지국가의 주요 모순, 즉 '과대국가의 실패'에 대한 대응 기획인 것이다. 바꿔 말하면 하이에크적 진단과 처방의 한 물질적 기초는 노숙한 사회복지국가 체제의 존재인 것이다.

분단체제하의 일천한 정치적 자유주의와, 한국적 중상주의 국가가 견인한 원시적 자본축적이라는 경제적 자유주의의 그늘은 아직도 우리를 강력히 옥죄고 있다. 막강한 자본의 힘에 비해 노동의 목소리는 항시적으로 과소대표되고 있으며 그나마도 대기업 노조에 편중되어 있다. 과다한 사회보장제도가 재정과 노동의 건전성을 위협하기는커녕 한국의 상황은 그 정반대다. 신자유주의적 세계화의 광풍에 노출된 절대 다수의 노동자, 실직자, 실업자들을 위한 최소한의 사회안전망조차 구축되어 있지 않은 것이다. 발전국가의 일관된 압축성장 정책의 결과 이제 국가를 능가하게 된(현직 대통령의 발언, 즉 "이제 권력이 시장으로 넘어갔다"는 표현을 상기하라. 이때 시장은 자본을 의미한다고 보는 것이 정확하다) 독점자본의 힘은 재벌공화국의 지경에까지 이르러 공정한 시장경제의 규칙을 뿌리째 위협하고 있다. 부동산문제에서 집중적으로 발현되는 투기적 거품경제의 적폐는 건전한 근로와 투자의욕을 왜곡시켜 한국자본주의의 기초를 흔들고 있다.

필자는 "사유재산의 소유자들은 자신의 재산을 타인들에게 유익한 방향으로 이용하려는 강력한 동기를 갖고" 있으며, "재산습득은 봉사의 대가이고, 부자가 된 것은 그만큼 타인에게 봉사했다는 증거"이고, "자유시장은 지적으로 대단히 현명하고 도덕적으로 대단히 훌륭"하며, "정부는 구조적으로 무지하며 부도덕하기 때문에 사유재산권을 건드려서는 안" 되고 "정부규제도 풀어야 하며", "환경, 교육, 의료, 연금도 모두 주인을 찾아주어야 한다"고 역설한다.

필자의 이런 주장이 아주 틀린 것은 아니겠지만 모두 예외 없이 지극히 일면적이라는 공통점을 지니고 있다. 복잡무비한, 그야말로 '캐탈락시'적인 복합현실들의 총체를 이념형적으로 극도로 단순화시키고 있는 것이다. 도대체 그 이유는 무엇 때문일까? 우리 사회에 풍미하고 있는 반(反)사유권적, 반(反)시장적 속견과 억측들에 충격요법을 가하기 위해? 아니면 하이에크의 독창성을 십분 강조하기 위해서?

불필요한 국가 개입을 줄이고 규제를 감소시키며 시장의 기능을 투명화하고 사유재산권과 기업가 정신을 장려하는 것은 정당하며 한국 자본주의의 현 발전단계에서도 지극히 시의적절한 일이다. 그러나 그런 주장을 필자처럼 극단화된 일반이론의 차원으로 이전시키는 것은 또 다른 부작용을 초래할 수밖에 없다. '국가의 실패'를 시정하려는 하이에크의 진단과 처방이 '시장의 실패'를 간과하는 오류로 이어지는데, 논문은 이런 결정적인 오류를 단순하게 재생산하고 있을 뿐이다.

그 맥락과 역사가 다른 한국 자유주의의 이론과 실천에 서구로부터 유래된 하이에크를 그대로 대입할 때 그 순기능은 줄어들고 역기능이 오히려 극대화될 가능성이 크다. 우리 사회에서 하이에크 담론을 앞장 서 장려하는 사회적 주체가 독점자본(또는 그 대변조직)이라는 사실은 이 점 의미심장하다. 이런 국내 독점자본이 국내 시장에서 해외 초국적 독점자본에 위협을 느낄 때는 민족주의라는 지극히 비하이에크적인 전략에 호소하는 것도 흥미로운 일이다.

사유재산권이 자유의 기초며, 인격과 자율성의 근원이라는 사실을 나는 부인하지 않는다. 이런 통찰은 자유주의자들뿐만 아니라 자유주의에 비판적이었던 독일 관념론자들에게도 공통된 인식이었다. 그야말로 사적 소유 없는 '자생적 질서'는 불가능하기 때문이다. 그러나 성숙하고 자율적이며 민주적인 모든 삶의 아르키메데스의 점인 사유재산권에 대한 하이에크의 논변은 오히려 '분산 소유(several property)'를 강조하는데, 필자는 이 부분을 지나친다. 즉 가능한 한 소유를 분산시킴으로써 자유경쟁을 촉발하고 특정인에 의한 소유의 배타적 집중통제를 막는 것을 하이에크가 중시한 측면을 간과하고 있는 것이다.

사적 소유의 분산에 의한 지식의 확대와 의사결정의 분권화가 교환과 가격을 정착시켜 협업적 '큰 사회'를 생성시킨다는 하이에크의 중심 테제에 대한 필자의 이러한 홀대는 시장실패의 큰 징표인 독점의 문제에 대한 감수성의 결여에서 다시 한번 예증된다. 물론 우리가 예상할 수 있듯이 하이에크는 독점 그 자체나, 독점의 이념형이 자유주의와 직접 충돌한다고는 믿지 않았으며 독점에 대해 상당히 부드러운 태도를 유지했다. 그러나 그런 그도 독점이 경쟁을 방해할 때는 비판해 마지않았다. 특히 그는 독점기업들의 집단을 맹렬히 비난했는데 이는 '조직화된 집단의 이기심'을 현대사회의 적으로 보았기 때문이다. 그래서 하이에크는 독점기업 간의 경쟁을 제한하기 위해 체결된 합의를 모두 법률적으로 무효화시키는 강경한 법 제정까지 제안했을 정도였다.

이런 하이에크의 생각이 재벌공화국이라고까지 불리는 한국 독점자본의 총체적 지배현상에 대해 갖는 함의가 무엇이라고 필자는 보는가? 왜 필자는 사유재산권의 문제를 그렇듯 포괄적으로 정당화하면서도 자유주의적 시장실패의 한 극점인 독점자본의 문제에 대해서는 침묵하는가? 하이에크의 사유재산권 논의에 대한 필자의 선택적 독해가 한국적 천민자본주의의 최대 문제인 초거대 독점자본의 사유권을 스쳐 지나가는 것은 무엇 때문인가? 이는 하이에크의 오용인가 아니면 악용인가?

시장경제 발전과 부동산정책 ※

| 김 태 동 | 한국은행 금융통화위원회 |

1. 시장경제 발전의 조건

사유재산권, 경제활동의 자유, 시장경쟁, 자기책임의 원칙 등에 기초한 시장경제체제는 다른 경제체제에 비하여 장기적으로 우월한 성과를 거두었다. 소련의 몰락, 덩샤오핑 이후 중국경제의 발전, 남북한 경제력 격차의 확대 등은 좋은 예이다.

그러나 시장경제체제를 선택하였다는 것만으로 경제발전이 보

※ 이 자료의 내용은 필자의 개인의견으로서 한국은행의 공식견해를 나타내는 것은 아니다. 아울러 이 논문의 작성과정에서 한국은행 박찬호 박사의 도움을 많이 받았으며, 그러나 이 논문에 남아 있는 미진한 부문과 오류는 필자의 몫임을 밝혀둔다.

장되는 것은 아니다. 라틴아메리카의 나라들은 시장경제체제를 택하였지만 북미나 유럽, 동아시아에 비하여 정체된 경제성과를 보여 왔다. 1980년대 이후는 선진국 중에서도 미국, 영국, 호주 등은 평균성장률이 높은 데 비해, 독일, 프랑스 등 서유럽 대륙국가는 부진한 성장을 보여 왔다.

북미와 중남미의 경제격차 확대를 이해하려는 노력으로 노스(North) 등 신제도학파 경제학자들은 법치, 사유재산권 보호 등 제도적 요인이 결정적이었다고 주장한다. 한편 서유럽 대륙국가의 부진은 노동시장의 유연성 부족, 자본시장의 취약함 등에 연유한다는 주장이 많다. 어쨌든 시장경제권에 속해 있는 국가들 사이에서도 경제성장이나 고용 측면에서 큰 차이가 존재하는 것이 엄연한 사실이다.

한국경제는 1960년대 이후 외향적 개발전략(Outward-Oriented Development Strategy)에 기초하여 고도성장을 지속하여 왔다. 그러나 1990년대 이후 성장활력이 줄어들더니 급기야 1997년 외환위기를 겪게 되었다. 많은 정책적 노력을 기울였음에도 불구하고, 1996년 수준의 명목달러 기준 1인당소득(GDP)을 회복하는 데 7년이 소요되었다. 외환보유액이 2천억 달러 이상으로 늘어난 만큼 제 2의 외환위기 가능성은 거의 없어, 10년 주기로 외환위기가 재발되어온 라틴아메리카 여러 나라처럼 경제가 정체될 것 같지는 않다.

그러나 우리는 2003년 초 신용카드 위기가 발생하여 2년 가까이 민간소비가 감소하고 경제가 위축되는 경험을 하였다. 태국, 말레이시아, 인도네시아 등 1997년 외환위기를 겪었던 나라들 중에서 그 뒤에 신용카드 위기를 겪은 나라는 없다. 이것은 무엇을 말하는가? 우리보다 1인당 소득수준이 낮은 이들 동남아 나라들보다 취약한 요소를 한국이 안고 있다는 증거이다. 그것은 신용카드사 등 민간금융기업의 경영능력이 뒤떨어진 것일 수도 있고, 시장에 대한 정부의 감독, 규제 등이 적정하지 않아서일 수도 있다.

한국이라는 시장경제의 지속적 발전에 위험요소는 무엇인가? 지난 8년 간 두 번 겪은 경험에서 올바른 교훈을 배우고, 위험요소를 제거하지 않으면 지속적 발전은 위태로울 수 있다. 외환위기만이 경제위기가 아니며, 늘어난 외환보유액만 보고 안심할 일이 아닌 것이다. 그러한 위험요소 중 가장 큰 것이 부동산문제라 할 것이다.

이 글에서는 한국의 부동산문제가 얼마나 심각하며, 그것이 시장경제의 발전에 얼마나 부정적인 영향을 줄 수 있는가를 살펴보고, 심각성의 원인과 개선책을 제시하고자 한다.

2. 부동산가격의 결정요인과 투기

토지는 시장경제에서 세 가지 기능을 한다. 첫째, 노동, 자본과 마찬가지로 생산요소의 하나로서 역할을 한다. 둘째, 주택의 대지, 즉 택지로서의 기능을 한다. 셋째, 가치저장과 증식을 도모하는 자산(asset)으로서의 기능을 한다.

1) 임차료(rent)의 결정

먼저 완전경쟁시장에서 생산요소로 사용되는 경우를 살펴보자. 토지소유자(지주)는 토지를 기업에 임대한다. 임대토지의 공급량은 임대료가 높아짐에 따라 증가할 것이다. 소유토지의 전량이 임대되기 전까지 토지임대곡선은 우상향하다가, 전량이 임대되면 수직으로 될 것이다. 임차수요는 기업의 한계토지생산물(Marginal Product of Land)에 의해 결정될 것이다. 기업이 노동이나 자본을 많이 투하할수록, 또는 제품의 생산기술수준이 높을수록 한계토지생산성이 높아진다. 임대공급곡선과 임차수요곡선이 만나는 점에서 임차료(임대료)는 결정될 것이다.

리카도(D. Ricardo)가 농업의 예로 차액지대론을 제시하였듯, 공업, 서비스업에 투입되는 토지의 임차료도 기본적으로 차액지대와 비슷하게 결정된다. 즉, 한나라 안에서는 교통통신조건도 나쁘고, 노동자 생활이 어려운 곳에서는 임차료가 쌀 것이고, 사회간접자본이 완비되고 생산환경이 좋은 도시지역에서는 임차료가 비쌀 것이다. 농지의 임차료와 상업용 건물의 임차료는 실수요만으로도 수백 배, 수천 배로 차이가 날 수 있다.

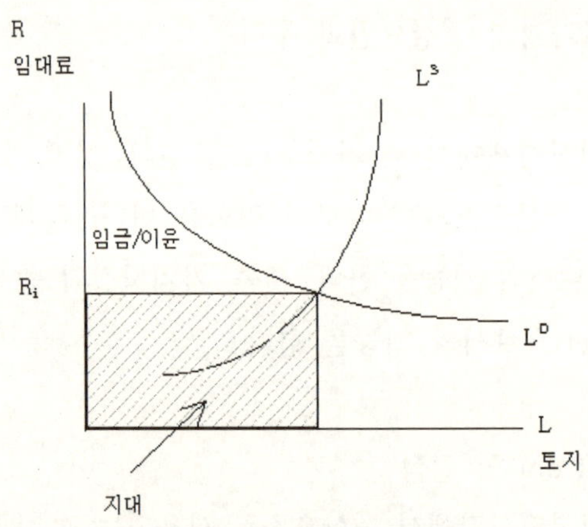

[그림 1] 산업용 토지의 임차료 결정

주택의 경우는 어떠한가? 주택을 임차하려는 가계는 예산제약조건(budget constraint)하에 효용극대화를 하는 수준의 주거서비스를 임차하려 할 것이다. 주거서비스가 기펜(Giffen)재가 아닌 한, 주택임대수요는 우하향할 것이다. 임대료(R_h)가 오를수록 임대공급은 증가할 것이다. 단기에는 기존주택의 임대공급이 늘어날 것이나, 이는 다소 비탄력적일 것이다. 반면에 기간이 경과함에 따라 주택이 건설되고, 그것이 직간접 경로로 임대시장의 공급증대로 나타날 것이다.[1)] 결국 [그림 2]에서처럼 임대료와 임대주택의 양이 결정될 것이다.

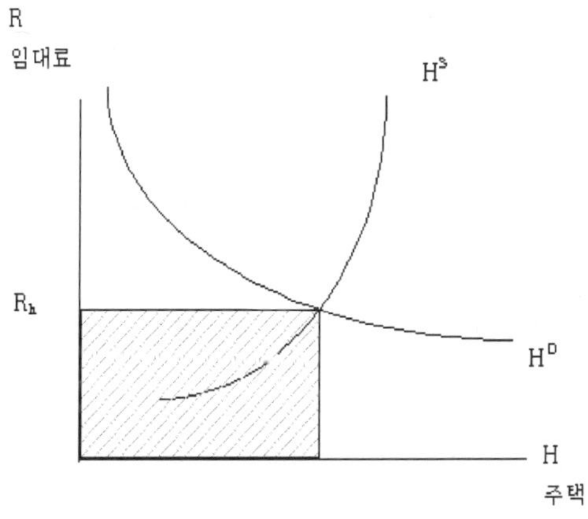

[그림 2] 주택의 임차료 결정

1) 처음부터 임대용 주택으로 건설될 수도 있으나, 신규주택이 소유자 거주용으로 지어져도 결국 신규주택을 매입한 사람이 거주하던 기존주택은 임대용으로 공급될 것이다.

2) 매매가격의 결정

그러면 이러한 산업용 토지의 매매가격은 어떻게 결정되는가? 생산에 필요한 토지를 직접 소유하려는 생산자의 경우를 보자. 그는 그 땅에서 영구적으로 생산활동을 할 계획으로 매입한다. 소유함으로써 임차료 지출을 절약할 수 있다. 위험중립형 생산자라면 미래 임차료 지출의 현재가치와 일치하는 선의 가격에서 매입할 것이며, 이는 식 (1)처럼 표현된다. 여기서, r 은 금리를, 상첨자(superscript) e 는 매매시점에 매매주체가 예상하는 예측치를 각각 의미한다.

(1)

$$P_{i,0} = R_{i,0} + \frac{R^e_{i,1}}{(1+r^e_1)} + \frac{R^e_{i,2}}{(1+r^e_1)(1+r^e_2)} + \cdots + \frac{R^e_{i,n}}{\prod_{k=1}^{n}(1+r^e_k)} \quad (n \to \infty)$$

토지소유자가 영구적으로 소유하고, 매년 임차료가 100*g % 씩 증가한다고 가정하고 장래 모든 기간의 금리가 현수준과 동일할 것으로 예상하는 것으로 가정할 경우, (1)은

(2) $$P_i = \frac{R_i}{r-g}$$

로 단순화된다. 즉 임차료가 비쌀수록, 금리가 낮을수록, 성장률이 높을수록 산업용 토지가격은 비싸진다.

주택임대료를 R_h 라 하자. 주택을 매입하려는 자는 미래 임대수입의 현재가치와 일치하는 선에서 매입가격을 결정한다. 주택

가격은 산업용토지의 경우와 비슷하게 식 (3)처럼 결정된다.

(3) $$P_h = \frac{R_h}{r-g}$$

주택공급자가 제시하는 가격이 P_h 보다 높다면, 위험중립적인 원매자(願買者)는 구입하지 않을 것이다. 주택공급자가 제시하는 가격이 P_h 보다 낮다면, 그 낮은 가격에 즉각 매입할 것이다. 주택가격도 생산용 토지의 가격처럼 금리, 성장률 등에 영향을 받는다.

위의 식 (2)와 식 (3)은 직접 생산하거나 거주하지 않고 임대용으로 보유하기 위하여 매입하는 사람에게도 해당된다. 그 사람의 목적은 생산이나 주거서비스의 소비가 아니라 임대료수입이다. 이를 고려하여 주택가격(P_h)의 결정요인을 더 살펴보자. 주택임차료의 경우 임차인의 소득에 영향을 받고, 그 임차료는 주택가격에 영향을 주기 때문에, 주택가격은 결국 소유자의 소득뿐만 아니라 임차인의 소득에도 영향을 받는다. 임대인들의 소득, 즉 1가구 다주택 소유자들의 소득은 늘어나는데 임차인들의 소득은 정체상태라면, 임대료는 떨어질 것이고, 결국 주택가격 자체가 떨어질 수 있다. 소득의 양극화는 장기적으로 주택가격 하락 요인으로 작용할 것이다.

산업용(농업용, 공업용, 서비스업용) 토지의 경우, 임차인인 생산자가 토지를 통해 얻을 수 있는 한계생산성이 임대료 결정, 나아가서 땅값의 결정에 큰 영향을 준다. 최근 추곡수매제의 폐지 등의 이유로 산지 쌀값이 내려가고 있다. 이는 농지의 실질한계

노동생산물은 일정해도 명목한계 노동생산물은 감소함을 의미하고, 그대로 농지가격의 하락으로 나타나고 있는 것이다.

3) 투기수요의 분석

임대목적으로 주택을 매입하는 사람의 예를 통해 투기수요를 분석해 보자. 그는 자기의 금융저축을 인출하여 대금을 지급할 수도 있고, 금융회사로부터 대출을 받아 주택을 매입할 수도 있다. 전액(P_h)을 r 의 이자율로 차입하여 주택을 매입한다면, 그의 임대수익률은 식 (3)에 의해 매년 $r-g$에 그치게 된다. 언뜻 보면, 비싼 금리(r)로 차입하여 낮은 수익률을 실현하는 것처럼 보이지만 실상 그는 언제든지 그 주택을 매도할 수 있는 선택권을 가지고 있다. 1년을 보유하고 매도한다고 하자. 그때 매도가격은 식 (1h)와 (1h)'을 적절히 변형하면,

(1h)

$$P_{h,0}=R_{h,0}+\frac{R^e_{h,1}}{(1+r^e_1)}+\frac{R^e_{h,2}}{(1+r^e_1)(1+r^e_2)}+\cdots+\frac{R^e_{h,n}}{\prod_{k=1}^{n}(1+r^e_k)}$$

(1h)'

$$P^e_{h,1}=R^e_{h,1}+\frac{R^e_{h,2}}{(1+r^e_2)}+\frac{R^e_{h,3}}{(1+r^e_2)(1+r^e_3)}+\cdots+\frac{R^e_{h,n}}{\prod_{k=2}^{n}(1+r^e_k)}$$

(4) $\quad P^e_{h,1}=(1+r^e_1)(P_{h,0}-R_{h,0})$

가 도출된다. (기대)매도수익률은 매입가격에서 임대료수입을 뺀

금액에 대하여 차입금리와 같은 r 이 되는 것이다. 따라서, 임대 목적으로 주택을 매입한 사람은 일부는 임대료수입을 통하여, 일부는 매매차익을 통하여 차입금융비용을 커버할 수 있는 것이다.

동일한 분석을 임대목적으로 공장용지, 상업용 건물 등을 매입하는 사람에게도 적용할 수 있다. 주택이든 토지든 임대목적으로 매입하는 사람들은 매매차익이 포함되어야 차입비용(또는 기회금융비용)을 커버할 수 있는 것이며, 따라서 본인이 의도하든 의도하지 않든 투기를 하고 있는 것이다.[2)]

이와 같이, 토지와 주택은 가치저장과 재산증식수단으로 기능할 수 있다. 경제학에서 투기(speculation)라 함은 불확실한 미래에 대하여 수익률이 나을 것을 기대하고 결정하는 경제행위를 통칭한다. 투기의 대상은 부동산, 주식 등 자산뿐만 아니라 상품도 포함된다. 연암 박지원의 『허생전』을 보면 허생은 여러 가지 상품을 매점매석(買占賣惜)하여 폭리를 취한다.

투기의 대상을 자산에 대하여만 한정하여 보기로 하자. 누구나 위험도(risk)에 비해 기대수익률이 높은 자산이 발견되면, 그것을 사서 보유하고 적절한 시점에 처분하려 할 것이다. 투기를 하는 사람은 사전(ex ante)에는 다른 대상보다 유리할 것으로 판단하고 결정을 한다. 그러나 사후(ex post)로는 손해를 보거나 기대한 수준 이하의 수익을 거두는 경우가 종종 있다. 투기(投機)는 위험부담(risk-taking)을 반드시 수반하는 것이다. 성공하는 투기도

2) 실제로는 식 (1)-(3)의 도출과정에서 상정한 생산, 거주 목적의 실수요자도 기회금융비용을 커버하려면 언젠가 매매차익을 실현하여야 하므로, 본인이 의도하지 않더라도 투기행위를 한 셈이 되는 것이다. 이는 토지주택이 가진 3면성(三面性: 생산요소, 거주공간, 자산)에 연유한다.

있고, 실패하는 투기도 있다. 주식의 경우 과거에 개인은 실패하는 경우가 많았다. 투기가 성공하기 위해서는 대상자산에 대한 정확한 정보를 많이 알고 있어야 하며, 특히 대상자산이 미래에 어떤 이유로 가격이 오를지에 대하여 높은 확률로 믿음을 가지고 있어야 한다.

우리나라의 경우, 부동산은 오래 전부터 투기의 대상이 되어 왔다. 1960, 70년대에도 상당한 부동산투기가 있었으며, 1980년대 후반과 1990년대 초에도 투기광풍이 있었다. 더욱이 주식 등에 비해 개인들도 성공한 투기 경험이 있는 사람이 많기에 외환위기 뒤 2년 정도 지나서 부동산투기를 하는 사람들이 다시 증가하였다.

투기수요가 많아지면 부동산가격이 어떻게 되는가? 일단 임대료는 투기에 영향을 받지 않는다고 가정하자.[3)] 어떤 사람이 아파트를 사서 임대한 후 n 년 후 매각하여 양도차익을 실현한다고 가정하자. 위험중립형의 투기자는

(5)

$$P_s = R_{s,0} + \frac{R^e_{s,1}}{(1+r^e_1)} + \frac{R^e_{s,2}}{(1+r^e_1)(1+r^e_2)} + \cdots + \frac{R^e_{s,n}}{\prod_{k=1}^{n}(1+r^e_k)} + \frac{P^e_{s,n}}{\prod_{k=1}^{n}(1+r^e_k)}$$

---

3) 그러나 실제로는 투기가 임대차시장에 영향을 준다. 주택을 예로 들면, 주택가격이 급등할 것으로 예상되는 경우 다주택 소유자는 임대상태를 유지하고, 임차수요자는 임차보다는 무리를 해서라도 매입하기를 원하여, 임차수요가 감소함으로써, 결과적으로 임차료가 하락할 수 있다.

의 가격이면 그 아파트를 매입할 것이다. 위험회피형의 투기자도 $P_s(1-\sigma)$를 넘지 않는 한 매입할 것이다.[4] 결국 이자율이 낮을수록, 성장률이 높을수록 매입가격이 높아진다는 점은 앞의 분석과 같으나, 다른 점은 예상하는 미래가격($P_{s,n}$)이 높은 투기자일수록 더 비싼 가격에도 아파트를 매입한다는 점이다. 아파트의 미래가격을 높게 보는 투기자가 많을수록 실제로 현재가격도 높아진다. 이는 자기실현적 예언(self-fulfilling prophecy)의 전형적인 예이다.

투기가 국민경제적 관점에서 좋으냐 나쁘냐를 가리는 것은 절대적 기준은 없다. 주식은 해당 상장회사의 외부자(outsider)가 보유하는 경우 모두 투기에 해당된다. 주식투기자가 없다면 상장회사의 주식가격이 모두 영(零)이 될 것이다. 그렇게 되면 해당기업은 주식을 통한 외부자금의 조달이 불가능하여, 설비투자나 운영자금의 소요자금 마련이 그만큼 어려워지고 경영에 지장을 받을 것이다. 따라서 개인이나 기관, 나아가서 외국인에 의한 주식투기까지도 대부분의 경우 기업활동, 나아가서 국민경제에 기여할 가능성이 높다. 이러한 이유로 아직 한국에서는 주식매매를 통해 실현된 매매차익에 대하여 과세를 않고 있다. 그러나 미국의 2000년 주식시장처럼 주식시장에 거품이 형성된다면, 그러한 상황에서의 주식투기는 거품을 더욱 키워서 국민경제에 해악을 끼친다.

부동산의 경우는 어떤가? 예컨대 공장용지가 식 (2)나 (4)에서

---

4) σ는 위험회피도(risk aversion)를 나타내며, σ가 클수록 위험회피도가 높다.

처럼 실수요에 기반을 두어 결정되고, 제조업체가 P_i에 매입하여 직접 사용한다면, 그 제조업체는 투기에 의하여 폐해를 입지 않게 된다. 그러나 그 공장용지에 비합리적 투기가 가세하여 식 (5)의 수준에서 실수요자가 매입하여야 한다면 그 제조업체는 식 (2)나 (4)의 가격에 용지를 확보한 업체에 비해 불리한 위치에 서게 된다. 즉 비합리적인 부동산투기는 토지의 실수요자인 기업과 주택의 실수요자인 가계를 구축(crowding out)하는 역기능을 한다.[5)]

3. 부동산문제의 심각성

한국에서 부동산시장의 문제점은 토지와 주택의 가격이 너무 높다는 점이다. 최근 국정감사 이후 정부자료에 의하면, 2005년 초 현재 주택가격(대지포함)은 아파트 711조 원, 단독주택 302조 원, 연립, 다세대주택 등 70조 원으로 합계 1,083조 원에 달하는 것으로 정부는 추계하고 있다. 아파트는 국세청 기준시가를, 다른 형태의 주택은 건교부와 지자체의 공시가격을 사용한 집계이다.

토지는 건교부 공시지가에 기초하면 2005년 초 현재 2,176조 원에 달한다. 상가등 건물은 192조 원으로 추계되었다.[6)] [표 1]

5) 투기가 합리적인지 여부는 도덕성, 적법성과 관련이 없는 경제학 개념이다. 하나의 정의(定義)로, 경제주체가 자산의 내재가치(fundamental value)에 대하여 합리적 기대를 갖고 있는 가운데, n년 뒤의 예상가격 ($P^e_{s,n}$)이 식 (1)을 따를 때, 그렇지 않은 경우와 대비하여 '합리적 투기'라 할 수 있을 것이다.

[표 1] 부동산 유형별 가액 현황 (단위 : 조 원, 2005. 1. 1 기준)

	공시가격
주택 (1)	1,083
아파트	711
단독	302
연립 · 다세대	70
토지 (2)	1,571
전체 공시지가	2,176
주택 부속토지	△605
상가등 건물 (3)	192
합계 : (1)+(2)+(3)	2,846

자료 : 재정경제부 국회 재경위 윤건영 의원에게 2005.10. 제출한 자료

에 보듯이 이중계산된 대지 605조 원을 제외하고 우리나라 부동산의 공시가격 총액은 2005년 초 기준으로 정부는 2,846조 원으로 보고 있는 것이다.

그러나 부동산의 시가총액은 실제로 이보다 훨씬 클 것으로 추정된다. 특히 토지의 공시지가는 시가를 제대로 반영하지 못하는 것으로 판단된다. 주택의 경우, 대지만 따로 떼어내어 거래가 이루어지지 않아 주택부속토지의 공시지가를 정하는 데 원천적인 문제가 있다. 상가건물의 경우도 마찬가지이다. 주택이나 건물의 부속토지가 아니더라도 개별필지의 공시지가를 결정하는 지자체 공무원들이 여러 가지 이유로 불투명하고 비합리적인 결

6) 정부의 공시가격이 없어 정부도 행정자치부 재산세 과세표준으로 추정하였다.

정을 하고 있어 상당히 과소평가되고 있는 것만은 틀림없다.[7)]

경제정의실천시민연합(이하 경실련)의 최근 실태조사 발표에 의하면 전국토지의 시가총액은 5,195조 원에 달한다고 한다.[8)] 실태조사에 의해 공시지가가 시가를 얼마나 반영하는지 시가반영률을 지목별로 추정한 뒤, 지목별 공시지가 총액을 시가반영률로 나누어 지목별 시가총액을 추정하고, 마지막으로 전국토지의 시가총액을 추정하는 방식을 취하였다. 공시지가가 시가를 제대로 반영한다면 이런 간접적인 방식의 추계는 불필요할 것이다. 경실련 자료에 의하면 공시지가의 평균 시세반영률이 건교부가 발표한 91%에 현저히 미달하는 42%에 불과한 것으로 추정되었다.

건교부 자료를 그대로 쓰는 경우, 전국토지의 시가총액은 2005년 초 현재 2,391조 원이다. 경실련 추계의 반이 안 되는 추정액이다. 어느 추정액이 실제치와 더 근접한지는 판단하기 쉽지 않다. 그러나 경실련 추계가 과대평가된 폭보다는 건교부 추계가 과소된 폭이 더 클 것으로 판단된다.

그 이유는 첫째, 건교부 공시지가의 현실화율이 무엇을 근거로 한 것인지 정보공개가 되지 않고 있으며, 반면 경실련 자료는 근거자료가 공개되고 있다는 점이다. 둘째, 건교부 스스로 공시지가 현실화율 91%(2005년)는 시가를 기준으로 한 것이 아니고,

---

7) 전 언론인 문대탄 씨는 정부기관의 토지매매나 경매가 완료된 토지 등 공무원이 쉽게 파악할 수 있는 토지까지도 공시지가에 반영하지 않아, 수도권뿐만 아니라 제주도, 강원도를 포함한 전국 상당수 지역에서 공시지가의 시가반영률은 50%가 안 될 것이라는 의견을 가지고 있다.

8) 경실련, 「공시지가 실태분석, 전국지가추정 및 경실련 입장발표 기자회견」, 2005. 10. 6. 서울(강남권, 비강남권), 경기도, 지방 대도시(부산, 대구, 대전, 인천) 등 8개 지역 132개 필지에 대한 조사.

[표 2] 전국지가 추계 (단위 : 조 원, 2005. 1 현재)

	건교부 추정 적정 지가총액	경실련 추정 시가총액
추정액	2,391	5,195

개발이익, 투기적 요인이 배제된 가격(추상적 가격)을 '적정가격'이라 임의로 칭하고 그 '적정가격'을 기준으로 현실화율을 산정한 것이라고 밝히고 있다. 때문에, 시가총액을 추정할 때, 공시지가와 현실화율을 사용하는 것 자체가 맞지 않는 것일 수 있으며, [표 2]에 제시된 것은 건교부가 공개하지 않는 임의의 '적정지가'의 합계라는 의미 외에는 없다. 셋째, 건교부는 실정법에 명시된 공시지가의 개념에 미달하는 임의의 공시지가를 발표하고 있다. 부동산가격공시 및 감정평가에관한법률에 의하면 '적정가격'은 "당해 토지에 대하여 통상적인 시장에서 정상적인 거래가 이루어지는 경우 성립될 가능성이 가장 높다고 인정되는 가격"을 말하며(동법 제2조 6항), "건교부장관은 적정가격을 조사·평가하고 이를 공시하여야 한다"고 규정하고 있다(동법 제3조 1항). 또한 동법의 목적이 "부동산의 적정가격을 공시하여 부동산가격 산정의 기준이 되게 하고, … 국토의 효율적인 이용과 국민경제의 발전에 이바지하게 함"에 있음을 명문화하고 있다(동법 제1조). 즉 적정가격이 공시가격임을 명시하고 있는 것이다. 건교부는 또한 적정가격이라 함은 "투기적 요소나 거래 당사자의 특수한 사정으로 인하여 형성되는 가격은 배제된다"고 명시하고 있다.[9]

---

9) 건설교통부, 「2004년 지가공시에 관한 연차보고서」, 2004. 9, p.70.

그런데 실제로는 법에 명문화된 공시지가 개념인 적정가격보다 낮은 가격을 매년 공시지가라고 발표하여 왔다. 즉 법을 어긴 것이다. 그뿐만 아니라, 위의 법률상 공시지가(A)와 실제 발표하는 공시지가(B) 사이에 괴리가 있음을, 즉 법을 어겼음을 스스로 인정하면서, 그 비율(B / A)을 공시지가 현실화율이라는 용어를 쓰면서 단편적으로 공표해 온 것이다.[10] 2004년 76%, 2005년 91%의 현실화율 수치는 2005년 2월 말 발표되었다. 2003년 67%는 2004년 3월 발표되었다.[11] 2000-2002년 현실화율은 『한겨레신문』에 의하면 각각 54%, 55%, 56%이었다.[12]

이상을 종합할 때, 공시지가는 시가에 비하여 이중으로 과소평가되고 있음을 알 수 있다. 시가와 적정가격의 차이가 하나이고, 소위 현실화율이 다른 하나이다. 따라서 시가 대비 공시지가는 위 현실화율이 맞다면 2000-2002년의 경우 50%에 미달할 가능성이 있다. 또한 2003년 이후의 경우에도 현실화율은 높아졌지만, 토지투기의 심화로 적정가격과 시가의 괴리가 높아졌을 것이므로, 시가대비 공시지가의 비율이 역시 50%에 미달했을 가능성이 배제될 수 없는 것이다. 이러한 이유로 건교부 공시지가에 기초한 시가기준 전국지가 추산은 신뢰도가 떨어질 수밖에 없다.

---

10) 예컨대 건설교통부, 「2005년 표준지 공시지가 결정 · 공시」, 보도자료. 2005. 2. 28. 공시지가 현실화계획에 따라 2004년 76%이었던 현실화율을 2005년 91%로 높였다고 발표하여 스스로 법을 어겨 왔음을 드러냈다.

11) 재경부, 건교부 등, 「부동산시장 동향과 대응방향」, 2004. 3. 10.

12) 『한겨레신문』, 2005년 5월 16일자. 이 신문은 건교부 자료임을 명시하고 있다. 한편 『매일경제신문』, 2004년 3월 15일자도 2003년 공시지가 현실화율이 67%임을 밝히고 있다.

잘못된 가격통계에 기초하여 제대로 된 정책이 나올 수는 없는 것이다.

경실련은 2005년 초의 경우 공시지가의 시세반영률이 42%에 불과할 것으로 추산하고 있다. 경실련 조사에 대하여 건교부가 반박자료를 냈지만, 건교부가 추정하는 시가기준 지가총액은 여전히 공개하지 않고 있다. 민간이 추정할 수 있도록 도와줄 기초자료도 공개되지 않고 있다. 표준지의 '적정가격'이라도 공개되면 오차가 덜한 전국지가 총액의 추정이 가능할 터인데, 왜 공개되지 않는지 이해할 수 없다.

경실련 추계가 과대평가되었다면 얼마나 과대평가되었을까? 이를 파악하기 위하여 건교부 자료를 이용해 '적정지가' 총액을 추산하기로 한다. 앞서 인용한 대로 2003-2005년은 건교부가 발표한 '현실화율'을 직접 사용하고, 2000-2002년에 대하여는 건교부 자료를 인용한 『한겨레신문』의 '현실화율'을 사용하였다. 이렇게 하여 추산된 '적정지가' 총액은 2000년 2,365조 원으로 2005년과 별로 다름이 없다. 이에 비해 경실련이 추산한 2000년 전국지가의 시가총액은 2,672조 원이다. 이 두 가액을 비교할 때 적어도 2000년 초의 경우, 경실련 추계에 큰 과대평가는 없었던 것으로 보인다. 2,672조 원은 경실련이 주장한 시가총액이고, 2,365조 원은 건교부 자료에 의해 힘들게 추산한 '적정지가' 총액이므로 시가총액이 투기를 배제한 가상의 '적정지가'를 웃돈 것은 당연하기 때문이다. 2000년 초는 아직 부동산투기가 심하지 않던 시점이다. 따라서 투기에 의한 토지가격 고평가도 적었던 시점이라고 볼 수 있다. 건교부의 현실화율 54%가 정확한 수치라면, 건교부가 내부에 갖고 있는 '적정가격' 총액 2,365조 원에

[표 3] 전국지가 총액의 추산

연도	공시지가 통한 추산				경실련 추정			전국지가 변동률(건교부)
	공시지가(조 원)(1)	현실·화율(2)	적정지가 총액(조원)(3)=(1)÷(2)	상승률	시가(조원)	시세 반영률	상승률	상승률
2000	1,277	54%	2,365	0.5%	2,672	48%	0.1%	0.7%
2001	1,307	55%	2,377	1.8%	2,675	49%	16.7%	1.3%
2002	1,354	56%	2,419	-4.6%	3,123	43%	29.4%	9.0%
2003	1,546	67%	2,307	4.4%	4,042	38%	15.0%	3.4%
2004	1,830	76%	2,408	-0.7%	4,647	39%	11.8%	3.9%
2005	2,176	91%	2,391	-	5,195	42%	-	-

주 : 각 연도의 가액은 연초 기준임.

비해 경실련 추계액 2,672조 원은 13% 정도 높은 수준이며, 이것은 외환위기 이후 토지가격 하락에도 불구하고 잔존하던 투기기 여분이라고 해석할 수도 있는 부분이다. 투기가 전혀 없는 '적정가격'으로 전 국토가 거래되고 있었다고 하더라도 경실련의 과대평가 폭은 2000년 초의 경우 최대 13%이다.

다음 문제는 2005년 초 5,195조 원이라고 추산한 경실련의 추계는 어떠냐는 것이다. 경실련 추정치에 의하면 시가기준 전국지가 총액은 2001년 16.7%, 2002년 29.4%, 2003년 15.0%, 2004년 11.8% 각각 증가하였다. 이는 건교부가 별도로 발표하는 지가상승률 2001년 1.3%, 2002년 9.0%, 2003년 3.4%, 2004년 3.9%와 큰 차이가 난다.

이렇게 큰 차이가 나는 이유는 크게 두 가지가 있다. 첫째, 건교부의 지가상승률 통계는 1980년대 오래 전부터 과소평가되어 온 것으로 필자는 판단한다. 둘째, 경실련의 지가추계는 아파트의 경우 분양가나 시세에서 건축비(평당 200만-350만 원)를 공제하고 용적률을 고려하여 추정하였고, 상가의 경우 역시 건물시세에서 총건축비(평당 300만-400만 원)를 공제하여 추정하는 등 간접방식을 사용하였다. 사실 주택이나 상가건물의 경우 부속토지와 건물을 따로 떼어 별도로 거래하는 경우가 없으므로 이런 방법이 유일한 대안일지 모른다. 그러나 건물분의 원가공제액이 다소 적다거나 하여 결과적으로 토지분 가격이 약간 과대평가되었을 수도 있다. 경실련 추계에 의한 전국지가 상승률은 따라서 아파트 등 주택가격 상승률에 더 근접한 수치로 이해하면 될 것이다.

따라서 최근 몇 년 간의 주택매매가격 상승률을 살펴보면 [표 4]와 같다. 예상한 대로 아파트가격의 상승률과 경실련 지가총액 증가율은 크게 틀리지 않는다. 지난 수년 간 수도권 아파트의 분양가 상승률은 더 높다.13)

더 신뢰도가 높은 추계치가 없으므로, 일단 경실련 추계치를 활용하기로 한다. 여기에 국회에 제출된 자료를 더하여 우리나라 부동산 시가총액을 추산하기로 한다. 주택의 공시가격 합계 1,083조 원에서 주택 부속토지를 제하면 그 차액 478조 원은 주택의 건물분 가액 추정치가 된다. 상가등 건물은 192조 원인데 이는 부속토지의 가액이 제외된 수치이므로 그대로 반영한다.14)

---

13) 2005년 10월 건교부 국정감사에서 밝혀진 바에 의하면, 서울지역 아파트 평당 분양가는 2001년 837만 원에서 2004년 1,504만 원으로 상승하였으며, 2005년에는 2천만 원에 달한 것으로 알려졌다.

[표 4] 주택매매가격 상승률 (단위 : %)

	주택 전체		아파트	
	전국	서울(강남)	전국	서울(강남)
2000	0.4	3.1(4.4)	1.4	4.2(5.0)
2001	9.9	12.9(17.5)	14.5	19.3(22.0)
2002	16.4	22.5(27.4)	22.8	30.8(35.2)
2003	5.7	6.9(10.5)	9.6	10.2(14.3)
2004	-2.1	-1.4(-1.6)	-0.6	-1.0(-1.3)
2005.9	3.9	5.7(8.5)	5.5	8.4(12.6)

이러한 과정을 거쳐 나온 부동산 시가총액은 [표 5]와 같이 5,800조 원 내지 5,900조 원으로 추산된다. 이는 최근 정부가 국회에 제출한 2,846조 원의 두 배 이상에 해당되는 규모이다.

[표 5] 한국 부동산 시가총액 추계 (단위 : 조 원, 2005년 초 현재)

경실련 추계 지가총액 (A)	5,195
주택의 건물분 가액 (B)	478
상가등의 건물분 가액 (C)	192
부동산 시가총액 (A+B+C)	5,865

14) 행정자치부, 「세대별 주택 및 토지 보유현황 발표」, 보도자료, 2005. 8. 30. 2004년 현재 약 1,300만 채의 주택(아파트 700만 호 포함)이 있으며, 동 자료에 의하면 이들 주택의 총건평은 2004년 현재 3억 5천 3백만 평(호당 약 27평)에 달한다. 주택의 건물분 가액 총액을 478조 원으로 잡는 것은 전국주택의 평당 건물분 가액을 평균 135만 원으로 계산하고 있음을 의미한다. 상가, 업무용 건물, 공장 등 시설물의 전국 총건물면적은 2억 8천 7만 평이며, 192조 원의 건물가액은 평당 67만 원임을 의미한다.

이 숫자가 갖는 의미가 무엇인가? 첫째, 소득수준에 비하여 부동산가격이 너무 높다는 점이다. 2005년 초의 부동산 시가총액 5,865조 원을 금년 명목 GDP 예상치[15]로 나누면 7배가 된다. 전 세계적으로 소득대비 부동산 가액이 이렇게 비싼 나라는 찾기 힘들다. 건물분을 제외하고 지가총액만 보더라도 2005년의 경우 GDP의 6.2배에 이른다. 필자가 1993년 9월에 1986-1992년 기간에 대해 추정한 바로는 지가총액의 대(對) GDP 배수가 1989년에 9.4배에 달한 바 있다.[16] 1980년대 후반 부동산투기의 만연으로 지가 폭등이 계속되던 무렵이다. 당시에는 전월세 가격도 폭등하여 세입자 중 자살하는 이가 속출하는 등 사회문제로까지 확대되었다. 2005년의 부동산시장은 1980년대 후반에 비하여 더 나쁘다고는 할 수 없다. 그러나 물은 100도에서도 끓고, 150도에서도 끓는다. 시장경제에도 임계치가 있는 것이며, 현 2005년의 상황도 경계수위를 넘은 위험상태이다.

GDP는 유량(流量, flow)이고, 지가총액이나 부동산총액은 저량(貯量, stock)의 개념이다. 경제는 유량과 유량 사이에도 일정 범위 내에서의 상관관계 또는 인과관계가 존재하며, 저량과 유량 사이에도 그러한 관계가 존재한다. 예긴대 케인즈는 공급(유량)에 비해 유효수요(effective demand, 유량)가 너무 적으면 장기불

---

15) 실질성장률 3.8%. GDP 디플레이터 상승률 3.0%를 가정하여 산출하였다.

16) 김태동, 「韓日 兩國經濟에서의 資産價格變動과 거품의 상호비교자산가격의 비교」, 『한국경제』 제20-1호, 성균관대, 1993, p.67. 이 추산에는 공시지가를 사용하였다. 전국 토지의 시가를 별도로 추산하였다면 대 GDP 배수는 1989년에 좀더 높았을 것이다. 그러나 당시 공시지가는 최초로 발표될 때이고 시가와의 괴리는 지금보다 훨씬 작았을 것이다.

[표 6] 부동산과 국민소득

	부동산총액(A) (조 원)	명목GDP(B) (조 원)	A/B (배)	지가총액(C) (조 원)	C/B (배)
2000	3,342	579	5.8	2,672	4.6
2001	3,345	622	5.4	2,675	4.3
2002	3,790	684	5.5	3,123	4.6
2003	4,712	725	6.5	4,042	5.6
2004	5,317	778	6.8	4,647	6.0
2005	5,865	832e	7.0	5,195	6.2

주 : 부동산총액 계산 시 건물분 가액은 각 연도별 자료가 없어서 2005년 초 숫자를 2000-2004년에 대하여도 같이 적용하였음.

황이 발생한다고 분석하였다.

우리의 외환위기는 소득(유량)에 비해 너무 많은 내수(민간소비 및 투자, 유량)가 여러 해 지속되어 외채(저량)가 누적됨으로써 일어난 것이다. 개인도 소득(유량)에 비해 너무 많은 빚(저량)을 지면 생활이 어려워지고 최악의 경우 파산한다. 신용카드 위기는 그렇게 해서 일어난 것이다. 부동산(저량)과 국민생활, 국민경제의 관계는 다음 절에서 자세히 다루기로 한다. 여기서는 다만 일본이 부동산 거품을 키우고, 그것이 터지는(bust) 바람에 10년 이상 고생하였는데, 거품기(1990년)의 지가총액이 연간 GDP의 5.6배였다는 것을 지적하고자 한다.[17] 2005년 한국의 부동산 문제는 거품극대기 일본의 경우보다 더 심각한 상황일 수 있다.

17) 김태동, 앞의 논문, p.67.

4. 높은 부동산가격과 시장경제

부동산, 특히 토지와 시장경제의 발전에 대하여는 고전학파 경제학자들이 주요한 연구분야로 삼았다. 아담 스미스는 소수의 지주(귀족)에 의해 좋은 토지가 많이 소유되었기 때문에 생산요소의 이동 및 교통에 큰 불편을 가져와 경제발전을 저해할 수 있음을 지적하였다. 리카도는 지주계급의 이익이 공업사회의 발전을 직접적으로 저해한다고 주장하였다. 자본주의가 발전함에 따라 지대가 상승하기 때문에 자본에 대한 이윤은 상대적으로 위축되어, 어느 시점에 이르면 자본축적이 멈출 수 있다고 경고하였다.[18] 리카도는 수십 년 동안 곡물법 폐지와 자유무역을 주장하였는데, 이는 곡물이 수입되지 않으면 영국 내 곡물가격이 비싸지고, 이는 지주의 불로소득이 유지됨을 의미하며, 반면에 노동자의 임금은 높아지고 자본가의 이윤은 축소되어 자본주의 발전이 어려움을 우려하였기 때문이다. 밀(J. S. Mill)도 지주가 아무런 노력도 모험도 절약도 하지 않으면서 무슨 권리로 일반적인 사회진보에서 생기는 부를 차지하는가 하고 물었다. 또 현재의 토지가치에 대한 지주의 권리에 간섭하는 데에는 반대하였지만 미래의 가치증가분은 조세로 징수하여 사회에 귀속되게 하자고 제안하였다.[19]

19세기 후반 산업사회의 성숙과 함께 등장하여 자유시장 경제이론을 체계화한 고센(Gossen), 제본스(Jevons), 왈라스(Walras)

18) 이성욱, 『토지문제와 토지공개념』, 국민경제제도연구원, 1991. 8, pp.7-8에서 재인용.

19) Henry George, 김윤상 역, 『진보와 빈곤』, 비봉출판사, 1997, p.409.

등도 모두 지주계급을 사회의 기생계급으로 간주하였다. 이들은 모두 토지의 효율적 사용을 위하여 토지를 국유화할 것을 주장하였다. 특히 일반균형이론으로 유명한 왈라스는 자본가와 근로자의 소득인 이윤과 임금은 각 생산요소가 생산에 공헌한 정당한 대가라고 생각하였으며, 지대는 불로소득이므로 국가가 토지를 소유하고 지대와 임대료를 국가가 소유하는 것이 바람직하다고 주장하였다.[20] 이들 유명한 경제학자가 살았던 시기에 지대가 얼마나 올랐는지, 지가는 얼마나 올랐는지, 소득에 비해 불로소득 규모가 얼마나 되었는지 알지 못한다. 그러나 시장경제철학의 초석을 놓은 경제학자들의 다수가 토지에서 발생하는 불로소득이 생산의 비효율을 가져오고, 궁극에는 자본주의 발전에 걸림돌이 될 수 있음을 한결같이 지적하였음에 놀라울 뿐이다.

1960년대 이후 한국경제는 외향적 개발전략에 기초한 고도성장을 하면서 자본이 축적되어 왔다. 정부가 주도하여 적어도 외환위기 이전까지는 재벌 중심으로 자본을 축적시켜 성장의 엔진으로 기능토록 하였다. 외환위기 이후 재벌에 대한 의존도를 줄이고, 정부주도의 개발전략을 수정하면서 시장의 자율적 힘으로 경제발전을 지속한다는 것이 표방되고 있다. 앞으로 시장경제의 발전에 위험요인은 무엇인가? 부패, 낮은 법치수준, 지나친 관료주의, 분식회계, 재벌의 세습경영 등 아직도 많은 난제가 미해결인 상태로 있지만 토지, 주택 등 부동산문제가 빼놓을 수 없는 위험요인이다.

---

20) L. Walras, 심상필 역, 『순수경제학: 사회적 부에 관한 이론』, 대우학술총서, 1996, p.549 및 이성욱, 앞의 책, p.9.

1) 기업활동, 생산, 물가에 미치는 영향

너무 높은 부동산가격이 지속되면 시장경제의 발전에 어떤 영향을 미치겠는가? 우선 생산요소로서의 토지를 먼저 살펴보자. 토지 임차료(R_j)가 너무 비싸면, 넓은 토지가 소요되는 산업은 상대적으로 불리하여 발전하기 어렵다. 그러한 사업을 하는 기업인은 일차적으로 토지를 자본, 노동 등 다른 생산요소로 대체하려 할 것이다. 토지의 타요소로의 대체 가능성은 어느 정도 존재하나 크게 높지 않을 것으로 보인다. 농업의 경우 토지절약적이고 자본집약적인 시설재배가 늘어나는 것이 그러한 예이다. 공장내부의 좁은 기계 배치, 사무실의 작은 책상 등 공간을 절약하려는 노력은 한국기업에서 찾아보기 쉽다.

기업의 토지절약(land saving) 노력은 노동과 자본의 수요증가를 가져와 결국 임금과 금리가 상승하게 된다. 결국 다른 조건이 일정하다면, 임대료가 비싼 나라에서는 개별기업의 대체노력에도 불구하고 임금과 금리가 비싸져, 이윤율의 하락이 일어날 것이다. 토지집약도가 높은 기업, 산업일수록 이윤율이 더 하락하고, 손실을 보는 경우도 발생한다. 정상이윤 이하의 이익을 보는 기업들은 외국으로 공장의 입지를 옮길 수도 있다. 한국에서 많은 중소기업이나 일부 대기업까지도 제조업의 입지를 외국에 옮긴 데에는 일반적으로 임금이 높다는 이유가 더 자주 거론되어 왔으나, 임차료 또는 땅값의 폭등도 중요한 이유의 하나였다. 앞으로도 높은 임대료가 계속 유지된다면 제조업 공동화(disindustrialization) 현상은 지속될 것이다. 이처럼 높은 임대료는 높은 임금, 높은 금리를 초래하므로 다수 산업의 원가가 오르고, 결국 물가가 오르게 된다.

서비스업은 어떠한가? 제조업과 마찬가지로 토지(공간)가 필요하다. 금융업, 유통업, 운수업, 창고업, 통신업 모두 토지가 있어야 한다. 예를 들어, 한국이나 일본의 백화점이 미국에 비해 진열공간이 좁고, 종업원이 많이 배치된 것은 알고 보면 백화점 측이 비용극소화(cost minimization)를 하려는 노력의 결과이다. 이렇게 되면 단위면적당 토지생산성은 높겠지만, 노동생산성은 낮아진다. 또한 제조업의 경우와 마찬가지로 이윤율의 하락이 초래될 수 있다. 특히 관광산업의 경우 토지의존도가 크므로, 한국이나 일본은 다른 조건은 사상(捨象)하고 토지 측면만 본다면 타국에 비해 상대적으로 불리할 수밖에 없다. 시장만의 힘으로는 관광산업은 계속 국제수지의 적자를 면하기 어려울 것이다.

기업은 생산에 필요한 토지를 소유한 경우와 그렇지 못한 경우로 나누어 생각해 볼 수 있다. 먼저 동대문에서 임차하여 소매업을 하는 사람들, 일반 상업용 건물을 빌려 병원, 약국, 학원, 음식점을 하는 사람들, 구멍가게를 하는 사람들의 경제적 이해관계를 보자. 이들은 자기소유의 자본, 일부 차입자금을 들여 임차보증금을 내고 내부시설을 하고 창업한다. 자기노동, 가족노동이 동원되고 조금 사업규모가 크면 종업원을 몇 명 고용한다. 한국에서 자영업자를 포함하는 비임금근로자는 2004년 말 현재 766만 명에 달하는 것으로 집계되고 있으며, 이는 총취업자의 34%에 해당된다.

이들은 매출액에서 영업비용과 금융비용을 빼고 자기소득이 된다. 이 소득에는 이윤과 자신의 노동에 대한 대가인 임금이 뭉쳐서 포함되어 있다. 이들의 처지는 고전학파 경제학자들이 보았던 자본가의 입장과 흡사하다. 농촌의 소작인과도 유사성이 있다. 사업이 잘 되는 경우 그것을 관찰한 건물주(landlord)는 임차료 인상을 요구한다. 요구대로 임차료를 올려주면 자기소득이 감소하여 사업을 늘리기가 그만큼 어려워진다. 그렇다고 다른 위치로 옮기자니 고객을 잃을 위험을 감수하여야 한다. 농촌의 소작인이 일정비율로 소출을 지주와 나눌 때 겪는 것과 비슷하지만 경우에 따라 더 불리할 수도 있다. 임차인의 사업은 잘 되지 않는데, 지주가 호황산업을 할 딴 사람으로 바꿀 의도로 임차료 인상을 요구하는 경우, 자리를 불리한 곳으로 옮기거나 최악의 경우 폐업해야 한다. 1950년 농지개혁으로 농촌의 소작인은 대폭 줄었지만, 도시화와 함께 '도시의 소작인'은 서비스 자영업자를 중심으로 많이 늘어났다.

기업이 생산요소인 토지를 소유한 경우는 사정이 다르다. 공장부지를 모두 소유한 제조업체의 경우를 보자. 경우에 따라서는 영업이익보다 지가상승을 통한 불로소득이 더 많게 될 수도 있다. 이러한 기업에게 토지는 차입금융을 위한 담보로서의 기능 외에, 기업이 어려운 때를 극복해 나가는 잠재적 보험자산의 기능으로 긍정적인 기능을 할 수 있다. 그러나 많은 기업이 본업을 소홀히 하고, 투기목적의 부동산 소유에 더 관심을 가질 수 있으므로, 비업무용 부동산 소유는 규제되고 있다.

제조업은 물론 서비스업에서도, 소요 토지를 소유하고 있느냐, 임차하고 있느냐가 창업 후 기업발전 경로를 크게 바꿀 수 있다. 임차료와 토지가격이 동반 급등한 지난 수십 년 장기추세가 계속된다면, 토지나 영업장을 임차한 기업은 기술력이 뛰어나고 영업을 잘해도 본업을 통해 얻는 이익이 땅값 상승을 따라가지 못하여 경쟁업체와의 가격경쟁에 이기지 못하고 결국 뒤처지거나 도태될 수 있다. 슘페터의 창조적 파괴는 제대로 작동하지 못하고, 고전파 경제학자들이 우려하였듯이 자본주의(capitalism)라기보다 지본주의(地本主義)가 우세한 왜곡된 경제로 변형될 수 있는 것이다. 이러한 환경에서 신생기업은 발붙이기 힘들고, 결국 중소기업의 성장이 어렵게 된다. 한국에서 중소기업의 발전이 더디고 대기업과 중소기업의 양극화가 확대되는 데에는 대기업의 납품가 후려치기와 불공정경쟁 외에 부동산문제도 중요한 요인의 하나라고 판단된다.

2) 자본이득과 역재분배(逆再分配)

고전파 경제학자는 물론 신고전파 경제학자들도 앞서 소개한 바와 같이 지주의 지대수입이 지주가 토지개량의 노력을 투입하지 않은 한 불로소득인 것으로 인식하였다. 현대경제에서는 지대(rent)를 불로소득으로 보는 것은 왈가왈부가 있을 수 있다. 일정한 자금을 은행으로부터 차입하여 상가건물을 매입하고 점포를 임대하는 임대사업자의 경우, 그는 동일규모의 자금으로 상가건물을 지어서 임대하는 사업자와 다를 바 없다. 후자의 임대료수입이 불로소득이 아니라면, 전자의 임대료수입도 불로소득은 아닌 것이다. 그 사람이 이자지급보다 훨씬 많은 임대료를 받는다면 어떻게 되는가? 시장원리가 제대로 작동한다면, 이러한 정보가 시장에 알려져 더 많은 사람이 임대사업에 참여할 것이고, 임대건물이 많아져 임대료는 하락할 것이다. 정부규제에 의해 임대건물이 공급이 제한됨으로써 장기간 임대료가 정상수준보다 높게 유지되는 경우, 그 초과임대료는 불로소득이라 할 수 있을 것이다.

임대료와 달리 토지, 주택의 가격상승으로 인한 자본이득(capital gains)은 대부분 불로소득이다. 대부분의 경우, 소유자의 노력에 의해 부동산가격이 올라가는 것이 아니기 때문이다. 예컨대, 1970년대 초까지 논밭이었던 곳이 서울의 확대로 말죽거리에 아파트가 들어서고, 테헤란로가 생겼다. 그 지역에 살면서 농사를 짓다가 개발 뒤에 처분한 사람들은 소유권을 가지고 있었다는 것만으로 막대한 시세차익을 거둘 수 있었다. 이러한 개발이익은 정부의 개발결정, 도로, 상하수도, 통신망 등 필요한 사회간접자본의 제공 등에 의하여 이루어진 것이며, 원 소유주의 노력에 의한 것이 아니다. 따라서 불로소득이다.

어느 지역의 주택가격은 인구가 늘거나 그 지역 주민의 소득이 높아지면 오른다. 주민수가 늘어나고, 주민소득이 늘어나는 것은 주택소유자가 노력한 결과가 아니다. 따라서 이러한 자본이득도 불로소득이다. 2절의 식 (2), (3)에서 보았듯이, 금리가 앞으로 내려갈 것으로 예상되면 토지, 주택가격은 오른다. 그런데, 앞으로 금리가 내리느냐 여부는 부동산 소유자의 노력에 달린 문제가 아니므로, 금리 하락에 따른 부동산값 상승은 불로소득이다. 또한, 앞으로 임대료가 오를 것으로 예상되면, 부동산가격은 상승한다. 그런데, 장래 임대료는 일반적인 경제성장, 또는 임차인이 경영하는 사업의 전망에 따라 오르는 것이지, 임대인의 노력에 의한 것이 아니다. 따라서 임대인은 임대료수입만 받으면 되는 것인데, 소유권을 가진 관계로 불로소득까지 향유하게 되는 것이다.

부동산을 통한 불로소득이 얼마나 되는 것일까? 주택이나 상가건물, 업무용 건물의 경우, 매년 새로운 건설이 일어난다. 따라서, 앞의 [표 6]을 이용하여 불로소득을 추정하자면, 이런 건설투자로 인한 부분은 공제하여야 하는 문제가 있다. 토지는 그러한 문제가 거의 없으므로, 여기서는 토지를 통한 불로소득만 추정하기로 한다.[21] [표 7]에 계산된 바와 같이 2000년에서 2004년까지 5년 간 2,523조 원의 자본이득이 생성되었으며, 이는 같은 5년 간 GDP 총액의 4분의 3에 해당되는 엄청난 규모이다. 특히 2002년에는 GDP를 상회하는 자본이득이 발생하였다.[22]

물론 [표 7]에 제시된 자본이득이 해당년에 모두 실현되는 것은 아니다. 장래에 땅값이 내려간다면 실현되지 않을 수도 있다. 따라서 위 자본이득이 모두 소득이라고 볼 수는 없을 것이다. 그러나 과거 실적으로 보면 외환위기 직후인 1998년 13.6% 하락,

[표 7] 토지를 통한 자본이득

	지가총액(A) (조 원)	자본이득(B) (조 원)	명목GDP(C) (조 원)	B/C (배)	피용자보수(D) (조 원)	B/D (배)
2000	2,672	3	579	0.01	248	0.01
2001	2,675	448	622	0.72	270	1.66
2002	3,123	919	684	1.34	294	3.13
2003	4,042	605	725	0.83	320	1.89
2004	4,647	548	778	0.70	342	1.60
'00-04		2,523	3,388	0.74	1,474	1.71

21) 토지의 경우에도, 수리시설, 택지개발, 공단개발 등 투자가 이루어지나, 그런 비용은 일단 무시하기로 한다.

22) 김태동, 앞의 논문, p.67. 필자의 추계에 의하면 1988년 1.70배, 1989년 2.27배, 1990년 1.59배 등 1980년대 후반에도 GDP를 상회하는 자본이득이 토지로부터 발생한 바 있다.

그리고 1993년 7.4% 하락 등 몇 해를 제외하고는 전국 땅값이 오르기만 했으므로,[23] 과거에 기초하여 장래를 예측하는 자들은 앞으로 실현할 가능성이 높은 장래소득이라고 판단하고 있을 것이다.

토지를 통한 자본이득은 현재와 장래의 불로소득이라는 의미 외에 어떤 경제적 의미가 있는 것일까? 이렇게 노력 없이 이득을 보는 사람만 있는 것이 아니라, 본인의 잘못도 아닌데 가만히 앉아서 재산적 피해를 당하는 사람들이 있는 것이다. 이는 햇빛이 쨍쨍할수록 그림자가 진한 것처럼 자명한 경제현상이다. 어떤 사람이 피해를 당하는가? 첫째, 현재의 무주택자가 피해를 본다. 그들이 정해진 소득으로 저축하여 집 마련에 소요되는 기간은 토지, 주택 가격이 높아질수록 오래 걸린다. 그들은 재산 면에서 상대적으로 더 가난해지며, 소득에 맞는 집세를 내자면 직장에서 멀리 떨어진 곳에 세를 얻어 생활하고 긴 출퇴근 시간의 고통을 견뎌야 한다. 아마도 이들의 다수는 영영 내 집 마련을 못할 것이고, 그들의 후손도 무주택자 처지를 벗어나기 어려울 것이다. 부도 세습되지만 빈곤도 세습된다. 동태적 빈부격차는 부동산요인이 없을 경우에 비하여 몇 배 더 커진다.

둘째, 현재의 임차 사업자가 손해를 본다. 부동산값이 높을수록 그가 영업이익을 축적하여 공장을 늘리고, 업장규모를 늘릴 가능성은 낮아지기 때문이다. 셋째, 현재 경제활동을 하는 사람만 손해 보는 것이 아니다. 미래의 경제주체가 극소수를 제외하

23) 건설교통부의 지가변동률 통계에 의한다. 1992년 1.27%, 1994년 0.57%의 하락도 있었다.

면 모두 손해를 본다. 불로소득자가 죽으면 부동산을 상속받는 사람은 부동산값이 높을수록 이득이다. 그러나 무주택자의 자손은 물론, 유주택자의 자손 일부도 장래에 무주택자가 될 가능성이 있다. 그밖에 장래에 사업을 할 모든 사람들은 손해를 본다. 토지와 건물 없이 사업을 시작하여야 하기 때문이다. 그들이 장래에 사업을 시작할 때 부동산이 필요하면, 반드시 현재 부동산 소유자나 그들의 상속인에게서 매입하여야 하며, 그 가격은 장래 매입자에게 불리하게 형성되어 있는 것이다. 이처럼 [표 7]의 자본이득이 실현되자면, 반드시 매매가 필요하며, 그 과정에서 많은 사람에게 등가(等價)의 손해와 고통을 수반하게 하는 것이다.

부동산을 통한 이러한 소득이전은 생산과정과는 별도로 자산시장에서 일어나는 것이기에 재분배(再分配, redistribution)이다. 재분배의 다른 사례로는 정부가 개입한 조세를 통한 소득이전이 있다. 반면에 자동차회사나, 유통회사 등 생산기업에서 노동자와 자본가, 지주에게 각각 임금, 이자, 지대로 분배되고 기업에 유보이익으로 남거나 주주에게 주식으로 분배되는 것은 생산과 직접 관련하여 생산물을 분배하는 것이며 일차적 소득분배(primary income distribution)라 한다.

많은 사람이 일차적 분배에만 관심을 가지고 있다. 피용자보수를 국민소득(National Income)[24)]으로 나눈 노동소득 분배율은 1970년 41%, 1980년 50%, 1996년 63% 등 오르는 추세를 보였다. 외환위기 뒤에는 다소 내려가서 2002년 58% 선까지 내려갔

24) GDP에서 간접세와 고정자산 감가상각을 공제한 개념이며, 피용자보수와 영업잉여의 합으로도 표현된다.

다. 이를 1996년 선인 63% 선까지 회복시킬 수 있다면, 그것은 노동자들에게 2005년 기준으로 41조 원이 더 분배되는 것이다. 즉 외환위기와 그에 따른 경제변화는 피용자보수를 최대 41조 원 줄이는 역할을 하였다. 이것도 큰 금액이지만, 부동산시장을 통한 2차적 분배(secondary distribution) 또는 재분배로 무주택자(이차기업인 포함)가 얻는 피해는 훨씬 크다. 2000-2004년 5년 간 토지를 통한 자본이득 총액은 2,500조 원이 넘으며, 이는 같은 기간 피용자보수 총액(1,474조 원)의 1.71배에 달한다. 이 자본이득 중 5분의 1만 지난 5년 간 실현되었다 하더라도 실현된 자본이득은 295조 원이며, 그것은 임대료수입과는 별도로 소유계층이 얻게 되는 이득인 것이다.

부동산을 통한 재분배는 두 가지 특성이 있다. 첫째, 누진세처럼 고소득자(have)에게서 저소득자(have-not)로 소득이 이전되는 것이 아니라, 거꾸로 무자산가(have-not)에게서 자산가(have)로 소득과 행복이 이전된다는 점이다. 이러한 역진적인 현상을 역재분배(regressive redistribution)라 부를 수 있을 것이다. 둘째, 신세대(young generation)에서 기성세대(old generation)로, 또는 미래세대(future generation)에서 현세대(current generation)로 소득과 행복이 이전되는 것이다. 이는 세대 간 재분배이자 시제적(時際的, intertemporal) 재분배이다. 부동산시장이란 시장경제의 한 축에서 엄청난 자원분배가 경제정의에 어긋난 방향으로 이루어지고 있는 것이다.

부동산투기는 따라서 경제전체로 득보다 실이 많은 'negative-sum game'이다. 투기자에 대한 직접적 이득에 대응하는 피해가 절대다수에게 돌아간다. 이를 금전적으로 계산하면 상쇄되어 영

(零)이 될지 모르지만, 다수가 잃는 효용의 합계가 일부 투기자가 얻는 효용의 합계보다 훨씬 클 것이다. 기수(基數)적 효용비교의 문제를 차치하고라도, 투기로 인한 높은 부동산가격으로 현재와 장래의 생산활동이 구축(crowding out)되는 부정적 효과는 분명 투기자의 이득을 초과할 것이다.

3) 소유편중도 심화, 중산층 위축과 사회갈등 심화

이러한 막대한 역재분배가 이루어지는 경제에서 인간생활은 어떠할까? 과거 부동산투기에 성공한 그룹의 사람들은 계속 부동산을 사모으는 데 주력할 것이다. 작은 집이 있는 사람들은 더 넓은 집을 마련하려고 저축에 힘쓰거나 대출을 받으려 노력할 것이다. 무주택자는 두 그룹으로 나뉠 것이다. 내 집 마련의 꿈을 버리지 않고 계속 저축에 힘쓰는 그룹과 꿈을 버리고 평생 세를 얻어 살기로 하고 그에 따라 생활하는 그룹이다. 따라서 높은 부동산값이 저축률을 높일지, 소비성향을 높일지는 분명하지 않다.

그러나 소득에 비해 부동산가격이 너무 높으면 많은 경제주체의 희망에도 불구하고 결국 집 마련을 할 수 있는 사람은 줄어들 것이다. 한국의 주택소유비율이 그 동안 높아졌다는 증거는 없다.[25] 1인당 소득이 1만 5천 달러를 넘어도, 주택가격은 소득보다 더 빠른 속도로 뛰어 올랐기 때문이다.

반면에 다주택 소유가구가 소유한 주택은 증가일로인 것으로 추정된다. 가족수에 맞는 평수의 주택을 가진 가계(household)를

25) 통계청은 부정기적으로 3만여 가구에 대한 표본조사를 발표하는데, 이에 의하면 2004년 현재 주택소유가구의 비율은 전국 62.9%이며 서울은 52.4%로 지역별로 최저수준이다.

중산층이라 하자. 소득에 비해 주택가격이 높은 경제에서는 이런 조건을 충족하는 중산층이 늘어나기 힘들다. 젊은 세대가 직장을 얻고, 소득을 저축하여 내 집 마련하기가 어렵기 때문이다. 집을 가진 사람도 자녀의 증가에 따라 평수를 늘려야 하는데, 집값이 폭등하면 집을 늘리기가 쉽지 않다. 따라서, 1가구 1주택자의 경우도 원하는 평수보다 좁은 평수에서 생활하는 경우가 많게 되므로, 불완전한 주택복지를 누리고 있다고 보아야 할 것이다. 따라서, 주택기준 중산층의 두께는 점점 얇아질 수밖에 없다.

중산층이 얇아지는 동시에 다주택 소유 부유층과 무주택가구가 늘어난다. 무주택자도 주거공간은 있어야 하므로 결국 다주택 소유자로부터 독채를 임차하거나, 1주택 소유자로부터 방을 임차할 수밖에 없다. 행정자치부 자료에 의하면 전국 1,777만 세대 중 무주택세대가 806만 세대로 45%를, 주택소유세대는 971만 세대로 55%를 각각 점하는 것으로 되어 있다.[26] [표 8]에서 보는 바와 같이, 1주택 소유는 882만 세대, 2주택 소유는 72만 세대, 3주택 이상 소유는 17만 세대로 집계되었다. 1세대 2주택 이상 다주택 보유세대는 89만 세대(9.1%)이며, 이들이 237만 호(21.2%)를 보유한 것으로 집계되었다.

토지소유의 편중도도 아주 심하다. 토지소유세대 중 상위 10만 세대가 면적기준으로 26.5%(가액기준 20.7%)를, 상위 1백만 세

26) 행정자치부, 「세대별 주택 및 토지 보유현황 발표」, 보도자료, 2005. 8. 30. 이 자료는 건축물대장, 토지대장 등을 활용하였다. 또한 주민등록상 세대를 활용한 것으로 1인 세대를 포함한 것이어서, 무주택세대 비율이 현실보다 다소 높게 산출된 것일 수 있다. 그러나 1인 세대의 성격이 여러 가지일 수 있으므로 통계상 조정은 어려우며, 그 한계를 인식하고 통계를 사용하면 될 것이다.

[표 8] 주택소유세대의 분포 (8. 12 기준, 행자부)

	세대수(만)	주택수(만 호)
1주택	882.0(90.9%)	882.0(78.8%)
2주택	72.2(7.4%)	144.4(12.9%)
3주택	8.7(0.9%)	17.4(1.6%)
4주택	2.5(0.3%)	5.0(0.4%)
5주택	1.3(0.1%)	2.6(0.2%)
6-10주택	2.6(0.3%)	68.0(6.1%)
11주택 이상	1.5(0.2%)	
소계	970.7(100.0%)	1,119.4(100.0%)

대가 면적기준 65.1%(가액기준 53.4%)를 각각 소유하고 있는 것으로 판명되었다.[27] 토지를 한 평이라도 소유하고 있는 사람은 1,397만 명이다.[28] 토지소유의 지니계수는 인별기준이든 세대기준이든 0.9가 넘는다.

부동산기준으로 중산층이 얇아지고 무주택자와 다주택 소유자가 늘어나면 빈부격차가 벌어져 사회갈등이 높아지는 것은 너무도 당연하다. 무주택자는 대부분 근로자나 소규모 자영업자일 것이다. 이들은 외환위기 직후보다 더 살기 어려워졌다고 느끼고 있을 것이다. 실업자는 물론이고 취업자도 세대주와 세대원의 소득증가율이 자기가 거주하는 지역의 주택가격 상승률을 따라가지 못하는 경우가 많으면 불만이 쌓이고, 노조원인 경우 임금인상 요구율을 높이며 그에 따라 노사갈등이 첨예화하고 선량한

27) 행정자치부 2005. 8. 30 보도자료에 의한다.

28) 행정자차부, 「토지소유 현황 발표」, 보도자료, 2005. 7. 16.

기업가도 피해자가 될 수 있다. 비노조원이나 자영업자의 경우도 경제정책과 정치에 대한 불만이 쌓일 것이다.

반면에, 토지부자, 다주택 소유자나 1세대 1주택이더라도 고가주택 소유자 등은 큰 자본이득을 얻어 지본주의(地本主義)체제에 대단히 만족하게 된다. 이들은 부동산투기를 억제하거나 불로소득을 환수하는 정책이 시장경제 원칙에 어긋난다고 보고 그런 정책을 추진하는 정치세력을 지지하지 않게 된다. 이들은 소수이나 실제 부동산정책의 결정에는 이들이 결정적인 역할을 하여 왔다. 그 결과 우리는 세계적으로 소득수준에 비해 부동산값이 가장 비싼 나라가 된 것이다. 2003년 10. 29 부동산대책이 너무 약하게 나온 이유도 밝힐 필요가 있다. 최근 8. 31 대책이 과거 모든 부동산대책과 비교하여 질적으로 현저히 높은 정책이냐 여부는 아직 시장이 판단을 유보하고 있는 것으로 보인다.

4) 거품형성 여부와 시장경제 발전

어느 나라에서나 부동산시장에 거품이 형성되어 있느냐 여부를 판단하는 것은 쉬운 일이 아니다. 부동산의 실제 시장가격이 내재가치(fundamental value)에 비해 통계적으로 유의하게 높은지를 판별하여야 하는데, 기초가치가 관찰 가능하지 않기 때문이다. 기초가치를 식 (2)나 (3)에 의해 산출하는 것도 쉽지 않다. 앞으로의 금리예측치, 성장률 예측치, 국민경제 전체의 임대소득 등 기초가치를 설명할 변수를 선택하거나 취득할 방법이 마땅치 않기 때문이다. 이러한 이유로 일본에서도 거품붕괴 전에는 거품 존재 여부에 대하여 논쟁이 있었다. 野口, 西村 등은 땅값에 거품이 포함되어 있다고 주장한 반면에, 宮尾, 原田 등은 거품형성에 동의하지 않았다.

한국의 부동산에는 현재 거품이 있는 것인가? 두 가지 방법으로 살펴보려 한다. 첫째는 일본과 비교하여 판정하는 것이다. 일본은 전국지가의 총액이 GDP의 5.6배에 달한 뒤, 1991년 하반기부터 거품붕괴를 경험하였다. 붕괴 이후 전국적으로 토지가격이 58.8% 하락하였다. 도쿄(東京) 지역은 평균 70.5%가 하락하였다. 한국의 지가는 경실련 추계에 의하면 GDP의 6.2배에 달하여, 일본의 붕괴 전 수준을 초과하므로 한국의 지가에 거품이 있다는 것은 부정하기 어려울 것이다.[29)]

둘째는 전세가격(C)의 매매가격(P_h) 대비 비율의 움직임으로 판정하는 것이다. 우리나라에는 타국에 없는 전세라는 독특한 관행의 임대차 방식이 있다. 대체로 전세가는 주택의 사용가치를 반영하는 것으로 평가되고 있다. 반면에 매매가격에는 식 (5)에서 보인 바와 같이 투기자의 장래예상가격이 직접 반영된다. 투기가 심하면 전세가에 비해 매매가가 더 빨리 상승할 것이므로 C/P_h 비율은 낮아질 것이다.

주택의 임차수요와 임대공급에도 투기가 일부 영향을 미친다. 예컨대 앞으로 주택가격이 하락할 것으로 믿는 사람이 많아지면 구입능력이 있어도 구입시점을 늦추어 일시적으로 임대수요가 늘어날 수 있다. 반면에, 임대공급자는 기대 이상의 가격상승이

---

29) 2005년 들어서도 7월까지 지가와 아파트가격이 급등하였으므로 8월 시점에는 더욱 심각하다. 건교부 공시지가만 사용한다면 2004년 말 현재 공시지가총액 2,176조 원, 이를 '적정지가'로 환산한 금액이 2,391조 원이며, 실제 시가총액이 이 적정지가를 초과한다면 거품이라 할 수 있을 것이다. 따라서, 건교부와 경실련 주장이 모두 맞는다면, 토지의 거품규모는 50% 이상에 달하는 것이다.

[표 9] 아파트 전세가/매매가 비율 (단위 : %)

	전국	서울	강북	강남
2000 말	65.7	60.6	64.6	58.2
2001 말	68.9	63.4	69.2	59.8
2002 말	65.3	55.5	63.6	50.5
2003 말	60.5	50.1	57.5	44.5
2004 말	57.2	49.1	55.4	44.0
2005. 9 말	56.6	47.6	54.1	42.1

자료 : 국민은행, 전국주택가격동향조사

예상되는 경우에 매도를 미루고 임대공급을 늘릴 수 있다. 따라서, 주택가격 급등기에는 상대적으로 임대료가 덜 오를 수 있다.[30] 이는 더욱 전세가의 매매가 대비 비율을 낮추는 작용을 할 것이다.

[표 9]에 보인 바와 같이 전세가는 매매가 대비 2001년 말 68.9%에 달하였다가 그 뒤 56% 선까지 내려왔다. 2002년 이후 매매가에 상당한 거품이 형성되었을 것을 시사하는 자료이다. 특히 강남지역의 경우 42% 선까지 내려왔는데, 이는 국민은행이 한강 남쪽 서울을 모두 포함한 것이며, 강남 3구의 경우 2005년 상반기 30% 선까지 내려갔다. 어느 비율이 투기가 배제된 전세가비율인지 정확한 이론가는 제시하기 어렵다. 다만 경험적으로 과거 최고치(서울 강북 2002. 4 : 72%, 대구 2003. 4 : 77.8%)를 기준으로 삼는다면, 대략 75-80% 선을 투기가 배제된 C / P_h로 상정할 수 있을 것이다. 다소 낮은 75%를 기준으로 살펴보자.

30) 반대로 하락기에는 임대료는 덜 내릴 수 있다.

[표 10] 아파트가격의 거품비중 추정 (2005. 6 현재)

	C / P_h	거품비중(%)
전국	56.7	24.4
서울	47.7	36.4
강북	54.4	27.5
강남(3구)	31.0	58.7
경기	49.9	33.5
6대광역시	63.6	15.2
부산	64.6	13.9
대구	66.3	11.6
인천	55.0	26.7
광주	73.2	2.4
대전	57.5	23.3
울산	73.0	2.7
지방중소도시	64.1	14.5

거품이 없는 가격(P*)은 C / 0.75이다. 거품(B)은 실제가격(P_h)에서 P*를 뺀 부분이다. 이 거품이 실제가격에서 몇 %를 차지하였는지, 2005년 6월 현재 각 지역별로 아파트가격에 포함된 거품비중을 추정한 것이 [표 10]이다. 이 결과에 의하면 전국적으로 아파트에는 24% 정도의 거품이 형성된 것으로 보이며, 특히 서울 강남지역은 반 이상이 거품인 것으로 추정된다.[31] 반면에, 광

31) 광주와 울산의 경우로 보아 투기가 없을 때, 전세가가 매매가의 75% 정도 될 것이라는 가정은 적절한 것으로 보인다. 강남의 경우, 교육문제를 이유로 매매가가 높다는 주장이 흔히 제기되나, 교육은 임차수요도 증가시켜 전세가도 높일 것이므로, 이 지역의 지나치게 낮은 전세가

주시, 울산시 등에는 거의 거품이 없는 것으로 추정된다.

이렇게 우리나라의 토지주택에는 상당한 정도의 거품이 존재하고 있는 것으로 보인다. 거품이 존재하는 동안, 거품이 시장경제의 발전에 미치는 해악에 대하여는 이미 앞에서 일부 살펴보았다. 다음 식 (6)와 (7)에 의한 설명도 가능하다. 식 (6)에 의하면 한국의 지가총액의 대 GDP 배수가 거품에 의해 타국에 비해 현저히 높다는 사실은 단위면적당(평당) 땅값이 토지생산성(평균토지생산물)에 비해 터무니없이 높다는 것을 의미하고, 그렇게 상대적으로 비싼 땅에서 순수생산자 역할을 하기가 어렵다는 것을 의미한다.

(6)

$$\frac{\text{지가총액}}{GDP} \equiv \frac{\text{지가총액}}{\text{국토면적}} / \frac{GDP}{\text{국토면적}} \equiv \frac{\text{평당지가}}{\text{평균토지생산물(토지생산성)}}$$

(7)

$$\frac{\text{주택시가총액}}{GDP} \equiv \frac{\text{주택시가총액}}{\text{인구}} / \frac{GDP}{\text{인구}} \equiv \frac{\text{1인당주택가격}}{\text{1인당소득}}$$

한편 식 (7)으로 변형해서 보면, 한국은 1인당 소득에 비해 1인당 주택가격이 너무 높다는 것을 명시한다. 즉 집 마련이 타국에 비해 힘들고 오래 걸린다는 것을 보여준다. 거품은 이처럼 순수생산자도 힘들게 하고, 무주택자도 힘들게 하는 경제의 암이다.

대 매매가 비율을 설명할 수는 없는 것으로 판단된다.

그리고 암보다도 더 치료하기 힘든 경제의 병이다. 암은 신속히 제거하면 건강을 되찾을 수 있지만, 거품은 갑자기 터질(bust) 경우 더 큰 해악이 나타나기 때문이다. 일본은 부동산문제를 잘못 다루어 10년 이상을 잃었다는 평가이다. 미국의 대공황은 주가폭등에 이은 거품붕괴가 주된 이유이었다. GDP의 1.24-1.67배[32]였던 주식시장이 붕괴되어도 대공황이 오는데, GDP의 6-7배에 이르는 부동산시장이 붕괴될 경우, 그 영향이 얼마나 심각하리라는 것은 짐작하기 어렵지 않다.

먼저, 건설업체의 도산이 급증할 것이다. 건축 중이거나 분양중인 주택이 팔리지 않아 유동성에 이상이 올 것이기 때문이다. 금융회사는 대출요구를 외면함은 물론, 기존대출도 회수하려 할 것이다. 이렇게 되면 상대적으로 우량한 건설회사도 경영난에 봉착할 수 있다.

금융회사는 건설업의 부실대출이 증가한다. 이어서 가계대출, 특히 주택담보대출에 대한 신규 취급을 축소하고, 기존대출에 대한 만기연장을 꺼리게 된다. 소비자는 유동성제약으로 소비를 줄이게 된다. 민간소비가 줄면, 모든 산업의 매출이 줄고 수익성이 악화된다. 전면적인 불경기가 찾아온다.

그것으로 끝나는 것이 아니다. 금융회사는 경쟁적으로 모든 산업에 대한 대출을 줄이기 시작한다. 신용경색이 소비자, 생산자 모두에게 파급된다. 한국의 외환위기 뒤와 비슷한 금융위기로 확대된다. 실업자가 대량으로 발생하고, 부동산값은 물론 주가도

---

32) Data Source와 Coverage에 따라 추정에 차이가 있음, Ellen McGrattan and Edward Prescott, "The 1929 Stock Market: Irving Fisher Was Right", *Federal Reserve Bank of Minneapolis*, 2003 참조.

폭락한다. 일본은 이를 복합불황이라 하였다. 일본이 10년을 잃었으면 한국은 시장경제의 미발달, 제조업 경쟁력의 열위, 거품의 크기 등을 고려할 때 더 오랜 기간을 고통 속에 지낼 수 있다. 시장경제의 지속적인 발전으로 경제가 선진화하는 것은 그만큼 뒤로 미루어질 수밖에 없다. 경우에 따라서는 선진시장경제의 달성 자체가 어려워질 수도 있다. 일본은 선진국이 된 뒤 10여 년이 흐른 뒤에 부동산 거품이 붕괴되었지만, 한국은 아직 중진국으로서 일본보다도 여러 조건이 나쁜 것이다. 거품이 꺼지면 무주택자만 피해 보는 것이 아니라, 부동산부자도 자산가치가 눈 녹듯이 사라져 큰 피해를 본다. 경제순환 시스템이 마비되는 것이다. 따라서 거품붕괴로 경제가 파탄 나는 일이 발생하지 않게 미연에 방지해야 하는 것이다. 그러나 이미 거품이 형성된 것으로 보이므로 크게 우려하지 않을 수 없다. 외환위기에 신용카드위기까지 경험했던 우리들은 부동산 거품의 폐해를 철저히 인식하고 거품붕괴(hard landing)를 방지하고 연착륙하는 결과를 맺도록 정책적 노력을 더욱 경주하여야 할 것이다.

5. 부동산가격 상승의 원인

3절에서는 토지와 주택가격이 얼마나 높은지를 보았으며, 4절에서는 거품의 정도를 일부 추정하여 보았다. 왜 우리나라는 부동산가격이 높은가? 일부는 경제적으로 설명될 수 있고, 나머지는 설명이 어려운 부분이 있다. 경제변수로 설명이 가능한 부분부터 원인분석을 하여 본다.

앞의 식 (2), (3)은 다음과 같이 변형할 수 있다. 첫째, 부동산 매입자가 위험회피적이라면 위험회피도(σ)를 고려하고, 부동산에 보유세가 과세된다면 보유세율(τ)을 감안하여 다음과 같이 변형한다.

$$(8) \qquad P = \frac{R}{r + \sigma + \tau - g}$$

이 식의 양변을 GDP로 나누면

$$(9) \qquad \frac{P}{GDP} = \frac{R}{GDP} \times \frac{1}{r + \sigma + \tau - g}$$

위 식 (8)에 의하면 다섯 가지 설명변수로 소득대비 비싼 부동산가격을 설명할 수 있다. 첫째, GDP 대비 임대료 비율이 높은 나라는 상대적으로 다른 나라에 비해서 부동산값이 높을 것이다. [표 11]에 보듯이 국민소득통계 등을 이용하여 추계한 2003년 연간 임대료는 61.7조 원으로 나타났다.[33) 서울 명동상가 임대료는 세계에서 8위 수준으로 아주 높은 편이다.[34)]

---

33) 사무실, 공장에 대한 귀속임차료, 개인기업의 임차료 등을 포함할 때, 더 커질 수 있다. 5천조-6천조 원 시가의 부동산에서 61.7조 원의 임대료가 생긴다는 것은, 두 통계가 모두 맞다면 임대료에 비해 부동산가격이 지나치게 높다는 반증으로 해석할 수 있다. 토지에 대한 임대료는 부가가치가 아니다. 한편 소비자물가지수 산정 시 집세가 차지하는 가중치는 약 13%로, 이는 일본 17%, 미국 33%에 비하여 낮은데 미국, 일본의 경우 귀속임대료가 소비자물가에 포함되었다.

34) 다국적 부동산 컨설팅업체인 Cushman and Wakefield가 2005년 6월 말 기준으로 세계 47개국 주요 상권 거래 매장의 연간 임대료를 비교 조사하여 발표하였다.

[표 11] 부동산관련 임대료 추산 (2003)

구 분		추정액(조 원)	자료출처
토 지 1)		2.0	제도부문별 소득계정(국민계정)
사무실 1)		5.1	전산업 손익계산서(기업경영분석)
공 장 1)		9.6	전산업 제조원가명세서(기업경영분석)
주 택	실제임료	18.2	Annual National Account(OECD)
	귀속임료	26.8	
계		61.7	

주 : 1) 귀속임료는 불포함.

2) 법인만 포함되었으며 부가가치 및 중간투입액이 포함되었음. 개인 기업 포함 시 더 높아질 수 있음.

통계의 불비로 정확히는 알 수 없지만 임대료의 대 GDP 비율은 한국이 높을 것으로 추정된다. 주택의 임대수요는 임차인의 소득수준이 높아짐에 따라 증가할 것이고, 인구증가, 핵가족화로 인한 가구증가도 임차수요를 늘릴 것이며, 주택보급률이 낮으면 소유자 직접거주수요를 제외한 임대공급량이 부족하여 임대료를 높이는 결과를 초래할 것이기 때문이다.[35] 또한 부동산 매입자는 높은 성장률(미래 임대료 증가율)을 예상하여 비싼 가격(P)에 매입한 뒤, 그 부동산을 임대할 때 요구하는 임대료(R_h, R_j)는 P(r－g)가 아니라 Pr로 요구할 가능성이 높다.

둘째, 명목금리(r)가 낮을수록 부동산가격은 올라간다. 미래의 임대료수입을 할인하는 할인율이 낮아져 내재가치가 높아지기

35) 주택보급률이란 총주택수를 총가구수로 나눈 비율에 불과하며, 주택의 소유율과는 다른 개념이다.

때문이다. 중요한 것은 일시적인 금리하락은 부동산값에 별 영향을 안 주지만, 낮은 금리가 오래 지속되리라고 생각하면 부동산값을 크게 올릴 수 있는 것이다. 2001년 미국을 필두로 정보통신 거품이 꺼진 것에 대응하여 정책금리를 낮추었는데, 그것이 미국, 영국 등 상당수 나라에서 주택가격의 급등을 가져온 주요 요인의 하나로 일반적으로 인식되고 있다. 한국의 경우도, 외환위기 뒤에 기업의 과잉투자 축소, 경상수지 흑자 등으로 인플레이션율이 안정되고 시장명목금리가 내려, 이것이 부동산시장에 영향을 주었을 것으로 본다. 정책금리의 인하가 시장금리에 영향을 주었다면, 그 정도에 따라 일부 부동산시장에 파급효과가 있었을 것이다.

셋째, 성장률(g)의 하락은 부동산가격을 내리게 하는 방향으로 작용한다.[36] 그런데, 2003년 이후 경제성장률이 잠재성장률을 하회하였는데도 부동산가격이 상승한 것은 성장률 외 다른 요인이 더 큰 영향을 주었기 때문이거나, 부동산시장 참여자가 생각하는 장래의 경제성장률이 과거와 별로 달라지지 않았기 때문일 것이다. 성장률이 높은 나라는 성장률이 낮은 나라에 비해서 GDP 대비 부동산가격이 높을 것이다. 그러나 시장경제가 성숙되어 성장률이 낮아진 선진국에서는 물가가 안정되고 금리(실질금리, 명목금리)가 낮으며, GDP 중 임대료 비중은 높을 것이므로, 쉽게 결론 내리기는 어려우며 정반대의 사례가 나타날 수 있다. 따라서, '성장단계가 비슷한'이라는 조건이 필요할 것이다.

---

36) 식 (8)을 거시적으로 해석할 때는, 지대상승률(g)이 경제성장률과 평균적으로 동일하다는 가정이 필요하다.

넷째, 시장참여자가 더 위험회피적이 되면, 즉 σ가 커지면, 부동산가격은 하락하며, 위험회피도가 줄면 반대로 부동산가격은 오른다. 다만 σ를 별도로 관찰할 수 없는 것이 문제이다.

σ가 영(zero)인 경우 위험중립형인데 이들뿐만 아니라 어느 정도 위험회피를 하는 사람들도 주식이나 다른 위험자산에 비하여 부동산이 기대수익률이 높거나 위험이 낮다고 판단하면 부동산투기에 가담하게 된다. 투기자(speculator)가 식 (1), (2) (3), (5), (8) 등에 의해·나름대로의 계산을 하고 부동산을 자산증식 목적으로 매매한다면 그런 행위를 합리적 투기(rational speculation)라 하고 그렇게 해서 형성된 거품은 합리적 거품(rational bubble)이라 할 수 있을 것이다. 그러나 경제성장률은 내려가고, 금리는 올라 부동산의 내재가치(fundamental value)가 내려가는데, 이용 가능한 정보의 효율적 활용 없이 많은 사람이 투기를 하여 거품이 형성된다면, 이는 경제적 설명이 어려운 비합리적 거품(irrational bubble)이 된다. 한국의 거품 중 얼마나 비합리적인 부분이 있는지 알 길은 없으나, 최근 2-3년 아파트 전세가가 하락하고, 경제성장이 부진한데, 아파트와 일부 토지에 투기가 크게 발생한 것은 합리적이라고 설명하기 어렵다. 반면에 1980년대 말 임차료, 집세가 폭등하고 고성장일 때의 부동산투기에는 비합리적인 요소가 오히려 적었을 것이다.

다섯째, 보유세율이 높아지면 부동산가격은 내린다. 보유세율을 0.25% 포인트 올리는 것은, 금리가 0.25% 포인트 올라가는 것보다 더 큰 영향을 줄 것이다. 왜냐하면, 금리변동은 일시적으로 인식되는 경우가 대부분이지만, 세율변경은 장기적, 영속적으로 인식될 수 있기 때문이다.

지금까지 부동산가격을 2절에서 제시한 모형에 포함된 기초변수(fundamental factors)에 의하여 설명하였다. 흔히 인구에 비해 국토면적이 좁은 나라이니 부동산값이 비쌀 것은 당연하다는 주장이 제기된다. 이런 단순논리는 한국의 부동산가격이 소득수준에 비해 높다는 사실은 설명하지 못한다. 앞의 식 (6)을 보면, 국토면적이 작은 나라에서 단위면적당 지가는 높을 수 있다. 그러나 그 나라에서는 단위면적당 다른 생산요소(노동, 자본)의 요소집약도(factor intensity)가 높아 토지를 효율적으로 사용한다면, 토지의 생산성도 높게 된다. 따라서 토지를 생산에 효율적으로 투입한다면, 국토면적이 좁다고 GDP 대비 지가총액까지 높을 이유는 없는 것이다. 유럽의 인구밀도가 높은 선진국 사례는 이를 반증한다.

부동산가격을 설명하면서 공급이 빠졌다는 지적이 있을 수 있다. 이런 지적은 2절의 모형을 충분히 이해하지 못한데 연유한다. 되풀이하면, 토지(주택)는 시장경제에서 세 가지 기능(생산요소, 주거서비스, 자산)을 한다. 생산요소로서의 토지는 생산자의 임차수요로 나타나며, 지주는 토지를 임대공급하는 것이다. 따라서 생산용 토지의 공급은 [그림 1]의 임대공급곡선에 나타나 있다.[37] 토지공급은 비탄력적(공급곡선이 수직)이라는 생각도 널리 퍼져 있다. 현실은 그렇지 않다. 전체 국토면적은 제한되어 있지만, 용도변경에 의해 특정용도의 토지공급은 얼마든지 늘 수 있다. 1993년 이후 많은 준농림지가 택지로 용도전환되고 개발되었

37) 임대공급하지 않고 소유자 스스로 생산요소로 이용하는 경우가 많은데, 농토든 공장용지든 상업용 건물이든, 이런 경우는 소유자가 스스로에게 임대하는 것으로 본다. 주택의 경우도 마찬가지이다.

다. 다만 행정규제에 의하여 2005년 현재 전국의 대지 총면적은 국토의 3%에 불과하다. 더 많은 토지가 대지로 전환되어 공급된다면, 대지의 임대공급이 늘어나고, 임대료가 내려가 결국 공장용지나 택지가격이 내릴 것이다.

주택의 경우 2002년에 전국 주택보급률이 100%를 넘고, 2004년에는 102.2%에 달한 것으로 건교부는 집계하고 있다. 다만 서울의 경우 89.2%(2004)에 달하여 가구수에 비해 부족한 것으로 집계되는데, 이것도 오피스텔, 다가구주택 등을 제대로 포함시키면 100%에 근접할 것으로 보인다. 신규주택은 2001년부터 4년간 224만 호가 건설되어 연평균 56만 호가 건설되었다. 멸실되는 주택수를 공제하고 늘어난 순증가량은 152만 호이다. 이는 가구수 증가를 상회하는 것으로 충분한 공급량으로 보이며, 1980년대 후반과 달리 지난 2002년 이후 전세가격이 전국적으로 하향안정세를 보인 것이 공급이 충분하였음을 반증한다.

주택이나 상가용 건물의 경우, 임대료 움직임을 보면 주택이나 상가에 대한 실수요의 변화를 비교적 정확히 알 수 있다. 투기목적으로 임차하는 사람은 없기 때문이다. 8. 31 대책 발표를 전후하여 서울과 일부 수도권의 중대형 아파트 부족론이 대두하였는데, 필자의 판단으로는 해당지역 중대형 아파트의 매매가 대비 전세가비율이 낮은 점을 고려할 때 잘못된 주장으로 보인다.

아파트의 총수요에 실수요와 투기수요가 있다고 보고, 아파트 매매시장에서 결정되는 가격이 너무 오르니까 가격을 안정시키기 위해 아파트를 더 많이 지어야 한다는 논리는 공급으로 투기수요를 충족하겠다는 발상이며 자산시장에 대한 기초적 이해가 안 된 것이다. 주식가격이 가격에 대하여 우하향하는 수요곡선과 우상향하는 공급곡선에 의해 설명될 수는 없으며, 식 (2)나 (3)으로 설명된다. 마찬가지로 자산으로서의 부동산가격도 식 (2)와 (3)에 의해 설명되는 것이다. 주식과 부동산이 다른 점은 주식은 생산요소도 아니고 자체가 보유자의 효용을 만족시키는 기능이 없어 실수요가 있을 수 없고 100% 투기의 대상이라는 점이다. 반면에 부동산은 실수요가 있으면서 동시에 투기의 대상인 자산이기에 더 치밀한 시장분석이 요구되는 것이다.

투기는 심리요인이나 다른 여러 요인에 의해 수시로 바뀌는 것인데, 임대차시장에서 나타나는 명백한 가격신호(price signal)를 무시하고, 공급확대로 투기수요를 만족시키려는 것은 중단되어야 한다. 그러나 투기세력이 이러한 잘못된 논리를 전파하고 있어서 결국 자원이 낭비되고 경제성장을 떨어뜨리며 종국에는 거품이 파괴되어 투기자도 파멸하는 비극을 맞게 될지 모른다.

6. 부동산철학과 부동산정책

1) 부동산철학

부동산정책을 수립하고 변경함에 있어서는 정책생산자가 나름의 부동산관(觀)을 가지고 있어야 한다. 개인적인 차원에서는 각자 부동산에 대한 철학이 다를 수 있다. 어떤 이는 삶의 터전으로 생각할 것이고, 다른 이는 생산의 현장으로 생각할 것이다. 또 투기자(speculator)는 투기의 대상으로 생각할 것이다.

그러나 부동산정책을 수립하고 결정하는 정부와 국회, 부동산분쟁을 다루는 사법부가 제각각의 부동산관을 가지고 있다면 부동산정책의 일관성이 없어지고, 부동산시장은 혼란에 빠질 것이다. 민주주의 대의정치에서는 국민이 주인이고 행정부, 입법부, 사법부는 모두 국민의 심부름꾼이다. 심부름꾼은 국민 다수가 무엇을 원하는지 헤아려야 한다. 일년에 GDP 규모로 불로소득이 왔다 갔다 하는 문제를 함부로 다루면 안 될 것이다. 투기세력의 유혹, 부패의 늪에 빠져서 주인을 배반하면 안 될 것이다. 시장경제의 명운이 달린 문제이므로 투명하고 정직하게 다루어야 할 것이다.

먼저 헌법을 보자. 제10 조는 "모든 국민은 인간으로서의 존엄과 가치를 가지며, 행복을 추구할 권리를 가진다. 국가는 개인이 가지는 불가침의 기본적 인권을 확인하고 이를 보장할 의무를 진다"고 규정되어 있다. 이것이 단순히 선언적 의미만 가지면 안 되며, 정부는 최선을 다하여 법정신을 구현할 의무가 있는 것이다. 주권자인 국민 한사람 한사람이 인간으로서의 존엄과 가치를 가지고 생활할 최소한의 주거조건을 정하고, 그것을 보장하여 주는 구체적인 정책을 일관되게 정성을 다하여 실천하여야 한다.[38] 공공임대주택의 공급과 세입자의 공정한 선별에 정부는 노력하여야 한다. 1989년 이후 영구임대주택 등 33만 호의 공공임대주택을 지었지만 이는 전체 주택재고 중 2.5%에 불과하여, 네덜란드 35%, 영국 21%는 물론 일본 7%에도 못 미친다. 2003년 이후 국민임대 100만 호 건설 10년 계획을 수립하여 추진해 왔으나 실적이 부진하다.

헌법 23조는 모든 국민의 재산권을 보장하고 있다. "모든 국민

---

38) 미국 파산법의 경우, 법원이 개인(가계)에 대한 파산 결정을 할 때 소유하고 있는 주택은 어느 정도 계속 보유할 수 있도록 채권변제용으로 사용되는 것이 제한된다.

의 재산권은 보장되며, 재산권의 행사는 공공복리에 적합하도록 하여야 한다"고 규정하고 있다. 소위 사유재산권이 보장된 것이다. 토지와 주택을 소유한 사람은 공공복리에 어긋나지 않는 한 자유롭게 사용하고 처분할 수 있다. 그러나 모든 토지와 주택은 크든 작든 공공성을 갖는다. 어떤 곳에 개인이 단독주택을 짓는 경우에도, 그 대지에 건물이 지어지면, 일단 주거 이외의 다른 용도로 사용될 수 없으므로, 위치에 따라, 농업, 공업, 상업 등 생산활동 용도로의 사용을 희생시킨 사회적 기회비용이 있다. 이웃의 생산자, 주민에게 미치는 환경영향도 있다. 그런 외부효과(externality)가 시장에 의해 가격이 형성되어 거래된다면, 국가는 이에 개입할 필요가 없어질 것이다. 그러나 시장경제는 그렇게 완전하지 못하다. 외부효과의 내생화가 어렵다. 여기에 국가개입의 근거가 있는 것이다. 그리하여 건축허가를 받아야 하고, 주택건축기준에 맞게 건설하여야 하는 것이다.

단독주택도 그러할진대, 수만 평, 수십만 평이 소요되는 아파트 건설, 골프장 건설, 수백만 평이 소요되는 공단 건설 등은 훨씬 더 크고 복잡다기한 외부효과가 잠재되어 있다. 공적 기회비용이 사적 기회비용을 현저히 초과하면 국가가 용도제한 등 여러 형태의 규제를 적용할 수 있는 것이다. 어떤 토지에 지목변경이 이루어지면, 새로운 용도로부터의 장래 기대수익이 높아지므로 땅값이 몇 배, 몇십 배 뛸 수 있다. 소위 개발이익이 생기는 것이다. 이 개발이익을 환수할 것인가? 환수한다면 얼마나 환수할 것인가? 1989년 '토지공개념' 관련법으로 도입되었던 제도 중 '택지소유상한제'와 '토지초과이득세제'는 위헌, 또는 헌법 불합치의 헌재 판결로 사라졌다.[39] 개발부담금제는 비수도권은 2001

년, 수도권은 2004년까지 부과하다가 중단되었다. 정부는 관련법을 개정하여 2006년부터 25%의 부과율로 개발부담금제를 재도입할 예정이다. 그러나 과거 연평균 징수실적이 1천억 원 정도여서 연간 수백조 원의 불로소득에 비하여는 너무 작은 규모이다.

부동산 시가총액의 증가는 대부분 불로소득임을 4절에서 논하였다. 또한 소유자에게 자본이득으로 혜택을 주는 이상으로 다수의 생산자와 무주택자, 중산층, 미래세대에게 더 큰 피해를 주는 'negative-sum'의 결과를 가져오는 것도 논하였다. 그러면 이러한 자본이득에 대하여 국가는 어떻게 해야 하는가? 사유재산권 보장의 원칙에 어긋나지 않게 하는 방법은 무엇인가? 도대체 부동산과 관련하여 무엇이 국가가 보호하여야 할 사유재산권인가? 이 문제에 대하여 시장경제의 지속적 발전이란 관점에서 살펴보기로 한다.

첫째, 부동산투기를 통한 소득을 어떻게 해석하느냐 하는 문제이다. 주식매입은 100% 투기이며, 주가를 높여 기업을 돕고 시장경제 발전에 긍정적인 역할을 하므로 매매차익에 대하여 한국은 전혀 과세를 하지 않고 있다. 반면에 부동산투기는 시장경제 발전에 나쁜 작용을 하는 것으로 인식되어 매매차익에 양도소득세를 부과하고 있다. 8. 31 조치는 이 양도소득세를 다주택 소유자에 대하여 세율을 높이고, 실거래가로 과세하는 등 강화하는

---

39) 헌법재판소는 위헌여부를 결정한 것이며, 필자 개인 의견은 투기수요 억제를 위한 경제적 정당성은 있는 제도라고 생각한다. 다만 더 투명하고 대부분 선진국에서 행하고 있는 보편적인 정책수단인 보유세를 정상화하는 것조차 실천하지 않으면서, 타국의 실시사례가 드문 제도를 도입한 정책선택의 합리성에 대하여는 의문이다.

내용을 담고 있다. 투기로 얻은 불로소득에 대하여 과세하는 것은 재산권 보호의 원칙에 어긋나지 않으며, 특히 타인에게 피해를 입히는(의도하지 않은 피해라도) 행위로부터 얻은 수익에 대하여 100% 보호할 필요는 없는 것이다. 투기라 과세하는 것이 아니라 시장경제 발전에 나쁜 투기라 과세하는 것이다.[40]

둘째, 투기목적으로 매입한 뒤에 계속 보유하는 경우에는 어떻게 할 것인가? 실수요자에 대한 보유세와 차별화할 수 있는가? 이론적으로는 차별화하여야 마땅하다. 실제로도 비사업용 토지의 경우 높은 세율을 적용하고 있다. 주택에 대하여는 두 채 이상 보유하고 있어도 그 가격의 합이 고가의 한 채 값에 못 미칠 수 있다. 따라서 2005년부터 종합부동산세를 도입하여 공시가격이 9억 원 이상인 자에 대하여 초과분의 1-3%를 과세하고 있다. 2006년부터는 기준가액을 6억 원으로 낮추자는 안이 국회에 제출되어 있다.

이러한 조치로 부동산투기가 얼마나 줄어들지 예단하기는 힘들다. 결국 투기세력을 포함한 시장참여자들이 판단을 내릴 것이다. 부동산투기로 초과이득을 얻기 힘들다고 판단되는 사람부터 보유부동산을 매물로 내놓을 것이다. 반면에 신규 투기수요는 줄어들 것이다. 실수요자도 매입시점을 늦출 것이다. 대개 자산시장에 대한 새로운 정책의 효과는 발표 즉시 나타난다. 어디에 공

---

40) 헌법 119조 2항은 "국가는 균형 있는 국민경제의 성장 및 안정과 적정한 소득의 분배를 유지하고, … 경제주체 간의 조화를 통한 경제의 민주화를 위하여 경제에 관한 규제와 조정을 할 수 있다"고 규정하고 있다. 부동산투기를 억제하는 것이 이 조항의 헌법정신에 그대로 부합되는 것으로 판단된다.

공시설이 들어서고 사회간접자본이 건설된다면 그런 개발정보는 즉각적인 효과가 있다. 그러나 8. 31 대책의 효과는 아직 크게 나타나지 않고 있다. 국회에서 정부안의 주요 내용을 그대로 통과시킬지 기다리고 있는 측면도 있을 것이고, 정부안대로 다 통과되어도 투기수요에 별 영향이 없으리라고 판단하였을 수도 있다.

셋째, 무주택자나 미래세대가 입는 피해는 역시 재산권의 침해이다. 부동산가격이 오르지 않는 경우에 비하여 상대적으로 재산상 불리한 위치에 떨어지기 때문이다. 이는 시장의 투기행위의 결과로, 또는 정부의 개발행위로 일어나는 것이다. 이렇게 재산권을 넓혀 해석할 필요가 있으며, 그 침해에 대하여 정부는 보상할 의무가 있다고 생각한다.

2) 바람직한 부동산정책

8. 31 발표 및 그 후속대책에는 과거 부동산대책과는 달리 높게 평가할 만한 몇 가지 내용이 포함되어 있다. 첫째, 부동산거래시 실제 거래가격을 거래당사자나 중개업자가 신고하는 것을 의무화하고 이 실거래가를 부동산 등기부에 기재하도록 하겠다는 것이다. 이 계획대로 이루어진다면 부동산시장이 크게 투명해질 것이다. 부끄럽게도 수십 년 간 고도성장을 하고 OECD에 가입하여 선진국이 곧 될 것처럼 허풍을 치면서도 시장경제의 기본인 가격정보가 부동산시장에는 시장참여자에게 공유되지 못하였다. 인터넷 시대에 아파트의 호가정보는 집계되고 있으나 다른 가격정보는 부족하다. 이에 따라 시장참여자들이 불완전한 정보로 거래를 하게 되므로 부동산시장의 효율성은 애초 기대할 수

없는 것이다.

실거래가가 파악되는 대로 정부는 공시지가, 주택의 공시가격 등에 즉각 100% 반영하여야 한다. 그렇게 하지 않으면 신고된 가격의 정확성이 시장에 의해 판별되지 못하고 소수의 공무원에 의해 판정되어 얼마 안 가 있으나 마나한 장식품으로 전락할 우려가 있다. 공시지가와 주택 등의 공시가격이 실거래가를 반영하지 못하면, 시장참여자는 여전히 불완전한 정보로 거래를 하여 시장경제의 비효율성이 잔존하게 된다. 또한 정부 자신이 부정확한 가격통계를 기초로 부실한 정책생산을 하게 되는 악순환에 빠진다.

둘째, 정부는 8. 31 정책에 대한 국민의 지지를 얻기 위함인지, 소유편중에 관한 통계 등을 발표하였고 앞으로도 정기적으로 공개할 것임을 약속하였다. 이런 약속을 그대로 믿기에는 아직 정부의 정보공개에 대한 태도가 평균적으로는 너무 소극적인 것으로 판단된다. 부동산 소유가 편중된 상태에서 건전한 시장경제 발전을 기대할 수는 없다. 소수에게 막대한 불로소득이 돌아가고 다수는 피해를 보는 사회에서 갈등은 첨예화하고 산업평화는 기약하기 어려우며, 따라서 국제경쟁에서 이길 수 없다. 정보를 최대한 공개하여 주권자인 국민이 제대로 판단하도록 함으로써, 스스로의 이익을 위해 투기를 삼가는 사람이 많아져야 한국에서 생산에 기반을 둔 시장경제는 발전할 것이다.

셋째, 앞으로 재건축 아파트에 대한 입주권을 주택으로 간주하기로 한 것이다. 이 조치는 재건축 아파트에 대한 투기를 크게 줄일 것으로 기대된다. 넷째, 공공택지 내에서 주택공사 등 공공기관이 주택을 건설하여 분양하거나 임대하는 공영개발 방식을 확대하기로 한 것도 진일보한 것이다. 공공택지에서 발생하는 개발이익에 대하여 적절히 자동 환수하는 효과가 기대된다.

이런 긍정적인 정책내용이 다수 포함되었음에도 불구하고, 부동산 거품을 제거하는 데에는 부족할 것으로 보인다. 그 동안 거품을 생성시키고 확대시킨 세력의 논리와 이해관계가 곳곳에 배어 있는 것으로 판단된다. 무릇 정책에는 목표가 있고, 그 목표를 달성하기 위한 수단이 있는 것이다. 8. 31의 경우 정책목표부터 불분명하다. '서민주거 안정과 부동산투기 억제를 위한 부동산제도 개혁방안'이라는 제목으로 미루어볼 때, 서민주거 안정과 부동산투기 억제가 정책목표인 것으로 추정될 뿐이다. 온 사회가 부동산문제에 관심을 갖게 된 이유는 부동산가격이 폭등하였는데 그 거품을 어떻게 해소하느냐에 있었을 것이다.

그러나 8. 31 발표는 "부동산가격의 거품형성을 방지한다"는 표현을 사용함으로써, 기존에 형성된 거품은 없다는 식의 해석이 가능하다. 또한 "경제 활성화에 큰 차질이 없도록 하겠다"고 명시함으로써 단기적 관점에서의 성장률에 여전히 집착하고 있음을 보여주었다. 이 정도면 정부의 의도는 전문 투기꾼에게 명약관화하게 읽힐 수 있다. 앞으로 부동산투기를 억제해 가겠지만 이미 형성된 부동산가격은 거품이 별로 없는 것 같고, 경기 활성화도 해야 하니까 가격을 크게 내리게 할 대책은 내놓지 않았다고 해석할 수 있는 것이다.

재경부는 이미 7월 보도자료를 통해 "우리나라는 일본과는 달리 강남 등 일부지역의 주택가격 등을 제외하고는 자산버블 가능성은 크지 않은 것"으로 평가한 바 있다. 대통령이 임기 초부터 30차례 정도 부동산문제를 경고하고 종합대책을 마련하라고 지시했는데, 그러한 대통령의 부동산 인식이 과장되었거나 잘못되었다고 주무부서가 해석하였단 말인가? 재경부의 이런 발표는 8. 31 정책의 약한 내용을 사전에 가늠하게 만들었다고 볼 수 있다.

이 글에서는 4절에서 거품의 정도가 1990년 일본보다 더 클 수 있음을 추산한 바 있다. 참여정부가 진정 역사적인 소명의식을 가지고 시장경제의 지속적 발전에 최대 걸림돌인 부동산문제를 해결하려 했다면, 첫째, 엉터리 공시지가와 기준시가 등을 정비하고, 그에 기초하여 우리나라 부동산가격 총계가 얼마나 되는지 추정하고, 거품이 얼마나 존재하는지 계산하고, 그 거품을 제거하는 방법을 정책으로 제시하여야 한다. 거품은 정부가 가만히 있어도 언젠가 깨지게 되어 있으며, 대응이 늦으면 늦을수록 국민경제의 폐해는 눈덩이처럼 늘어나고, 서민생활은 도탄에 빠지며, 서민뿐만 아니라 부동산 부자까지도 종국에는 피해자가 된다는 인식이 있었기에 대통령까지 나선 일이 아니던가?

둘째, 투기수요에 기초한 공급확대정책을 버려야 한다. 8. 31은 근거가 박약한 중대형 아파트 부족론, 강남대체 공급필요론에 밀려 송파 등지에 신도시를 건설한다는 등 수순이 틀린 정책을 내놓았다. 개발이익 환수장치가 일부 강화되었지만 여전히 투기수요를 잠재우기에는 부족한 상태에서 공급계획만 남발하면 어떻게 되겠는가? 판교로 수십조 원의 불로소득을 창출하고도 교훈을 별로 못 얻은 것 같다. 앞에서 살펴보았듯이 투기수요까지 충족할 공급대책은 어느 나라에도 없다. 다주택 소유가구가 보유한 기존주택이 시장에 매물로 10만 채 이상 나온다면 적어도 아파트가격에는 거품이 곧장 없어질 것이다. 신도시를 여러 곳에 건설하여 수십만 채를 건설하는 것보다 훨씬 신속하고 효과적인 가격안정책이 될 수 있다.

셋째, 개발이익, 불로소득을 더 철저히 환수하여야 한다. 이를 위해 우선 할 일은 보유세를 강화하는 것이다. 정부의 보유세 강화안대로 모두 국회에서 통과되더라도, 2009년까지 종합부동산세 등의 보유세 세수증가액이 3.1조 원에 불과하며, 보유세 실효세율(effective tax rate)은 여전히 0.10%에 그쳐 선진국 보유세에 비해 10분의 1에 불과하다.[41] 앞으로 부동산가격이 명목 GDP 성장률(평균 연 6%) 정도로 상승한다면, 보유세 0.10%로는 부동산을 통한 자본이득의 2%밖에 환수하지 못하는 것이며, 이렇게 되면 아무리 양도소득세를 강화하여도 부동산투기를 막을 수 없다. 양도소득세는 거래를 동결하는 부작용이 있기 때문에 주의하여야 한다. 어떻게 선진국 10분의 1 수준의 보유세를 가지고 투기를 막겠다는 것인지 이해할 수 없다. 그러자니 무리한 행정규제가 따르는데 이는 행정만능주의인지는 몰라도 분명 시장친화적인 접근방법은 못 된다.

넷째, 아파트를 후분양제로 전환하여야 한다. 선분양은 주식선물(stock future)처럼, 미래의 아파트를 계약금만 미리 받고 파는 것이며, 5-10%의 돈으로 차익을 얻을 수 있는 기회를 제공하므

---

41) 재경부, 「종부세·보유세 향후 세수 관련 자료」, 국회 재정경제위원회 심상정 위원 앞 제출자료, 2005. 10. 정부의 2009년 보유세 예상치 6.6조 원(종합부동산세 1.8조 원, 주택분 재산세 3.8조 원, 토지 및 건물 1.0조 원)을 앞 절의 부동산 시가총액 5,865조 원으로 나누면 0.10%이다. 이는 2009년까지 부동산가격이 현재 수준에서 불변이라고 가정한 것이다. 한편 2005년의 보유세 총액은 3.5조 원으로 정부가 제시하고 있으며, 그에 따른 실효세율은 0.06%에 불과하다.

로, 선분양제도 자체가 투기에 기초한 공급방법인 것이다. 선진국 어디에서 이런 제도가 이토록 오래 지속되고 있는지 모를 일이며, 가벼운 보유세와 선분양은 앞으로도 투기자 천국을 약속하는 보증장치이다. 후분양제로 전환하고, 토지공사 등 공기업이 개발한 택지 위에 건설되는 아파트는 주택공사 등 공기업이 건설하도록 하는 공영개발도 확대되어야 한다. 평당 수십만 원 하던 땅이 택지로 개발되고 그 위에 아파트가 건설되면서 수천억 원씩의 불로소득이 창출되고, 그것이 수의계약이나 추첨제로 선정된 건설회사들과 역시 추첨으로 선정된 분양권 당첨자에게 돌아가고, 이어서 그런 투기이득이 다른 아파트 건설사업에 재투입되어 제 2의 투기이득이 창출되는 투기의 악순환이 반복되어 왔다. 이것을 깨야 한다. 국가가 헌법 23조 3항에 의해 수용한 땅 위에 아파트를 건설하면서, 개발이익은 당연히 국가에 귀속되어야 하며, 그렇게 축적된 자금은 ① 토지공사가 다른 택지를 개발하는 데 투입하여 공급을 촉진하고, ② 주택공사 등이 임대주택을 건설하여 빈민과 서민도 최소한의 인간다운 생활(헌법 10조)을 할 수 있도록 돕는 데 활용하자는 것이다.

7. 맺는 말

이 글에서는 한국의 부동산문제가 일본의 거품붕괴 직전보다 더 심각할 수 있음을 부동산 시가총액의 대(對) GDP 배수를 비교하여 논하였다. 이러한 상태가 지속됨으로써 시장경제에 여러 가지 심대한 부정적 영향이 미치고 있음을 지적하였고, 시장경제의 지속적인 발전을 위해 더욱 근본적인 대책이 필요함을 강조하였다. 8. 31 대책은 여러 가지 긍정적인 정책내용을 포함하고 있으나, 보유세의 실효세율이 낮은 수준에서 유지되고 투기에 기초한 공급방식이 유지되어 기본적인 패러다임의 변화로 평가될 수는 없음을 논하였다.

러트웍(Edward Luttwak)은 자신의 저서 『터보 자본주의(*Turbo Capitalism*)』에서 미국의 예를 들며 미국 경제발전의 원동력을 주로 자유로운 기업활동에서 찾는 사람이 많으나 이는 필수조건에 불과하고 다른 부대조건이 충족되어야 함을 지적하였다. 그것은 ① 법치, ② 근검절약, ③ 자기책임 그리고, ④ 부의 축적을 도덕적 성취로 인식할 수 있는 청부주의(淸富主義, Calvinism)이다.

투기로 인해 지나치게 높아진 부동산가격은 기업의 생산활동을 직접적으로 저해한다. 또한, 건설과 부동산관련 비리, 공시지가, 투기조사에 관련된 부패, 최저가 낙찰제 회피에 따른 부패 등 법치를 흔든다. 투기가 만연하고 막대한 불로소득이 생기는데 근검절약이 미덕으로 인식될 수 없다. 분식회계가 횡행하고, 막대한 로비자금으로 정책결정과 집행과정이 오염된다. 누가 잘하고 잘못했는지 가리기 힘들고 자기책임의 원칙은 실종된다. 투기로 돈번 사람이 청부(淸富)로 존경받을 수 없음은 물론이다. 부동산 투기 거품이 꺼지면 일본식으로 장기불황을 겪게 된다. 외환위기보다 더 혹독한 고통이 길게 지속될 수 있다. 한국 자본주의의 엔진(Turbo)이 꺼질지 모른다. 부동산을 바로 보고, 투기요인을 뿌리째 제거하고, 최소한 선진국 다수가 시행하고 있는 정책은 우리도 써야 하는 것 아니겠는가?

"시장경제 발전과 부동산정책"에 대한 논평

| 김 남 두 | 서울대 철학과 |

필자의 논문 목차를 보면 그의 글이 반드시 긴 것만은 아니라는 생각이 든다. 제대로 된 논의를 위해서는 책 한 권이 필요할 수도 있을 방대한 내용의 목차이다. 경제학자의 발제인 만큼 논문의 비교적 긴 내용은 부동산경제 개론과 부동산정책의 바른 방향에 관한 논의가 대부분을 차지한다. 6절에 '부동산철학'이라는 내용을 마련하고 있으나 논의될 만한 철학적 문제제기가 이루어진 것은 아니다. 그런 만큼, 필자의 글에서 철학적인 논의거리를 찾아 문제를 제기하는 일이 논평자의 임무일 터인데, 용이한 일은 아닌 것 같다. 부동산정책의 문제란 부동산 사유권리의 정당화 문제가 이미 어느 수준 합의되고 헌법질서로 확립된 상태에서 사회적 부의 총량이나 사회정의의 요구를 어떤 방식으로

효율적으로 증대시키거나 달성하느냐의 문제, 즉 정책수단의 문제일 것이기 때문이다.

철학이 문제 삼는 것은 대체로 각 분야 학문들 혹은 주장들의 원칙에 관련된 규범적 문제들과 체계의 내적인 정합성에 관해서이다. 철학적으로 재산권 문제의 핵심은 권리로서 재산권을 어떻게 정당화할 것이냐의 문제, 그리고 특정 재산권 제도, 재산권에 관한 제반 법적 규정이나 정책이 이런 정당화의 기준을 충족시키고 있느냐의 문제로 정리될 수 있을 것이다.

필자의 글은 앞서 말한 대로 대체로 정책적 문제 그것도 경제정책의 관점에서 부동산문제에 어떻게 대처할 것인가의 물음에 초점을 맞추고 있다. 이런 경제정책의 관점에 대한 토론은 다음 논평자에게 맡기고 이 논평에서는 좀더 기초적인 관점에서 필자의 논문에 관해 한두 가지 연관된 문제를 제기해 보고자 한다.

먼저 토지재산권에 관해 필자는 다음과 같이 말하고 있다.

"헌법 23조는 모든 국민의 재산권을 보장하고 있다. "모든 국민의 재산권은 보장되며, 재산권의 행사는 공공복리에 적합하도록 하여야 한다"고 규정하고 있다. 소위 사유재산권이 보장된 것이다. 토지와 주택을 소유한 사람은 공공복리에 어긋나지 않는 한 자유롭게 사용하고 처분할 수 있다. 그러나 모든 토지와 주택은 크든 작든 공공성을 갖는다. 어떤 곳에 개인이 단독주택을 짓는 경우에도, 그 대지에 건물이 지어지면, 일단 주거 이외의 다른 용도로 사용될 수 없으므로, 위치에 따라, 농업, 공업, 상업 등 생산활동 용도로의 사용을 희생시킨 사회적 기회비용이 있다. 이웃의 생산자, 주민에게 미치는 환경영향도 있다. 그런 외부효과

(externality)가 시장에 의해 가격이 형성되어 거래된다면, 국가는 이에 개입할 필요가 없어질 것이다. 그러나 시장경제는 그렇게 완전하지 못하다. 외부효과의 내생화가 어렵다. 여기에 국가개입의 근거가 있는 것이다. 그리하여 건축허가를 받아야 하고, 주택 건축기준에 맞게 건설하여야 하는 것이다."

인용문에서 필자는 토지나 주택의 경우 재산권의 행사에서 시장이 아닌 국가의 개입이 허용되는 이유로 외부효과의 내생화가 어려움을 들고 있다. 외부효과의 내생화가 용이하다면 즉 토지의 경우에도 시장이 제대로 작동한다면 시장 이외의 다른 기제가 필요하지 않다는 입장을 취하는 것으로 생각된다. 필자는 토지의 공공성 자체를 외부효과의 발생이라는 사태에서 이끌어내고 있으며, 공공복리의 증진이라는 측면도 시장기제의 완전성이 확보된다면 시장경제라는 개념을 통해 설명할 수 있다는 입장으로 보인다. 국가의 개입이 이같이 시장의 불완전성에 의해 설명되므로 국가 개입 시 국가가 해야 할 일도 시장의 불완전성을 보완하는 수준에 머무르는 것이 바람직하다는 것이 필자의 입장이 되지 않을까 생각된다.

이런 입장에 대해 밀(J. S. Mill)의 다음 입장이 대비될 수 있다.

"모든 사람에게 자신의 노동에 의해 생산되고 자신의 절제에 의해 축적되었던 것을 보장해 주는 재산권의 핵심적 원리는 노동에 의해 생산되지 않은 대지라는 원료에는 적용될 수 없다. 만일 토지가 그것의 생산력을 전적으로 근면이 아니라 자연에 힘입고 있다면, 혹은 각각의 원천으로부터 나온 것을 구별할 어떤 수단이 있다면, 자연의 선물을 개인들이 독점하도록 하는 것은 필요하지 않을 뿐 아니라 더 없는 부정의가 될 것이다. 농업에서의 토지의 사용은 물론 당분간 어쩔 수 없이 독점적이어야 한다. 땅을 일구고 씨를 뿌렸던 동일한 사람이 수확하도록 해야 한다. 그러나 토지는 고대 독일에서처럼 한 계절 동안만 점유하거나, 인구가 증가함에 따라 정기적으로 재분할되어야 할 것이다. 혹은 국가가 보편적 지주가 되고, 경작자들은 차용계약이나 의지에 따라 그 아래서 차용할 수 있을 것이다."(*Principles of Political Economy*, 제2권, 2장 5절)

여기서 밀은 토지재산의 특별한 성격을 제시하며 다른 재산과의 차이를 말하고 있다. 그는 우선 로크의 전통을 이어 노동이 재산권을 정당화하는 토대가 됨을 분명히 하고 있으며 이런 정당화 논의에서 토지가 가지는 예외적 성격을 이야기하고 있다. 노동이 소유의 충분한 근거가 되는 여타 재산들과 달리 토지의 경우 자연에 의해 이미 주어져 있는 것인 만큼 노동의 결과로 비로소 생겨나게 된 다른 재화의 경우와 동일하게 소유권이 주장될 수 없다는 것이다. 그는 토지의 경우 소유권 자체의 현격한 제한이 가능하며, 처분권은 거의 국가에 귀속되고 개인에게 허용되는 것은 사용권이나 제한된 용익권 정도로 생각하고 있는 것으로 보인다. 이러한 제한은 토지가 원천적으로 개인의 노력의 산출물이 아니라는 사실에 근거하고 있으며 따라서 독점적 전유가 허용될 수 없다는 주장도 이에 근거해 있다.

필자의 입장은 토지의 전유적 소유를 허용하는 우리 헌법 질서의 범위 내에서 논의하고 있는 만큼 논의의 출발점이 밀과 다르다고 할 수 있다. 그러나 특정 법규범도 그것을 정당화하는 논리에 근거해 있고 이에 따라 하위법의 부수되는 규정들의 입법과 해석이 영향을 받게 된다. 우선 토지재산의 특별성을 주장하는 밀의 입장에 대한 필자의 견해는 어떠한지를 질문하고 싶다. 토지소유권의 행사 제한에 대한 밀의 입장에 동의하지 않는다 하더라도 외부효과가 가격체제로 내생화되기 어렵다는 점만을 토지재산의 특징으로 삼아 토지법 규범을 제정하거나 운용하는 것은 토지의 재산으로서의 특성을 충분히 고려하지 못할 수 있다는 주장이 가능할 것이다.

필자의 글은 논문의 제목이 보여주는 대로 '시장경제의 발전'이라는 관점에서 한국 부동산가격의 문제점을 지적하고 이의 시정을 위한 부동산정책 방향이 어떤 것이어야 하는지를 경제적 측면에서 다루고 있다. 경제학자로서 부동산문제를 경제적인 측면에서 접근하고 이에 대해 경제적인 측면에서 처방을 내리는 것은 문제가 없다. 이 경우 그는 시장경제의 원칙을 자신의 신조로서 혹은 일반적으로 받아들여지고 있는 신조로서 전제하고 논의를 진행할 수 있다. 그러나 많은 사회현상에서 경제적 측면이 중요하고 오늘날 이런 경향이 심화되어 가고 있음에도 불구하고, 사회현상의 많은 부분이 경제적 측면에서만 접근해서는 문제의 파악이나 해결이 어려운 경우가 많은 것 또한 부인할 수 없다. 이 경우 시장경제의 발전이라는 필자 입장의 중심이 되는 전제가 어느 범위까지 원칙의 역할을 할 수 있으며 해야 하느냐 하는 문제가 제기될 수 있다.

논문 중 역재분배의 문제점을 지적하면서 필자는 부동산투기로 야기되는 역재분배가 "경제정의에 어긋난다"고 말하고 있다.

이어서 부동산투기가 “경제 전체로 득보다 실이 많은 negative-sum game”이라고 말하고 있다. 우리의 논의를 이 지점에서 시작해 보자. 토지투기의 경우 경제정의에도 어긋나고 ‘negative-sum game’으로서 경제적으로도 이롭지 못하다는 점에서 두 측면에서 모두 부정적인 판정을 내리는 데 별 문제가 없다. 그러나 경제정의에 어긋난다는 것과 경제적으로 손실을 가져온다는 것은 동일한 내용은 아니며, 서로 다른 기준에 따라 판단된다. 경제정의는 이 경우 정의가 적용되는 영역이 경제분야라는 정도의 의미로 이해 가능하므로 ‘경제’라는 말을 떼어버리고 정의라는 말만으로 사용되어도 무방하리라 생각된다.

정의와 시장경제라는 상이한 두 원리가 갈등을 일으키지 않는 경우는 문제될 것이 없겠으나, 두 원칙이 갈등하는 경우는 어떻게 될까? 이 경우 어떤 것이 상위의 원칙이 되며 그 이유는 무엇일까? 두 원칙이 갈등하는 경우를 생각하는 것이 크게 어려운 일은 아니다. 필자가 예로 든 ‘미래세대’라는 키워드를 다시 논의의 핵심으로 끌어들여 보자. 예컨대 미래세대의 희소 자연자원 사용 가능성의 측면에서 본다면 현대 자본주의 경제는 틀림없이 미래세대의 사용가능성을 현격히 제한하는 방식으로 자원을 사용하고 있다는 판단이 가능하다. 지난 1-2세기 간의 기업의 활동이 시장경제 발전이라는 기준에서 긍정할 만하다 하더라도 미래세대의 권리확보라는 입장에서 정의롭다고 할 수 있을지는 대단히 의심스럽다.

시장경제의 발전 여부를 재산권 제도나 정책의 상위원칙으로 설정하고 논의하는 경우 정의나 기타 우리의 헌법이 규정하고 있는 여러 가치들과 갈등하는 경우가 발생하며, 시장체제의 세계화와 더불어 이런 경우가 빈발하고 있다. 예컨대 정의원칙과 시장경제의 발전이라는 원칙 사이에 갈등이 있을 때 어떤 원칙이 priority를 가지며 그 근거는 무엇일까라는 물음은 제대로 대답하기 위해 롤즈의 정의론과 같은 두께의 논의가 필요할지 모르겠다. 문제를 단순화하여 토지재산권 문제에 관하여 시장의 순기능 여부가 유일한 1차적 기준이 된다고 보았는데, 경제학적 논의를 넘어서도 이 주장이 성립 가능하다고 생각할 수 있을지 혹은 다른 의미 있는 기준이 이야기될 수 있는 것인지에 관해 필자의 일반적인 의견이 어떤 것인지 알고 싶다. 외부효과의 내생화가 정의문제도 가장 잘 해결해 주리라는 것이 대답으로 돌아올 수 있을 터인데, 시장원칙이 제1 원칙으로 작동할 수 있는 범위는 어디까지인지 대답을 덧붙여준다면 좋겠다.

“시장경제 발전과 부동산정책”에 대한 논평

| 박 헌 주 | 주택도시연구원 |

먼저 시장경제의 지속적 발전을 위해 부동산부문이 건전하게 육성, 발전되어야 한다는 필자의 의견에 전적으로 동의한다. 이와 같은 관점에서 부동산문제의 심각성과 시장경제에 대한 부정적 파급효과, 개선방향을 모색한 이 논문은 부동산문제 해소를 위해 시의적절한 연구라고 생각된다. 높은 부동산가격이 시장경제에 끼치는 부정적 효과는 재론의 여지가 없을 정도로 심각하기 때문에, 시장경제의 건전한 발전을 위해 반드시 고쳐야 할 과제이다.

필자의 논문은 임대료 결정, 매매가 결정, 투기수요 분석에 관한 이론적 틀을 기초로 부동산문제를 분석하고 있다. 또한 부동산가격이 시장경제에 끼치는 효과를 관련이론을 기초로 분석하였고, 부동산가격 상승의 원인도 모델을 통해 논리적으로 접근하였다. 이러한 과학적 접근방법은 기존 관련연구와 차별화된 연구결과를 도출하였고, 연구내용의 신뢰성을 높이고 있다.

경험적, 이론적으로 부동산가격은 시장 내적 요인인 부동산의 수급과 외적 요인인 거시경제변수에 의해 변동된다. 부동산의 수급 불일치에 의한 가격변동은 중장기적으로 나타나며, 압축성장 과정에서는 항상 잠재적 요인으로 작용한다. 따라서, 부동산가격의 불안은 거시경제적 요인, 특히 금리와 경제성장률에 의해 나타나는 시장현상이다. 실질경제성장률이 10% 안팎 이상일 경우 6개월에서 1년 후에 부동산가격이 크게 오르게 되고, 또한 금리가 부동산시장에 끼치는 효과는 이론적, 경험적으로 이미 증명된 사실이다.

부동산이론은 주문생산에 의한 공급이 아닌 경우, 예를 들어 주택의 선분양과 같은 형태의 거래는 모두 투기행위로 간주한다. 특히 우리나라의 경우 부동산시장의 만성적 초과수요 — 투기적 행위에 의한 수요를 포함 — 로 인해 부동산거래는 대부분 투기적 거래이다. 이 때문에 부동산의 거래는 본원적으로 가치의 상승을 기대하면서 이루어지고, 사용자 비용(user costs)을 반영한 사용가치를 도외시한다. 대표적으로 주택의 사용가치 측면에서 주택가격과 전세가를 대비하면, 전세가가 매매가보다 높아야 정상이다. 그러나 시장에서 형성되는 전세가는 거래가를 크게 밑돌고, 특히 주택가격 상승 기대가 클 때는 거래가 대비 전세비율이 낮아진다.

따라서 투기억제를 통한 시장 건전화는 사용자 비용의 관점에서 소유와 이용의 수익(비용)이 일치되도록 조세, 금리 등 정책수단의 활용이 중요하다. 이러한 정책수단이 제대로 작동되기 위해서는 거래가의 투명화 등 시장 투명화 및 정확한 정보의 용이한 접근이 선결요건이다. 현재 감정평가를 기초로 정하는 공시지가, 공시주택가는 8. 31 부동산대책에서 제시한 실거래가 파악과 병행하여 실거래가를 기준으로 전환하는 체제를 구축해야 할 것이다.

소유의 편중과 부동산투기 또는 사회적 갈등은 구분해서 접근하는 것이 바람직할 것이다. 부동산가격의 앙등은 필연적으로 소유의 편중을 유발하고, 이는 계층 간 갈등을 촉진하는 것은 사실이다. 그러나 이는 시장에서 발생하는 자연적 현상이므로, 소유라고 하는 결과의 시정도 중요하지만 소유에 따른 비용-편익의 균형이 이루어지도록 조세 등의 정책이 정비되어야 한다. 미국 등 시장경제가 앞선 나라들의 토지소유 편중도는 우리나라보다 높지만, 소유 자체가 사회문제로 확대되지는 않는다.

또한 주택소유 분포(표 8)에서 6주택 이상은 투기적 보유와 임대주택법에 의한 임대주택사업자의 보유는 구분이 필요하다. 임대사업자로 등록하여 임대업을 영위하는 경우는 무주택자의 주거안정을 위해 정책적으로 지원하고 있으므로 투자적 보유라 할 것이다.

부동산가격의 거품에 대한 논쟁은 다양한 시각에서 논의할 수 있으므로 거품 존재 여부보다 왜 거품이 발생하는지에 대한 논의가 중요할 것이다. 논문 중 부동산가격 상승의 원인은 논리적으로 잘 정리되어 있지만, 부동산의 특성(대표적으로 비이동성, 비동질성, 내구성 등)에서 비롯된 가격형성 구조에 대한 분석이 미흡하다고 생각된다.

특정지역, 특정유형의 부동산에 대한 수요는 부동산의 특성에서 비롯된 현상이며, 이러한 부동산에 대한 공급부족은 결국 경제적 요인과 결합하여 거품으로 진화된다. 따라서 현재 논의되는 거품도 전국적 현상이라기보다는 국지적이고, 아파트를 중심으로 발생된 것이다. 특히 정부의 용적률 완화로 인한 개발이익을 주택소유자에게 제공하는 재건축에서 발생하는 가격상승은 정부실패의 전형(典型)이라고 볼 수 있다.

따라서 부동산정책의 방향에 대해서는 필자와 전적으로 의견이 같지만, 공급확대정책은 투기가 왜 발생하는지에 대한 분석을 통해 접근하는 것이 바람직하다는 것이 논평자의 견해이다. 투기수요에 기초한 공급확대는 시정되어야 하나, 국민소득 증가에 따른 주거수준 향상 욕구를 충족시키는 차원의 공급정책은 추진하는 것이 필요하다.

지식정보사회의 재산권, 화두는 다원화

| 최 배 근 | 건국대 경제학과 |

1. 사유재산권의 정당성

1) 자유주의 원리와 사유재산권의 성격

오늘날 우리는 사유재산권에 대해 소위 '개념의 인플레이션' 속에 살고 있다. 사유재산권은 역사특수적인 하나의 제도임에도 불구하고 신성불가침의 대상이 된 지 오래되었다. 그러나 모든 제도가 그렇듯이 사유재산권 역시 일정한 틀 속에서 자신의 정당성을 확보한다. 많은 사람들이 사용하는 사유재산권의 개념은 영미 자유주의에 그 배경을 갖고 있다. 자연적 권리를 전제로 하는 자유주의의 특성은 주체와 객체를 엄격히 구분하고 있기 때문에 자유주의에서 권리라는 관념에는 필연적으로 '배타성'을 내포하게 된다. 영미의 자유주의 자체가 인간은 그 어떠한 권력으로부터 침해받지 아니하는 천부적 권리를 가지고 있으며, 그때그때의 선호에 따라 자신의 독자적인 선택에 따라 이 권리를 행사함에 있어 누구의 간섭이나 제한을 받지 아니한다는 명제에 기초하고 있기 때문이다.

로크(Locke)나 몽테스키외(Montesquieu)나 아담 스미스(Adam Smith) 등이 제기하였던 자유주의 논의들은 경제적으로는 시장질서를, 그리고 정치적으로는 대의제와 최소한의 국가라는 관념을 바탕으로 구성된다. 여기서 국가는 단지 개개인의 목적 실현을 위한 도구로 축소되며 그 국민들을 대함에 있어 국가는 개인들이 자신의 개성을 도야하고 발전시키며 한정시키는 영역으로서의 비국가영역에 대한 긍정적 관념에 대비되는 개념으로서의 일종의 필요악으로서 제시된다. 그리고 소유권을 절대적인 권리로 간주하면서 이러한 소유권의 보호자 또는 그 침해에 대한 처벌을 대행하는 기관으로 국가를 개념화하고 그로부터 국가의 역할, 즉 개인의 권리보호를 규정한다. 실제 재산이 하나의 권리로서 등장하게 되는 것은 자연법론 이래 인간의 사물에 대한 지배라는 '인간-대상'의 관계에 대한 새로운 개념화로부터 등장한다. 로크의 경우처럼 인간의 신체에 대한 절대적 권리가 그 신체적 활동의 결과로서 획득되는 물건에 대한 지배로 유추, 확장되는 논리가 그를 대표한다. 이처럼 자유주의적 재산권 개념에 의하면 인간이 그의 외부에 있는 어떠한 것에 대한 절대적 지배를 행사하는 것이 바로 재산권으로 규정되는 것이다. 이러한 개념화로부터 재산을 매개로 한 인간의 인간에 대한 지배가 가능해진다. 인간을 모든 관계망으로부터 유리시키고 이렇게 원자화된 인간을 어떠한 재화나 용역에까지 확장시킴으로써 재산권이라는 하나의 지위는 헌법적 기본권의 영역으로까지 고양된다. 즉 재산이 가지는 '생활재'로서의 성격이 완전히 무시되고 탈각(脫殼)되어 버리는 것이다. 나아가 생활과정 속에서 필연적으로 타자와 공유하고 있는 부분까지도 하나의 경계지음을 통하여 단일한 주체에 그 생활관계의 지배력을 구속시키게 된다.

이러한 구조는 시장관계에 의해 더욱 확장된다. 생산과 교환의 과정에서 투입되는 인간적 요소는 아무런 고려의 대상이 되지 못한다. 오로지 재산권과 재산권의 관계로 형성되는 형식적이고 추상적인 계약의 관계에 의하여 생산과 교환과정이 규정되고 또 규율될 따름이다. 이처럼 시장은 재산권이 가지는 탈인격성을 재강화한다. 즉 사적 자치와 '소유권 절대'의 원리가 그대로 시장의 작동원리로 전이되는 것이다. 시장은 재산권을 그 소유주체로부터 분리시켜 '보이지 않는 손'에 의해 익명화시킨다. 교환의 익명성에 기초하는 시장이 경제관계에 편입되는 인간의 인간성을 배제시킨 것이다. 이와 같이 인간의 불가침적 지위를 재산에도 유추, 적용하는 (영미) 시장질서의 재산권 개념에는 재산이 인간으로부터 '분리'되어 그 자체가 독립적 인격으로 작용한다. 즉 (영미) 시장질서에서의 재산권은 타자를 배제하고 오로지 단일한 개인만의 배타적인 지배의 권리를 인정함으로써 재산을 매개로 한 인간의 인간에 대한 지배를 가능하게 한다.

2) 시장경제와 사유재산권의 관계

이처럼 사유재산권은 (영미) 시장질서와 불가분의 관계를 맺고 있다. 그런데 많은 사람들은 시장경제의 내용과 사유재산권의 관계를 부정확하게 이해하고 있다. 사유재산권의 성격과 의미는 양자의 관계 속에서 명확해진다. 첫째, 시장은 시장에 참여하는 거래주체와 거래대상인 상품으로 구성한다. 즉 시장에 참여하는 거래주체는 소비자와 생산자로 구분되고, 이들이 거래하는 상품은 경합성과 배제성을 갖고 있어야 한다.1) 배제성이 없는 상품은 시장에서 거래될 수 없고, 경합성이 없는 상품의 경우에 시장은 실패하기 때문이다.2)

둘째, 시장경제의 내용은 3대 기본성질, 즉 희소성, 합리성, 효율성으로 이루어진다. 즉 경제학에서는, 사람들의 욕망을 충족시켜 줄 경제적 자원은 한정되어 있는 것을 경제문제의 핵심으로 설정한다. 이것이 '희소성의 제약'이다. 두 번째 문제로, 희소한 자원의 제약으로부터 욕망을 최대한으로 충족시킬 수 있기 위해서 어떤 일을 해야 하고, 또 수입을 어떻게 써야 할지를 결정해야 하는 '선택'의 문제에 직면한다. 시장경제가 '효율성'을 제 1의 목표로 추구하고, 그것을 '가지고 있는 희소자원으로부터 한 사회가 최대의 효과를 얻고자 하는 속성'으로 정의하는 연유도 여기에 있다. 여기서 '선택'의 문제를 시장경제에서는 '개인적 차원의 문제'로 접근하고 선택의 문제에 직면한 각 개인은, 비용과 이익에 입각해서 선택을 하고 자신의 이익이 극대화되는 선택을 '합리적 선택'(합리성)이라 한다. 즉 경제학에서 시장에 참여하는

---

1) 경합성은 한 사람이 재화를 소비하면 다른 사람의 소비가 제한받는 속성이고, 배제성은 사람들이 재화를 소비하는 것을 막을 수 있는 가능성을 의미한다.

2) 시장이 자유롭게 기능하는데도 자원배분이 효율적이지 않은 상태를 '시장실패'라 말한다.

경제주체는 소비자와 생산자로 구분되고 전자는 제한된 소득의 제약에서 효용극대화를, 후자는 제한된 자본의 제약에서 이윤극대화를 추구하고 이런 목표가 달성될 때 소비자와 생산자는 합리적 선택을 한 것이다.

문제는 이처럼 경제학에서 시장에 참여하는 각 경제주체의 선택이 개인적 차원의 문제인 반면, 효율성의 달성은 사회적 차원의 문제라는 점이다. 양자 간에 충돌이 발생하지 않기 위해서는 각 경제주체가 자신의 이익 극대화를 추구하는 합리적 선택이 다른 경제주체의 합리적 선택에 영향을 미치지 않는 '독립적' 최적화(optimization)가 가능해야 한다. 그래야만 개별 경제주체의 사적 이익의 극대화 추구의 결과 사회적 이익 또한 극대화될 수 있기 때문이다. 이는 경제학이 '부분의 합이 전체'라는 기계론에 기초하고 있음을 의미한다. 경제학과 시장경제에서는 독립적 최적화가 '경쟁'의 원리에 의해 가능하다고 본다. 경쟁의 원리가 작동할 경우 사적 이익의 극대화는 사회 전체적으로도 가장 바람직한 결과가 된다는 것이다. 예를 들어, 경제학의 아버지로 불리는 아담 스미스는 1776년에 저술한 『국부론(*An Inquiry into the Nature and Causes of the Wealth of Nations*)』에서 모든 개별 경제주체가 자신의 이익만을 위해서 행동해도 '보이지 않는 손'(가격)이 사회 전체의 이익으로 인도한다고 기술하고 있다.

> "각 개인은 … 공공의 이익을 증진시킬 의도도 없고, 그가 얼마나 공익을 증진시키고 있는지도 모른다. … 개인은 자신들의 사적 이익만을 추구하고 있고, 이 과정에서 그들이 의도하지 않은 어떤 목적을 달성하기 위해, 다른 많은 경우에서처럼, 보이

지 않는 손에 의해 인도되고 있다. 그렇지만 각 개인이 그 목적 달성을 의도하지 않았다고 해서 사회적으로 불리하지도 않다. 각 개인은 자신들이 의도적으로 사회적 공익을 증진시키려고 하는 경우보다 자신들의 사적 이익을 추구하는 과정에서 사회적 공익을 더 효과적으로 증진시키는 경우가 많다."

이처럼 시장경제가 추구하는 목표를 달성하기 위한 주요 수단인 합리성의 개념이나 독립적 최적화 개념은 개인주의 문화[3]가 번성하였던 서양의 역사 배경과 관계가 있다. 그리고 실제로 서양은 적어도 중세 이래 의심의 여지없이 '경쟁'이 번영했던 곳이다.[4]

셋째, 이처럼 시장이 효율성을 달성하기 위해서는 경쟁이 충분히 작동해야 하는데, 경쟁의 원리가 제대로 작동하기 위해서 사유재산권 체계가 필요한 것이다. 경쟁은 희소한 자원을 가장 잘

---

3) 여기서 말하는 개인주의는 개인의 자유, 생명, 재산, 그리고 행복을 강조한 자연법 사상, 즉 '개인'이 최고의 가치로 중시되는 초기 고전적 자유주의의 핵심 사상을 의미한다.

4) 경쟁은 두 가지 유형의 사회조직을 전제한다. 첫째, 자율적 행위자들이 타인의 간섭 없이 사적으로 소유한 자원들을 처분할 수 있는 권한을 부여받아야만 한다. 둘째, 시장행위자들 사이의 경쟁은 상호신뢰라는 규범적 규제를 요구한다. 이러한 두 가지 요구는 유럽의 사회구조에서 비롯한 것이다. 10세기까지 이민족의 이주와 침략이 종식되면서 유럽에 형성된 사회구조는 '수많은 그러나 머리가 없는 연방체'였다. 즉 유럽은 어떤 중심도 없었지만, 그 실체는 많은 단위들이 작지만 서로 가로지르는 상호작용의 네트워크로 구성되어 있었다. 그리고 경쟁이 수반할 수 있는 무질서는 기독교라는 '보이는 손'에 의해 조절될 수 있었다. Michael Mann, "European Development: Approaching a Historical Explanation", in J. Baechler, J. A. Hall and M. Mann, eds., *Europe and the Rise of Capitalism*, Basil Blackwell, 1989, p.10.

사용하는 사람이 자원을 사용하게 하고, 경쟁의 승자가 그 결과를 독점적으로 소유할 권리를 제공해야만 희소한 자원으로 한 사회가 최대의 효과를 만들어낼 수 있기 때문이다. 이처럼 경제학에서 시장경제가 자신의 목적을 달성할 수 있는 주요 수단은 경쟁의 원리인 반면, 사유재산권은 경쟁이 제대로 작동하기 위한 보조 수단인 것이다. 사실 경쟁이 제대로 작동하기 위해 배타적, 절대적, 독점적 소유권을 의미하는 사유재산권이 필요한 것은 아니다.[5)]

경쟁의 원리가 작동하는 곳에서 사유재산권이 보장되지 않을 때 발생하는 문제가 소위 '공유(동)지의 비극'이다. 다음은 경제학 교과서에 흔히 볼 수 있는 예로 공유자원이 경쟁의 원리 속에서 작동할 경우 최악의 결과를 만들어낼 수 있음을 보여준다.

두 석유회사는 인접한 유전을 소유하고 있고, 이 유전은 땅 밑으로 원유가 연결되어 매장되어 있다. 그리고 그 유전의 가치는

5) 예를 들어, 토지의 소유권은 사용권, 용익권, 처분권으로 구분할 수 있고 이들 세 가지 권리를 모두 갖고 있을 경우 사유재산권 체계에 부합하지만, 처분권은 없고 사용권과 용익권만 부여하더라도 시장경제의 활동에는 전혀 지장이 없다. 사실 소유권은 분리할 수 없는 하나의 실체가 아니라 소유자가 소유하는 대상물을 사용할 수 있는 권리의 다발이다. 즉 소유권(O)은 단순히 추상적 의미에서 하나의 소유권이 아니라 a, b, c 등 다양한 기능으로 합쳐진 것이다. 달리 표현하면 [O = a + b + c + … + n]으로 나타낼 수 있다는 것이다. 북구의 사회민주주의자들이 전면적인 사회화 추진을 폐기한 이유가 여기에 있다. 소유권 기능의 일부분을, 즉 a와 b는 포함하고 c는 제외하는 식으로 사회화를 추진하는 것만으로도 사회주의적 가치 추구가 가능하며 경제적으로도 유리하기 때문이다. Gunnar Adler-Karlsson, *Reclaiming the Canadian Economy*, Toronto: Anansi, 1970, pp.14-15.

총 1,200만 달러라고 하고, 석유를 채취하기 위한 비용은 유공당 100만 달러로 가정한다. 공유하고 있는 매장 원유로부터 석유를 채취하는 두 회사의 이윤은 자기가 뚫은 유공의 개수뿐만 아니라 상대방 기업이 뚫은 유공의 개수에도 좌우된다. 이제 각 회사가 자신들의 이기심에 기초해 각자의 이익극대화를 추구할 경우, 즉 합리적으로 행동할 경우 두 회사는 유공을 3개씩 뚫어 각각 300만 달러씩 총 600만 달러의 이익을 실현한다.

공유자원의 효율성: 경쟁과 협력의 비교

		기업 A의 선택		
		유공 1개	유공 2개	유공 3개
기업 B의 선택	유공 1개	A 이윤 : 500만 달러 B 이윤 : 500만 달러	A 이윤 : 600만 달러 B 이윤 : 300만 달러	A 이윤 : 600만 달러 B 이윤 : 200만 달러
	유공 2개	A 이윤 : 300만 달러 B 이윤 : 600만 달러	A 이윤 : 400만 달러 B 이윤 : 400만 달러	A 이윤 : 420만 달러 B 이윤 : 280만 달러
	유공 3개	A 이윤 : 600만 달러 B 이윤 : 200만 달러	A 이윤 : 280만 달러 B 이윤 : 420만 달러	A 이윤 : 300만 달러 B 이윤 : 300만 달러

2. 경제의 포스트모던화 및 네트워크화: 시장이론과 사유재산권 체계의 위기

지금까지 살펴본 시장경제의 특성은 산업사회(제조업)에 기초하고 있다. 그러나 오래 전부터 경제학의 주요 분석대상인 산업사회와는 다른 '경제의 포스트모던화' 혹은 '경제의 네트워크화'가 진행 중이다. 일반적으로 포스트모던 사회의 핵심적 특징으로 중심의 해체와 '다원화' 그리고 그에 따른 경계의 불분명과 구분의 모호성 등을 지적하듯이, '경제의 포스트모던화' 현상인 '네트워크 경제'의 등장으로 경제 역시 다원화와 경계의 불분명 등이 화두가 되고 있다. 네트워크 경제의 등장은 경제의 부가가치가 '보이는 것(tangibles)'에서 '보이지 않는 것(intangibles)'으로 이동한 사실과 관련을 갖고 있다. 즉 탈제조업화 및 서비스화에서 보듯이 이미 오래 전에 경제적 가치는 기존의 3대 기본 생산요소(노동, 자본, 토지)에서 무형자산으로 이동하였다. 정보통신 및 생명공학과 같은 첨단 기술의 발달에 따라 초경량 및 극소형 제품과, 정보와 서비스 등 무형재의 부가가치 창출력이 획기적으로 증가한 경제를 일컫는 '무중량 경제'의 도래가 그것이다. 오늘날 많은 상품들의 가격 차이는 무형투입물의 가치 차이에서 비롯한 것이며, 가격 구성에서 유형의 자연자원이 차지하는 비중은 작아지고 있다. 무형재의 일반적 특성들로 디지털정보가 빛과 같은 속도로 이동하는 성질에서 연유하는 적시성(適時性, speed & timing), 비소모성, 비이전성, 일물일가의 법칙의 세계에서 정보 이용자의 필요성에 따라 여러 가격 및 가치가 존재하는 가치의 다양성, 결합성과 누적가치성, 비분할성(불가분성) 등을 특징으로 한다. 여기서는 시장경제의 원리들, 특히 사유재산권 체계와 충돌하는 무형재의 주요 특성만 소개한다.

1) 무형재의 비경합성

앞에서 소개했듯이 경쟁의 원리가 작동하는 시장의 세계에서 거래되는 상품은 경합성과 배제성을 가지는 경우에만 효율성을 보장해 준다.6) 경합성이 없고 배제성이 있는 상품은 오늘날 가장 중요한 상품임에도 불구하고 경제학에서는 이에 대한 명칭이 존재하지 않는다. 일반상품의 생산에는 자원과 에너지가 필요하며 열역학 제 2 법칙에 따라 일단 소모된 에너지는 재생이 불가능하다. 그러나 지식과 정보 재화 등 무형재의 생산 및 재생산은 이러한 열역학의 법칙을 따르지 않는다. 이처럼 아무리 사용해도 소모되지 않는 '비소모성'을 특성으로 하는 무형재는 경합성이 없는 상품이다. 다시 말해, 무형재의 경우 '희소성의 원리'가 적용되는 실물공간의 재화와 달리 추가비용 없이 무한 복제가 가능한 '풍부성의 원리'가 작동한다. 물론 첫 번째 단위의 생산에는 막대한 비용과 영감(inspiration)과 노력이 요구된다. 그러나 소프트웨어처럼 추가적인 생산은 첫 번째 단위를 단지 복사하기만 하면 간단히 생산된다.[7] 이처럼 경합성이 없는 재화의 경우

---

6) 경제학에서는 상품의 특성, 즉 경합성과 배제성의 유무를 기준으로 모두 있는 경우를 사적 재화, 모두 없는 경우를 공공재, 그리고 경합성은 있으나 배제성이 없는 상품을 공유자원이라 한다.

7) 예를 들어 컴퓨터 소프트웨어나 서적, 음반, 영화, CD 등의 정보 상품은 초기에 상품의 형태를 만드는 데 많은 비용의 소요되는 반면, 완성된 제품을 재생산하는 데 드는 비용은 무시해도 될 정도로 적다. 영화를 예로 들면, 스티븐 스필버그는 『쥐라기공원』이라는 영화를 제작하는 데 수억 달러를 사용했으나 그 영화의 상영을 위한 필름을 생산하는 비용은 초기의 영화제작 비용에 비해 아주 적은 몇 백 달러에 불과했다. 특히 가정에서 상영하도록 되어 있는 비디오테이프를 복제하는 데는 불과 몇 달러만 들이면 된다. 또한 마이크로소프트가 윈도 95의 개발에 쏟아 부은 비용(초기 비용)은 무려 5천만 달러지만 첫 제품이 나온 후부터 윈도 95 시디롬 한 장에 들어간 제작비는 고작 3-4달러에 불과했다. 윈도 95 시디롬 한 장의 시중 판매가격이 약 100달러(한국에서는 당시 약 300달러)였으니까 제작비용의 25배 이상(한국에서는 75-100배)으로 판매한 셈이다. 윈도 95 시디롬 한 장 생산에 4달러씩 계산해도 502만 개의 매출이 손익분기점이 되고 그후부터는 막대한 수익을 거두

산출량을 증가시킴에 따라 평균비용이 하락하기 때문에 공급자는 시장수요가 뒷받침되는 한 산출량을 최대로 증가시키려 할 것이다. 그 결과 배제성은 있지만 경합성이 없는 상품은 '자연독점'[8]으로 귀결된다. 다시 말해, 공급의 법칙의 성립조건 중 하나인 '한계생산체감의 법칙'이 성립하지 않고, 오히려 수확체증(규모의 경제)이 작용한다. 즉 시장경제의 효율성을 보장하기 위한 '한계비용(MC) = 가격' 책정을 불가능하게 하고 시장은 실패한다.

2) 무형재의 불가분성과 경계의 불분명성

또한, 유형재는 여러 사람들에게 분할되어 소비 · 생산되지만 정보나 지식 같은 무형재는 집합되어 있는 그대로 사용된다. 이를 '정보 및 지식 재화의 불가분성'이라 한다. 앞에서 지적했듯이 기계론에 기초하고 있는 경제학은 한계적 변화(marginal changes)에 관심을 가진다.[9] 주류 경제학에서의 합리적 의사결정은 한계적으로 생각할 때만 가능하다. 구체적으로 합리적 소비행위는 한계효용의 개념을 가지고, 합리적 생산행위는 한계생산과 한계비용의 개념을 가지고 설명해야만 한다. 즉 시장이론을 압축한 수요와 공급의 법칙은 한계효용체감과 한계생산체감의 법칙

게 된다. 최배근, 『네트워크 사회의 경제학』, 한울아카데미, 2003.

8) 시장 전체 수요를 하나의 생산자가 생산 · 공급할 수 있는 시장조건이다.

9) 경제학 체계는 고전물리학 체계와 맞물려 있다. 즉 뉴턴이 발견한 미 · 적분학을 이용해 안정적이고 조화로우면서도 가장 효율적인 시장을 찾았다.

을 전제로 성립할 수 있다. 실제로 대부분 우리가 알고 있는 물리적 사물은 한계효용[10] 및 한계생산[11] 체감의 법칙의 적용을 받는다. 이처럼 '한계적 변화'에 대한 사유가 가능하지 않고서는 시장이론은 체계를 세우기 어렵다. 근대경제학이 '한계혁명(marginal revolution)'에 의해 비로소 성립할 정도였다. 그런데 집합되어 있는 그대로 사용되는 무형재의 불가분성은 한계 개념을 적용할 수 없다.

또한, '지식경제의 성장'으로 경제에 있어서 경계가 불분명해지고 있다. 무엇보다 재화와 서비스가 점점 지식과 정보 집약적이 됨에 따라 경계가 불분명해지고 심지어 구분이 적합하지도 않게 된다. 예를 들어, 재화와 서비스의 구분이 모호해지고(pro-vice), 생산자와 소비자 그리고 생산자와 유통자 등의 경계가 사라지고(prosumer와 disumer), 다양하면서도 전문화되고 세분화된 복합지식의 활용(기술의 융복합화)으로 산업 간 경계가 해체되고 있다(1.5차 혹은 2.5차 산업의 등장). 거시적으로 볼 때도 세계경제는 이미 오래 전에 미국을 중심으로 하는 일극 경제체제에서 다극 경제체제로 진화하였고 경제의 다극질서는 점점 강화되고 있다. 세계경제의 상호의존과 상호침투의 증대는 경제의 복잡성을 증대시키고 경제에 있어서 경계의 불분명을 만들어내고 있다. 경제에 있어서 다극질서의 성립과정은 '자본의 탈제조업화' 및 '경제의 서비스화', 즉 지식경제의 성장과정과도 일치한다. 미국

---

10) 한계효용은 어떤 재화 한 단위 소비에 의해 추가적으로 더해지는 총효용의 증가분을 의미한다.

11) 한계생산은 투입물을 한 단위 늘림에 따라 얻을 수 있는 상품 총생산량의 증가분을 의미한다.

헤게모니의 쇠퇴는 미국 제조업의 경쟁력 약화와 그에 따른 '자본의 탈제조업화', 즉 '경제의 서비스화' 과정이기 때문이다.

3) 무형재와 네트워크 경제

불분(투)명경제(blur economy)의 등장은 '경제의 다극화'와 더불어 '경제의 네트워크화'를 강화함으로써 '네트워크 경제'를 등장시키고 있다. 상호침투와 상호작용과 상호의존을 증대시키는 경제의 네트워크화는 '경제의 포스트모던화'이기도 하다. 이처럼 지식혁명과 네트워크 경제의 도래로 '사회 전방위(Ubiquitous)', 즉 '네트워크 외부성'이 일반화되고 있다. 즉 상호작용의 구조로서 네트워크들은 소비와 생산활동에서 '네트워크 효과'[12]를 만들어낸다. '네트워크 효과'란 네트워크 규모가 커질수록 네트워크 가치가 증가하는 것으로서 소비의 네트워크 효과[13]와 생산의 네트워크(범위의 경제)[14] 효과 등이 그것이고, 네트워크 효과의 일

---

12) '네트워크 효과'란 네트워크 규모가 커질수록 네트워크 가치가 증가하는 것을 말한다. 즉 네트워크 확대로 인해 발생하는 추가적인 이익을 네트워크 외부성(network externality)이라고 한다.

13) 수요자가 많아질수록 편익이나 효용의 증가를 가져다주는 대표적 상품인 지식과 정보 재화는 사용자의 수에 따라 가치가 증가한다. 소비에 있어서 '네트워크 외부성'은 '매출증가의 법칙'을 발생시킨다. 즉 네트워크에 연결되는 가입자가 증가할수록 기존 가입자와 신규 가입자 간의 접속 가능성이 기하급수적으로 확대되어 개인 수요자가 네트워크에 연결됨으로써 얻는 이득 또는 수요자 간의 부가가치 창출이 확대되는 특징이 일반적으로 나타난다.

14) 지식과 정보 재화 등 무형재의 경우 재화의 비경합성으로 공급 측면에서 희소성의 문제가 소멸되고 '규모의 경제(economy of scale)'가 작동할 뿐 아니라 네트워크 효과로 '범위의 경제(economy of scope)'가 작동한다.

반화로 시장이론의 전제인 '독립적 최적화'가 어렵게 되고 있다.

네트워크 경제의 도래는 경제조직(네트워크 조직의 등장)과 거래형태(네트워크에 기초한 거래의 등장)에도 영향을 미치고 있다. 예를 들어, IT 네트워크 기술의 발달은 경제행위자들 간 상호작용하는 데 소요되는 조정비용을 급격히 감소시킨다. 조정비용의 급격한 감소는 조직구조를 더욱 분권화하고 유기적인 구조로 변화시키면서 네트워크로 기업구조를 변화시키고 있다. 네트워크는 조직행위자 간의 조정과 통합을 원활히 하여 규모의 경제가 가지는 이점을 얻을 수 있는 동시에 소규모 기업이 갖는 혁신성과 유연성을 동시에 성취할 수 있기 때문이다. 특히 복잡하고 불확실한 경제환경은 이런 장점을 지닌 네트워크의 유용성을 한층 높인다. 그 결과 위계질서형 기업들이 사라지고 네트워크라는 새로운 형태의 거래가 그 자리를 대신하는 경향이 확산되고 있다. 즉 전 세계가 하이테크, 정보 중심의 산업으로 이행하면서 수직적으로 통합된 기업들과 테일러식 구조가 네트워크 성격을 갖는 조직이나 클러스터, 그리고 상호신뢰와 상호의존에 기초한 비공식적 유형의 다양한 협력체에 의해 점차 대체되고 있다. 예를 들어, 생산과정에서 요소시장이 아닌 생산자 네트워크를 통해 자원을 확보하고, 가치의 실현과정도 일회적인 시장거래가 아니라 지속적으로 소비자와 관계하는 e-CRM(Customer Relation Management) 방식을 이용한다. 결국 '가치생산-가치실현'이라는 경제과정 일반이 시장이 아닌 네트워크를 통해 이루어지고 있는 것이다. 그리고 네트워크 안에서 생산자 네트워크와 소비자 네트워크는 시장의 요소시장과 생산물 시장처럼 생산과 소비가 명확히 구분되지 않는다. 생산자는 소비자 네트워크와의 지속적인 피드백 과정을 통해 제품의 문제를 발견하고 아이디어를 수용하는 방식을 통해 제품의 개발과 혁신에 소비자를 참여시킨다(prosumer).

여기서 특히 중요한 것은 전체 네트워크 안의 각 주체들의 연결과 소비자 네트워크와 생산자 네트워크 간의 연결을 매개하는 것은 네트워크라는 '관계' 자체이지 '가격'이 아니라는 점이다. 네트워크 구조에서 이처럼 '가격'이 주체들을 매개하는 중심적인 기능을 상실하게 되었다는 것이 네트워크를 시장과 다른 지배구조로 파악하는 중심적인 이유이다. 공유되는 소비자 지향의 관점은 공동체의 매우 인간적인 실행에 의존하고 있는 높은 협동심, 상호존중, 믿음, 정보공유, 그리고 때로는 합작 상표화 등이다. 이런 기본적인 긴장감이 있기에 소비자에게 초점을 두는 가치창출 과정에 더 많은 사람들이 참여할수록, 그 시스템은 공동체의 전략적 목적을 달성하는데 더욱 효과적일 것이다.

이처럼 네트워크 경제의 도래는 거래유형으로 시장과 기업의 틀에서 벗어나 제 3의 거래유형으로서 네트워크를 주목할 필요를 제기하는 것이다. 다시 말해, 네트워크 경제는 시장 대 국가의 이분법을 벗어난 새로운 시야를 제공하기도 한다. 예를 들어, 시장이 불완전하고 부패한 사회에서 정부의 개입이 문제가 되는 것이 아니라 '효과적'인 정부의 역할 부족이 문제가 되고 있다. 즉 중앙계획 당국에 모든 정보가 전달되는 체계는 본질적으로 불가능하기에 사회주의가 붕괴할 수밖에 없듯이 정보에서 심대한 결함 또는 불완전성이 존재하는 현실의 시장경제는 막대한 경제적 후퇴를 초래할 수 있다. 정보의 균형을 위해서는 다른 형태로의 분권화 즉 민주주의 강화가 필요한데 네트워크화가 그 대안이 될 수 있기 때문이다. 예를 들어, 스티글리츠처럼 일부에서 노동자의 참여와 소유를 더욱더 허용하는 경제적 조직형태나 이해당사자(stake) 중심의 기업지배구조인 파티콘(participation economy)과 같은 형태를 고민하는데, 이는 정보의 균형을 위해 분권화와 네트워크화의 결합이 대안일 수 있음을 보여주는 것이다.

4) 협력과 공유를 요구하는 네트워크 경제

무형재의 불가분성은 무형재의 경우 가치의 창출이 집합적임을 의미한다. 현실경제에서 지식의 창조는 갈수록 집단적인 작업으로 나타나고 있다. 이 집단작업은 기업 내부에서나 외부에서나 어디서나 이루어질 수 있으며, 그리고 명시적으로 구상되어 조직되기도 하고 혹은 (컨소시엄의 경우나 서로 경쟁하는 기업들에 소속된 엔지니어들 사이에 노하우의 교환이 이루어지는 경우처럼) 비공식적이고 자발적인 형태로 이루어질 수도 있다. 이때의 키워드는 '협력'과 무형자원의 '공유'다.

앞에서 보았듯이 시장이론에 따르면 공유는 비극으로 결과한다('공유지의 비극'). 경제학에서는 이 문제를 해결하기 위해 재산권 설정을 주장한다. 그러나 이는 자유경쟁의 원리와 시장에 의한 자원배분을 유지하기 위해 특정한 유형의 재산권(사유재산권)을 획일화하는 방식이다. 이론적으로 볼 때 어떤 재산권이 바람직한가의 기준은 효율성이 되어야 한다. 사유재산권을 설정해야 한다는 주장은 경쟁의 환경이 확보될 때만 정당성을 갖는다. 그런데 경쟁이 아니라 협력적 환경이 존재 혹은 형성된다면 효율성을 기준을 할 때 공유를 사유로 바꿀 이유가 없게 된다. 즉 주류 사회과학에서 주장하는 '공유지의 비극'은 공유가 경쟁의 원리위에서 작동한 결과라는 점을 간과하고 있다.

앞에서 예로 제시한 공유자원의 경우 협력이 경쟁보다 효율적인 결과를 만들어낼 수 있음을 보여준다. 즉 두 회사가 서로 협력하여 1개씩 뚫을 경우에는 각각 500만 달러씩 총 1,000만 달러의 이익을 실현한다. 더 나아가 두 회사가 공동으로 운영하고 전체 이익을 똑같이 배분할 경우에는 각각 550만 달러씩 총 1,100만 달러의 이익을 실현할 수 있다. 경쟁하는 것이 협력하는 것보다 열등한 결과, 즉 자원의 비효율적 배분을 초래하는 것이다. 이처럼 공유자원이 남용된다는 주장은 경쟁의 문화를 가진 사회에서만 적용될 뿐 협력의 문화를 가진 사회에서는 적용되지 않는다. 이런 점에서 재산권이 정확히 배정될 때만이 경제적 효율성이 보증된다는 주류 사회과학의 재산권 이론은 서구의 경험을 보편화시킨 하나의 '신화' 혹은 '이데올로기'에 불과하다.[15]

이와 관련하여 중국경제의 고도성장의 주역 중 하나인 향진(鄕鎭)기업의 경제적 성과는 협력과 문화적 규범의 중요성을 잘 보여준다. 흔히, 서구형의 시장경제에 익숙한 사람들에게는 '재산권이 불명확하고 지역정부와 분리되지 않았다는 것'을 중국 향진기업의 문제점으로 지적한다. 그런데 실증연구를 보면, 향진기업의 성장률이나 생산성은 국영기업보다 훨씬 높고 사기업과도 차이가 나지 않으며 오히려 사기업보다 기술적 효율성이 높은 것으로 보고하고 있다. 경제학의 재산권 이론은 재산권이 명확히 규정되지 않을 경우 효율성이 담보되지 않는다고 주장한다. 하지

15) 최배근, 「유교자본주의(론)의 위기와 상상력의 빈곤」, 『경제와 사회』, 39호, 1998.

만 집체소유(공동 소유제)가 생산효율성과 부합하지 않는다는 이른바 '표준적'(?) 재산권 이론의 주장[16]과 달리, 많은 연구자들은 사실상 중국의 기층정부가 소유하는 향진기업들의 '모호한 소유권'이 생산효율성에 심각한 문제를 제기하고 있지 않음을 보여준다.[17] 그 근거로 정교한 사적 소유권을 불필요하게 하는 '협조문화'의 존재를 지적한다.[18] 즉 향진기업의 제도적 특성은 지속적인 관계로 묶여 있는 공동체 구성원 간에 암묵적 계약을 통한 협조를 이용하여 독립적인 법체계의 부재 속에서 공동체의 장기 거주민 간의 최적의 소득공유 형식을 창출한 데 있다.

이처럼 문화의 차이는 사물을 바라보는 관점의 차이를 만들고 이는 사람들의 행태나 사회조직이나 제도 등에 영향을 미친다. 흔히 유럽과 달리 한국이나 동아시아 미작(米作)사회는 '경쟁'과 '사유'보다는 '협업'과 '공유'의 전통이 강한 사회로 인식되고 있다. 그러나 유럽의 전통사회에서도 협력과 공유가 결합된 경우를 찾을 수 있다. 중세 유럽의 농업경영 방식은 (쟁기와 연축 등) 생

---

16) 예를 들어, Armen Alchain and Harold Demsetz, "Production, Information Costs and Economic Organization", *American Economic Review*, Vol. 62, No. 5(December, 1972), pp.777-795 참조.

17) Chun Chang and Yijiang Wang, "The Nature of the Township-Village Enterprise," *Journal of Comparative Economics*, Vol. 19, No. 3(December, 1994), pp.434-452; Harrison Cheng, "Promoting Township and Village Enterprise as a Growth Strategy in China", in M. Guitian and R. Mundell, ed., *Inflation and Growth in China*, Washington D.C.: IMF, 1996, pp.168-189.

18) Martin Weitzman and Chengang Xu, "Chinese Township-village Enterprises as Vaguely Defined Cooperatives", *Journal of Comparative Economies*, Vol. 18, No. 2(April, 1994), pp.121-145.

산도구의 공동확보와 (파종부터 수확과정까지의) 공동작업을 수행한 관습적 공동경작 체제에 기초하였을 뿐 아니라 중세 장원에는 영지 내 모든 구성원이 공동권을 행사하고 있던 촌락 주변의 목초지, 삼림, 황무지 등 '공동지(common field)'가 존재하였는데 공동작업과 생산도구의 공동확보 그리고 공동지 제도는 토지의 생산성을 극대화하기 위한 제도였음이 입증되고 있다.[19] 재산권의 변화를 사회적 필요에 비해 자원의 희소성이 증가할 때 발생하는, 즉 요소의 상대가격 체계의 변화로 설명하는 이들에 따르면 서유럽사회에서 봉건제가 성립하는 10세기경에 토지는 노동력에 비해 상대적으로 풍부하였기 때문에 토지사용에 대한 배타적 권리를 고안할 필요가 없었다는 것이다.[20]

이처럼 현재의 지식기반경제에서 경제활동을 보면 소유는 사적인 반면, 가치창출이 집합적이거나 집합적으로 이루어질 가능성이 높기 때문에 사적 소유체계나 유한책임 메커니즘은 네트워크 시대의 가치창출과 충돌한다. 즉 네트워크 시대는 재산권 원칙의 재평가와 법적 체계의 혁신을 요구하고 있다. 재산권이 효율성을 높이는 방향으로 진화하지 않는다면 경제의 진보는 지체될 수밖에 없기 때문이다. 그럼에도 불구하고 배타적 사유재산권(사적 소유권)만이 대안이라는 주장은 소유권의 개념을 단지 사유화냐 국유화냐라는 이분법에서 벗어나지 못하고 있는 것이다.

19) Stefano Fenoaltea, "Transaction costs, Whig history and the common fields", in Bo Gustafsson, ed., *Power and Economic Institutions*, Edward Elgar, 1991, pp.107-169.

20) D. C. North and R. P. Thomas, *The Rise of the Western World: A New Economic History*, Cambridge University Press, 1973, pp.19-20.

3. 소유제 다양화의 현실적 함의

지금까지 살펴보았듯이 사회적 생산에 대한 기여의 중심이 유형의 생산요소에서 무형의 생산요소로 이동한다는 사실은 단순히 생산요소의 구성이 변한다는 것을 의미하지 않고, 사회의 구성 및 운영원리, 그리고 재산권 체계의 변화 등을 수반하고 있다. 우리 사회가 산업사회의 경제에서 새롭게 등장하고 있는 네트워크 경제로 발전하기 위해서는 시급히 경쟁과 사유재산권을 절대화, 우상화하는 '경직된' 시장경제의 틀을 넘어설 필요가 있다. 이미 시장이라는 거래형태를 넘어서는 새로운 거래형태(네트워크 거래)가 등장하고 있을 뿐만 아니라 시장경제에 대한 시각 역시 경쟁의 원리나 사유재산권 틀에 가둘 필요가 없다. 이러한 시각 교정이 경쟁의 원리나 사유재산권 체계를 부정하는 것은 아니다. 시장경제를 운영하는 다양한 운영원리가 존재할 수 있고 다양한 재산권과 결합될 수 있다는 것이다. 마찬가지로 지금까지도 시장과 기업이라는 두 가지 거래형태가 공존하고 있듯이, 다양한 거래형태가 공존할 수 있음을 말하는 것이다. 다양성/다중성/관계가 시대정신이 된 지 오래되었지만 재산권에 대한 사유수준은 과거에 머물러 있는 것이다.

마지막으로 소유제의 다양화가 갖는 현실적 함의를 살펴봄으로써 이 연구를 정리하고자 한다. 오늘날 고부가가치를 창출하기 위한 협력적 상거래(collaborative commerce, c-commerce) 모델, 즉 핵심능력을 함께 모을 수 있는 협력관계 형성의 중요성이 제기되는 연유도 무형재가 갖는 가치의 집합적 창출 특성에서 비롯한다. 즉 오늘날 경쟁이 심화되는 환경에서 협력할 필요성이 크게 증대하고 있기 때문이다. 최근 주목을 받은 블루오션(blue ocean)도 협력의 중요성을 보여준다. 오늘날 블루오션 시장전략이 세계적인 바람을 일으키고 있는 이유는 경쟁전략이나 핵심전략론 등 기존 경영전략과는 다른 새로운 경영전략이기 때문이다. 경쟁하지 않고 창조에 의해 이익을 창출한다는 것이 키포인트인 블루오션 시장전략에서 비경쟁 거대 신시장 창출은 단순한 틈새시장의 개척이 아니다. 경쟁자 없는 거대 무경쟁 신시장의 창출은 경쟁을 구조적으로 제거해야만, 즉 발상의 전환이 있어야만 가능하다. 이는 경쟁의 원리에 의해 부가가치를 창출하는 대신 협력의 원리로 효율성을 추구한다는 것을 의미한다. 경제환경의 변화와 위기에 직면한 많은 기업들이 시장개척을 위해 '적과의 동침'도 불사하거나 '원 소스-멀티 유스(one source-multi use)'로 부가가치를 높이는 '윈-윈(win-win)' 전략에 적극적인 것도 협력의 원리가 강화되는 측면을 보여준다. 또한 미래 원천기술의 확보가 모든 사회의 절대 절명의 시대적 과제로 부상하고 있는 상황이다. 그런데 '고위험(high risk)-고수익(high return)'의 특성을 갖는 첨단기술의 경우 아무리 수익이 크다고 해도 위험성이 높기에 투자를 유치하는 일은 말처럼 그리 쉽지 않다. 따라서 투자재원을 마련하는 문제가 중요한 반면, 경제규모가 작아 양적 투자규모로 선진국을 따라잡기 어렵고 게다가 1997년 위기 이후 투자의 위험공유 시스템이 붕괴된 반면 자본시장은 상대적으로 발달하지 않은 우리나라의 경우 선택과 집중을 한다 할지라도 첨단기술 개발을 위한 투자재원이 마련되기 쉽지 않다.

예를 들어, 위험과 이익을 공유하는 투자 시스템의 마련 없이 우리나라 바이오가 성장산업으로 만개(滿開)할 것을 기대하는 것은 현실적으로 불가능하다. 바이오산업은 기본적으로 상업화까지 장기간이 소요되는 산업이다. 줄기세포든 신약이든 7-10년 정도는 기다릴 줄 아는 인내심이 요구된다. 의욕 넘치는 연구자들, 기업가 정신을 가진 기업들을 떠받쳐줄 인내심 있는 '인내자본(patient capital)'이 절실하다. 거품이나 머니게임이 아니라 산업으로서의 바이오를 기대한다면 더욱 그렇다. 2004년 4분기 미국 벤처캐피털이 전 분야를 100으로 했을 때 정보기술과 바이오에 투자한 비중은 각각 52.9%와 31.5%였다. 우리나라는 2004년 전체로 볼 때 55.7%와 2.6%였다. 바이오 시대를 말하기엔 그 비중이 너무 작고, IT와 BT의 융합을 강조하기엔 너무 불균형적이다. 그나마 2.6% 중 7년 이상 묶여 있어도 되는 인내자본이 얼마나 되는지는 말 안 해도 짐작이 갈 것이다. 우리가 풀어야 할 숙제다.

오히려 최근 소위 성공한 벤처기업들이 외국계에 넘어간 사례가 심심찮게 나타나고 있다. 그 결과 우리나라 역량이 이전되고 일반국민이 이익을 공유할 수 없는 문제가 제기되고 있다. 성장단계에 있는 벤처기업들이 국내에서 더 이상 크기가 어려워 외국계의 힘을 빌리는 것이다. 이 문제를 해결하기 위해서는 가치네트워크의 파트너들이 리스크와 보상을 공유해야 할 것이다. '리스크 분산설'에 따르면 '자원획득의 확실성'이 낮은, 즉 리스크가 큰 공유 프로젝트일수록 사유보다 공유가 유리하다. 이익의 보장이 불확실할 때는 나눔이 독점보다 유리하기 때문이다.

사실 소유제의 다양화는 통일시대를 대비하기 위해서도 절실한 과제다. 많은 이들이 북한의 입장에서 볼 때 가장 심각한 것은 바로 시장경제로의 전환임을 지적한다. 배급체제 및 계획경제에 익숙한 북한의 경우 시장경제로의 전환은 모든 생활영역에서의 사고방식의 일대전환을 의미하는 것이기 때문이다. 이들의 주장은 통일 이후 서독의 많은 노력에도 불구하고 동독 주민들, 특히 동독의 중장년들이 거의 실업상태에 내몰리게 되었는데 이에 대해 통일 독일정부는 일반적인 실업정책으로 이에 대응했으나 옛 배급체제보다 못했고 그 결과 사회 및 국민 통합에 장애로 작용하고 있다는 것이다. 이 주장은 두 가지 사실을 전제로 해야 할 것 같다. 하나는 의도한 것이든 의도하지 않은 것이든 흡수통일의 가능성을 전제로 한다. 그런데 독일의 통일 경험을 보면 현재의 북한 상황을 전제로 할 때 흡수통일이 바람직하지 않다는 점이다. 남한에게 북한을 흡수통일을 할 만한 능력(무력)이 존재하는가, 혹은 남한이 돌발적인 흡수통일의 상황을 통제할 능력이 존재하는가, 즉 주변 이해당사국의 개입과 간섭을 극소화시킬 수 있는 능력(소위 '자주적 해결'의 가능성)이 존재하는가? 북핵 문제와 북한 문제를 6자회담의 틀에 의존하는 현실을 보면 흡수통일은 불가능한 과제로 보인다. 독일의 경험을 보더라도 흡수통일, 특히 속전속결식 흡수통일은 권력과 경제력의 소유자가 주도하고, 일반국민은 흡수통일에 따른 부작용의 비용만을 지불하는 역할로 전락할 가능성이 높다. 현재의 상황을 고려할 때 한반도 통일은 남북한 각자가 내부 변화를 통한 점진적 통합의 방식일 가능성이 높다고 본다. 여기서 통합의 단계가 남북한이 동일한 모습을 갖는 단계는 아니라는 점이다. 남북한의 차이가 갈등보다 공존의 가능성이 높으면 한반도 통일은 이루어질 것이기 때문이다.

한반도 통일에 대한 이러한 시각을 전제로 할 경우 북한 체제의 변화는 현재의 남한 체제를 지향하지 않을 가능성이 높고 그럴 필요도 없다고 생각한다. 예를 들어, 많은 사람들이 북한 체제의 변화와 관련하여 중국식 시장경제를 대안으로 제시한다. 지난 25년 간 진행된 중국식 시장경제는 남한의 시장경제와는 상당한 차이를 보이고 있다. 향후에도 양국의 시장경제는 상당한 차이가 지속될 가능성이 높다. 예를 들어, 중국식 시장경제는 다원적 소유제에 기초하고 있다. 즉 앞에서 향진기업의 사례에서 보았듯이 중국의 경험은 시장경제가 다양한 소유와 결합될 수 있음을 보여주는 중요한 의미를 제공한다. 공유제의 중국에서 사영경제의 제도화와 사유재산권의 보장 등이 본격화된 것은 1999년 3월 중국 제9 기 전국인민대표대회(전인대) 2차 전체회의에서 6조, 8조, 11조의 헌법을 개정하면서였고, 이는 국영기업의 개혁과 맞물려 있다. 즉 1999년 헌법 개정을 통해 '공유제의 보충' 형식으로 명기된 사영경제를 사회주의 시장경제의 '중요한 구성부분'으로 격상시켜 사유재산제 허용을 명문화[21]함으로써 사영기업의 육성을 통해 국영기업의 개혁에 따른 실업의 흡수를 비롯해 전체 국가경제에 활력소를 제공하려는 것이었다. 이처럼 1999년 헌법 개정을 통해 사유제와 사유경제 등 비공유경제는 국유경제와 함께 사회주의 시장경제의 주요 구성부분이 되었다. 여기서 개체경영이나 사영기업 등 사유경제가 사회주의 시장경제의 중요한 구성부분으로 격상됐다는 사실이 사유경제에 의한 비사유경제의 대체가 본격적으로 시작되었음을 의미하는 것으로 보아서는 곤란

---

21) 1999년의 헌법 개정으로 전체 인구의 약 20%에 달하는 2억 5천여만 명이 종사하는 사유제 경제부문이 헌법적 지위를 부여받았으며, 이에 따라 개인재산권도 법적 보장을 받게 됐다.

하다. 오히려 1999년 헌법 개정의 의미는 중국식 시장경제의 소유제의 다양화가 제도화되었다는 점에 있다.22) 다양한 소유제의 공존이 현실적으로 커다란 마찰을 일으키지 않는다는 지금까지의 경험의 반영인 것이다. 2004년 전인대 10기 2차 전체회의에서 '사유재산 보호' 조항이 헌법에 삽입된 것도 이런 자신감의 반영으로 해석되기도 한다. 최근 검토하고 있는 물권법 역시 "임의의 단체나 개인이 임의의 수단으로 국가, 집단과 개인의 재산을 침해하거나 파괴하는 것을 금지"하기 위한 차원이지 사유재산권의 전면화와는 거리가 있다.

중국식 시장경제를 전제로 할 때 북한에 도입될 시장경제에 대한 시각 역시 유연화시킬 필요가 있다. 예를 들어, 중국의 경험은 통일에 대비해 거론되는 다양한 법률적 과제 중 분단(한국전쟁) 이전의 남북한의 토지소유권에 대한 문제에 대한 좋은 단서를 제공한다. 기본적으로 건물소유와 토지임대만 가능한 중국의 토지 및 부동산 소유제도는 시장경제를 운영하는 데 문제가 없다. 독일의 통일과정에서도 동독 지역 땅의 50%가 해당됐던 동독 내 부동산에 대한 서독인들의 옛 소유권을 인정해 준 것이 독일 통일 이후 동독 지역에 대한 투자를 가로막는 심각한 걸림돌로 작용했듯이 남한의 재산권 개념으로 북한을 변화시킬 필요는 없다. 마찬가지로 북한 체제가 시장경제를 도입하는 과정에서 다양한 형태의 소유권에 기초한 기업조직들이 등장할 가능성이 높다.

22) 최배근, 『시장경제들의 특성과 기원』, 법문사, 2001.

“지식정보사회의 재산권, 화두는 다원화”에 대한 논평

| 이 완 재 | 자유기업원 |

이 논문에서 필자는 폭넓은 지식에 근거해서 사유재산제만이 유일한 대안이 아니며 다양한 여러 가지의 소유형태를 인정할 필요가 있음을 제안하고 있다. 그 논거로서 경제를 구성하는 상품이 유형재에서 무형재로 바뀌었음과, 네트워크의 역할이 증대되었음을 들고 있다. 무형재의 중요성 증가와 네트워크 경제의 약진이라는 현상에 대해서 동감을 표시하면서도, 그런 현상들과 재산권 제도 간의 관계에 대해서는 달리 생각할 여지가 있어서 두 가지 주제를 중심으로 나름대로의 생각을 정리해 보겠다.

1. 무형재와 네트워크와 재산권의 다양화 문제

이 논문에서는 생산방식 면에서 네트워크 경제의 무형재는 전통적 유형재와 다르기 때문에 재산권도 달라져야 한다고 제안하고 있다. 그러나 무형재의 생산이라고 해서 유형재화의 생산과 크게 다를 것은 없어 보인다. 무형재든 유형재든 노동이나 자본과 같은 생산요소가 투입되어야 생산이 이루어진다는 점에서 차이가 없다. 물론 무형재의 생산에 있어서는 아이디어와 정보의 기여가 크고, 그것들을 만들어내기 위해 많은 토론과 의사소통이 필요한 것이 사실이다. 그리고 그런 활동은 네트워크의 성격을 강하게 가지고 있는 것도 사실이다. 그러나 그것은 정도의 차이일 뿐, 전통적 생산방식이라고 해서 토론과 의사소통 같은 협력이 필요 없는 것은 아니다. 그렇기 때문에 무형재의 생산이라고 해서 사유재산을 부인할 이유가 없다.

마이크로소프트 같은 기업을 보면 엔지니어들의 네트워크 자체를 기업 속으로 집어넣은 후 그 안에서 협력과 공유를 하게 한다. 그런 사정은 IT 기업뿐만 아니라 다른 분야의 기업들도 마찬가지다. 공유와 협력의 네트워크 자체를 사유재산으로 만드는 것이다. 흥미로운 것은 각각의 기업(공유와 협력의 네트워크)들은 서로 상대방에 대해서 경쟁관계에 있는 경우가 많지만, 또 어떤 경우는 특허공유협정 같은 계약을 통해서 자발적으로 협력과 공유를 하기도 한다는 사실이다. 치열한 경쟁관계에 놓여 있는 삼성전자와 소니가 최근 특허공유협정을 맺은 것은 대표적 사례이다. 항공사 간의 전략적 제휴들도 자발적으로 이루어지는 공유 및 협조 체제이다. 이처럼 시장에서는 경쟁과 협력이 공존한다.

우리는 흔히 협력과 시장거래를 서로 다른 것으로 인식하는 경향이 있지만, 따지고 보면 둘 다 주고받는 관계라는 측면에서 다를 것이 없다. 다만 거래의 성격이 일회성 거래에 바탕을 두고 있는가(spot market), 아니면 장기적 거래관계에 기초를 두고 있는가의 차이가 있을 뿐이다. 장기적으로 주고받으면 협력이라고 부르고 한번 거래하고 끝나면 시장거래로 불린다. 하지만 주고받는다는 점에서 두 가지는 기본적으로 동일한 관계를 가리킨다.

협력이 주고받는 관계인 한, 협력이 제대로 이루어지려면 재산권이 필요하다. 협력의 결과가 협력에 참가한 사람들에게 귀속되어야 제대로 협력이 이루어질 수 있는 것이다. 특허공유협정 같은 협력 체제가 잘 되려면 협력으로부터 발생하는 이익이 협력에 참가하는 당사자들에게 속하게 해야 한다. 삼성전자와 소니가 특허를 공유하는데 그 이익은 공유에 참가하지 않은 제 3의 기업이 가져가거나 국가가 가져간다면 협력이 제대로 이루어질 리 없다. 사유재산제는 협력을 촉진하는 시스템이기도 하다.

물론 재미나 사명감만으로 참여하는 사람들에 의해서 만들어지는 오픈소스 소프트웨어처럼 누구도 생산의 결과물에 대해서 배타적 권리를 요구하지 않는 경우가 있기는 하다. 하지만 그것 역시 시장경제의 한 부분일 뿐이다.

이처럼 우리의 일반적 인식과는 달리 시장에는 다양한 경쟁과 협력과 공유의 시스템이 공존하고 있다. 그건 다양한 재산권 형태가 존재함을 뜻한다. 어떤 시스템이 좋은지에 대한 판단은 각각의 소비자와 생산자들에 의해서 이루어질 것이다. 시장이란 강압이 배제된 자발적 상호작용의 네트워크일 뿐이다.

2. 무형재의 특성과 지적재산권과 독점 문제

필자는 이 논문에서 무형재를 경합성은 없고 배제성은 있는 상품으로 전제하고 있다. 그러나 노래나 정보, 소프트웨어 같은 무형재들은 비경합성을 가질 뿐 아니라, 완벽하지는 않지만 기술적으로 상당한 정도의 비배제성이 있음을 말해 두고 싶다. 즉 공공재적 특성을 강하고 띠고 있는 것이다. 일단 만들어진 정보나 노래, 기술은 한 사람이 사용한다고 해서 닳지도 않을 뿐더러 수많은 사람이 동시에 사용할 수도 있다. 그것을 비경합성이라 하며, 경제학의 용어를 빌리자면 소비의 한계비용이 0인 상태를 말한다. 또한 일단 만들어진 무형재는 쉽게 복제할 수 있고, 기술적으로 재산권자가 그것을 막아내기도 어렵다는 점에서 배제성도 약하다.

소비 측면만을 고려할 경우, 비경합적인 상품은 일단 만들어지고 나면 최대한 많은 사람이 사용하게 하는 것이 사회적으로 바람직하다. 일단 생산이 된 무형재는 아무리 많은 사람이 사용하더라도 추가적 비용이 들지 않기 때문이다. 그러기 위해서는 가격을 0으로 해서 누구나 무상으로 사용할 수 있게 해야 한다. 그런데 시장은 가격이 0인 상품은 공급할 수 없다. 아무도 만들려고 하지 않을 것이기 때문이다. 무형재라 하더라도 소비의 최적성만 살피다 보면 생산 문제가 해결되지 않는 것이다.

무형재의 생산 문제를 해결하는 가장 손쉬운 방법은 도로나 치안, 국방 같은 전통적 공공재들을 생산할 때와 마찬가지로 정부가 세금으로 생산비용을 충당하는 것이다. 그러나 이 방법은 바람직하지 못하다. 국가는 좋은 음악과 섬세한 지식과 유용한 기술을 공급할 수 있을 정도로 세련되어 있지도, 소비자의 기호에 민감하게 반응하지도 못하기 때문이다. 그래서 무형재의 생산을 정부가 담당하는 것은 효율적이지 않다.

그런데 민간이 무형재를 생산하다 보면 고정비용은 크고 가변

비용은 작다는 사실이 문제가 된다. 필자가 지적한 대로 첫 번째 단위의 생산에는 막대한 비용과 영감이 필요하지만, 추가비용 없이 무한복제가 가능하다는 것이 무형재의 특성이다. 소프트웨어 프로그램을 예로 들어보자. 경쟁시장에서 가격은 한계비용에 접근하는 경향이 있다. 따라서 타인에 의한 복제가 자유롭고 비용도 거의 들지 않을 경우, 막대한 초기비용과 무관하게 개발자는 제품을 한계비용(복제비용)에 팔 수밖에 없다. 모든 사람이 해당 프로그램을 자유롭게 복제할 수 있는 상황에서 만약 개발자만 그것을 복제비용보다 비싸게 판다면 시장을 잃게 될 것이기 때문이다. 따라서 개발자는 당초에 지출했던 개발비용만큼 손해를 입게 된다. 이런 상황에서는 어느 누구도 새로운 상품개발에 투자하려 하지 않을 것이다.

이런 문제를 해결하려면 무형재의 생산자에게 초기 개발비용을 회수할 수 있는 가능성을 열어주어야 하며, 저작권법이나 특허법 같은 지적재산권 제도는 그런 목적으로 만들어졌다. 법적으로 무단 복제자를 처벌함으로써 무형재를 배제 가능한 상품으로 만들고, 그것을 통해 생산 문제를 해결하려는 것이다. 경합성은 없고 배제성은 있다고 말했을 때, 필자는 지적재산권으로 보호되고 있는 무형재를 염두에 두고 있었을 것이다.

일단 지적재산권 제도가 시행되고 나면, 지적재산권자는 해당 제품의 시장 전체를 혼자서 공급할 권리를 갖게 된다. 그러나 그것이 필자가 말한 대로 반드시 (자연)독점을 뜻하는 것은 아니다. 경제학적 의미에서 독점은 경쟁의 반대말이다. 즉, 경쟁이 없는 상태가 독점이다. 그런데 아무리 저작권으로 보호받는 무형재라고 하더라도 대체관계에 있는 다른 무형재와의 사이에 치열한 경쟁이 벌어진다. 예를 들어 김건모의 노래와 이승철의 노래는 각각 저작권법에 의해서 배타적 권리를 부여받고 있지만, 그 노래들은 소비자들의 마음을 잡기 위해 서로 치열하게 경쟁하고 있다. 무형재는 고정비용은 크고 가변비용은 작다는 특성을 가지고 있고, 그런 상품의 경우 자연독점이 이루어질 가능성이 있는 것은 사실이지만, 그렇다고 해서 반드시 독점으로 이어지는 것은 아니다. 다른 상품과의 대체 가능성이 높은 상품일수록 지적재산권 보호가 독점으로 이어질 가능성은 낮아진다.

"지식정보사회의 재산권, 화두는 다원화"에 대한 논평

| 이 창 후 | 서울대 철학과 |

지식정보사회의 재산권이 다원화되어야 할 이유는 충분한가?

필자의 논문은 우리의 현재와 미래에 대한 분석이자 주장으로서 매우 흥미 있는 논문이다. 하지만 비판적으로 고찰해 보면 학술적인 근거에 있어서 상당히 취약해 보이는 논문이기도 하다. 이 논문을 논평자는 세 측면에서 비판적으로 고찰해 보고자 한다. 첫째는 필자의 주장이 갖는 윤리적 함의와 관련해서 그 부분에 논증의 부담이 없는가 하는 점, 둘째로 필자가 주장하는 지식정보사회(이하, '정보사회'로 약칭)의 경제적 변화에 대한 분석이 어떤 구체적 사례들을 통해서 확인될 수 있는가 하는 점, 셋째로는 필자의 주장에 대해 근거들이 충분히 설득력 있는 방식으로 제시되고 있는가 하는 점이 그것이다.

첫째, 윤리학적인 문제를 비판해 보겠다. 논문의 주된 논지는 "정보사회에서의 재산권이 다원화되어야 한다"는 것이며 이것은 근본적으로 윤리적인 주장이다. 그런데 이런 주장을 위한 근거로서 필자는 경제학적 고찰만을 수행하며, 이것은 곧 필자가 전적으로 공리주의적 입장에서 문제를 고찰함을 보여준다. 그리고 이것은 또한 필자의 입장이 계약론적 입장과 배타적인 것임을 보여준다.[1] 하지만 사회계약론적 전통과 공리주의적 전통은 모두 오늘날 윤리학계에서 가장 영향력 있는 것으로 간주되는 입장들이며 특히 롤즈 이후 사회계약론적 전통은 결코 무시할 수 없는 사회윤리적 입장이 되었다. 그런데 필자가 이러한 계약론적 입장에 대한 비판 없이 일방적으로 공리주의적 입장에서 재산권에 대한 주장을 개진한다는 것은 이론적으로 매우 부담스러운 시도라고 할 수 있다. 경제학자인 필자가 윤리적으로 중립적인 입장

---

1) 논문의 맨 앞부분에서 "사유재산권 역시 일정한 틀 속에서 자신의 정당성을 확보한다"라고 말할 때, "사유재산권을 설정해야 한다는 주장은 경쟁의 환경이 확보될 때에만 정당성을 갖는다"라고 말할 때, 그리고 "경제학에서 시장경제가 자신의 목적을 달성하기 위한 주요 수단이 경쟁의 원리이며 사유재산권은 이를 제대로 작동시키기 위한 보조 수단이다. 즉 시장경제의 특수상황에 현재의 사유재산권은 크게 의존하고 있다"라는 주장에서, 필자는 재산권에 대한 고찰에서 사회적 효율성 이외의 것(인간의 기본권과 같은)은 고려할 필요가 없다는 입장을 상당히 분명하게 드러낸다. "재산권이 정확히 배정될 때만이 경제적 효율성이 보증된다는 주류 사회과학의 재산권 이론은 서구의 경험을 보편화시킨 하나의 '신화' 혹은 '이데올로기'에 불과하다"는 것이 필자의 주장이다. 그리고 실제로 필자는 논문 전체에서 재산권에 대한 논의임에도 불구하고 기본권에 대한 고찰 없이 순수히 경제학적 고찰만으로 재산권에 대한 주장을 도출한다.

이나 애매한 입장에서 근본적으로 윤리적 문제인 재산권 문제를 경제학적 측면에서 접근한다면 이것을 비판하는 것은 부적절할지 모르지만, 윤리학적인 고찰 없이 일방적으로 공리주의적인 입장에서 재산권 문제를 경제학적으로 논의하는 것은 비판할 만하다고 논평자는 생각한다.

이런 비판을 요약해서 다음과 같은 질문을 필자에게 던질 수 있을 것 같다. 즉, "이론적으로 볼 때 어떤 재산권이 바람직한가의 기준은 효율성이 되어야 한다"(필자의 주장)면 "(경우에 따라서는) 일용직 노동자의 하루 식사비를 몰수하는 것도 사회적 효율성을 증대시키기 위해서는 허용될 수 있는가?"(논평자의 질문)

둘째로 논평자가 논문의 내용에 대해서 토론해 보고 싶은 부분은, 필자가 주장하는 정보사회의 경제적 변화에 대한 분석이 어떤 구체적 사례들을 통해서 확인될 수 있는가 하는 점이다. 정보사회를 대표하는 중요한 예들이라 생각되는 사례들을 통해 고찰해 보면 필자의 분석은 참이 아니거나 혹은 중요한 요소들을 간과한 것으로 보인다. 여러 제약조건을 고려하여 두 부분만을 언급해 보겠다.

필자는 "경합성이 없고 배제성이 있는 상품은 오늘날 가장 중요한 상품임에도 불구하고 경제학에서는 이에 대한 명칭이 존재하지 않"으며 이런 상품은 " '자연독점'으로 귀결된다"고 주장한다. 그런데 과연 그런가? 경합성이 없고 배제성이 있는 가장 전형적인 상품들이 컴퓨터 소프트웨어나 음악파일 같은 것들이 될 것이다. 그런데 음악파일이 어떻게 해서 자연독점으로 귀결될 것인지, 현재는 그 가능성을 발견하기 어려우며 미래에도 그럴 것 같지 않다.

결과적으로 독점으로 귀결된 대표적인 예는 오히려 소프트웨어에서 찾을 수 있을 텐데, 그것은 MS의 윈도우 운영체제일 것이다. 그런데 MS 윈도우는 단지 배제성은 있지만 경합성이 없기 때문에 독점으로 귀결되었다고 보기 어렵다. 시장에서 도태된 다른 경쟁제품들(매킨토시의 운영체제나 IBM이 개발했던 OS2 등)도 동일하게 배제성은 있지만 경합성이 없기 때문이다. 한편 리눅스와 같은 경우는 배제성도 없고 경합성도 없지만 윈도우의 강력한 경쟁자로 떠오르고 있으며, 특히 서버 시장에서 그러하다. 적어도 MS 윈도우의 시장독점을 설명하는 주된 개념은 경합성과 배제성의 유무가 아니라 상호호환성이다. 이 호환성의 문제로 인해서 운영체제들은 급속히 쇠퇴하거나 독점시장을 견고하게 유지하고 있다. 따라서 단순히 배제성과 경합성의 함수로 자연독점을 이끌어내기에는 그 상관관계가 약한 것으로 보인다.

한편 네트워크 경제에 대한 필자의 주장들도 많은 부분에서 현실과는 다른 듯하다. 확실히 '네트워크 효과'는 정보사회에서의 많은 상품들과 관련된 쟁점들을 보여준다. 지금도 표준화 논쟁이 있을 때마다 인급되는 베타 방식과 VHS 방식 간의 비디오기기의 표준화 경쟁, 그리고 2005년 현재에 이루어지고 있는 고화질 DVD와 블루레이 DVD 방식의 표준화 경쟁도 그런 네트워크 효과 때문에 생기는 현상으로 이해될 수 있을 것이다.2) 이로 인해서 독립적 최적화가 어렵게 된다는 필자의 주장은 피부에 와 닿는다.

---

2) 이런 표준화 경쟁은, '네트워크 효과'란 네트워크 규모가 커질수록 네트워크 가치가 증가하는 것을 말한다는 필자의 설명과 잘 부합한다.

하지만 이러한 네트워크 효과는, 필자가 말하는 바와 같이 동일한 상품의 동일한 측면에서 소규모 기업의 혁신성과 유연성을 강화하고 위계질서형 기업들을 줄이는 효과, 더 나아가서 소비자와 생산자가 지속적으로 시장에서 관계하는 e-CRM 방식을 도출하지는 않는다. 비디오 기기와 차세대 DVD 모두, 상품의 네트워크 효과 때문에 산업 표준화에 따라서 성공이 좌우되고, 그래서 소규모 업체들의 진입장벽은 높아지며, 표준화된 시장에서 소비자의 영향력은 훨씬 더 작아진다. 소비자들은 그저 표준화된 상품을 구매할 수 있을 뿐이다.[3] 만약 이상과 같은 것이 적절한 예가 아니라면 필자가 말하는 네트워크 효과, 이로 인한 기업구조 변화, 네트워크 형태의 거래, e-CRM 방식, 가치생산-가치실현의 경제과정이 모두 적용되는 상품의 예가 어떤 것인지 궁금하다. 전반적으로, 네트워크 효과에 대한 논의는 이로 인한 산업표준화와 소비자-생산자의 상호작용의 증가를 제대로 구분하지 못하고 논의하는 것이 아닌지 의심스럽다.

셋째 비판점은 필자의 주장에 대해 근거들이 충분히 설득력 있는 방식으로 제시되고 있는가 하는 점이다. 대표적으로 필자가 거론하는 중국의 향진(鄕鎭)기업의 예는, "공유자원의 경우 협력이 경쟁보다 효율적인 결과를 만들어낼 수 있다"는 주장을 뒷받침하기 위한 예로 보인다.

---

3) 차세대 DVD 표준화 경쟁에서 승패의 관건은 소비자의 영향력이라고 말하기보다는 오히려 헐리우드 영화사들의 더 많은 협조, 즉 생산자들의 협조라고 말해야 옳은 듯하다. 최근 고화질 DVD와 블루레이 디스크의 경쟁관계에서 헐리우드 영화사들이 블루레이 쪽 지원을 강화하자 고화질 DVD 진영의 도시바는 중국에 특허를 개방하기도 했다.

그런데 이 예는 별로 잘 선택된 예 같지 않다. 필자의 주장을 뒷받침하기 위해서 선택해야 하는 더 좋은 예는 사적 재산권이 일반화된 사회나 산업구조에서 공유를 통한 협력을 시도했을 때 더 좋은 생산성(효율성)을 결과한 사례이어야 한다. 중국의 향진기업은, 중국이 사회주의 체제를 오랫동안 유지하다가 시장개방을 통해서 사적 소유권을 허용하는 과정에서 생겨난 기업이라는 측면에서 오히려 반례가 될 소지가 크다. 즉 원래 공유가 일반화되었던 중국의 사회적 틀에서 사적 재산권을 도입했기 때문에 향진기업이 경제적 성과를 보여주었을 개연성이 큰 것이다.4) 더 적절한 예는, 그것이 어떤 것이든, 예를 들어서 자본주의와 사적 소유권이 전형적으로 발달한 미국이나 서유럽에서 새로이 공동소유제를 도입해서 더 좋은 효율성을 보여준 사례가 되어야 한다.

새로운 정보사회에서는 재산권 개념이 다원화되어야 공유가 더 생산성을 높일 수도 있다는 주장을 뒷받침하기 위해 언급하는 것으로 보이는 동아시아의 미작사회나 유럽의 전통사회에서 발견할 수 있는 협력과 공유의 예는 더 부적절해 보인다. 어떻게

---

4) 실제로 한 연구자는 중국 광동성의 향진기업에 관한 연구에서, 광동성의 향진기업의 성장요인으로 다음과 같은 이유들을 제시하고 있다. "첫째, 풍부한 노동력을 이용하여 노동집약적인 상품을 특화하여 수출을 증가시켰기 때문이다. 둘째, 외국과의 합작투자의 증가 등 외자도입이 늘어났기 때문이다. 셋째, 정부의 사회간접자본의 투자증가로 기업의 투자여건이 좋아졌기 때문이다. 넷째, 농촌지역의 저축증가로 향진기업의 투자재원 마련이 쉬워졌기 때문이다."(이말남, 「中國 廣東省의 향진기업 성장요인에 관한 연구」, 한국국민경제학회, 2003, 인터넷 문서: http://blog.naver.com/dng8694.do?Redirect=Log&logNo=80012988084) 적어도 이말남의 주장에서 공유에 따른 경제적 효과에 대한 지적이 없다.

산업사회 이전의 농경사회에서 공유와 협력이 보여준 경제적 효율성이, 산업사회 이후의 정보사회에서의 경제적 효율성을 위해서 공유가 요구된다는 주장의 근거가 될 수 있는지 모르겠다.[5)]

여기서 논평자의 논점은, 필자가 주장하는 바와 그 주장의 근거로서 제시되는 예와의 논증관계가 부적절해 보인다는 것이다. 오히려 필자는 리눅스나 모질라와 같은 오픈소스 소프트웨어와 같은 예들을 언급하는 것이 더 나았을지도 모른다.[6)] 하지만 이런 예들에서도 지식정보사회의 경제에 대한 필자의 분석은 별로 잘 적용되지 않는다는 점도 지적할 만하다.[7)]

그밖에도, 필자는 논문의 마지막 부분에서 소유제를 정당화하

---

5) 필자는 과거 농경사회나 지식정보사회에서 모두 (최소한 어떤) 자원의 희소성이 약해지거나 없어지기 때문이라고 말하고 있는지도 모른다. 하지만 일부 자원의 희소성이 약해지거나 없어진다는 유사성만으로 과거 농경사회와 지식정보사회의 재산권 개념이 유사하게 정립될 수 있다는 주장을 하는 것은 비약인 듯하다.

6) 리눅스는 윈도우즈와 같은 운영체제이며 모질라는 인터넷 브라우저 프로그램이다. 리눅스와 모질라는 모두 오픈소스 진영에서 공유와 협업을 통해서 개발된 제품들이라 할 수 있다. 그리고 이것은 자본주의와 사적 소유가 발달한 미국과 서유럽에서 생겨난 사건이므로 필자의 예로서 더 적절했을 것이다.

7) 리눅스는 끊임없는 시도에도 불구하고 개인용 컴퓨터 운영체제에서 그 영역을 확장하지 못하고 있으며 기업용 컴퓨터 시장에서도 실질적인 수익을 창출하는 데에 많은 한계를 보였다. 한때 7,500만 다운로드를 기록하며 기대를 모으기도 했던 오픈소스 브라우저 파이어폭스도 인터넷 뱅킹 등과 같은 호환성 때문에 시장을 확장하지 못하고 있다. 즉, 협업과 공유에 의해서 생산은 되었지만 실질적인 가치창출에서는 네트워크 경제의 한 측면 때문에 실패하는 것이다. 이런 대표적인 예들을 통해서 논평자는 다시 한번 지식정보사회의 경제에 대한 필자의 진단은 별로 정확하지 못하다고 지적할 수 있다.

는 것이 통일시대를 대비하기 위해서도 절실한 과제라는 점도 설파한다. 그런데 그런 주장까지 짧은 논문에서 주장하는 것은 지나치게 '상상력'을 발휘한 결과이지, 충분한 근거를 가진 주장이 되기는 매우 힘들어 보인다. 그런 점에서는 학술적 논문이 자칫 신문사설로 변질될까 우려마저 된다.

결국 정보사회의 재산권은 다원화되어야 한다는, 개인적으로는 어느 정도 공감하는 주장에 대한 근거가, 논문 속에서 그렇게 설득력 있게 논증된 것 같지는 않다.

필자 및 논평자 (논문 게재순)

황경식(서울대 철학과 교수)
한승완(국제문제조사연구소 연구원)
민경국(강원대 경제무역학부 교수)
김태동(한국은행 금융통화위원회 위원)
최배근(건국대 경제학과 교수)

김이석(국회예산정책처 경제분석관)
서유석(호원대 교양학부 교수)
주동률(한림대 철학과 교수)
윤평중(한신대 철학과 교수)
김남두(서울대 철학과 교수)
박헌주(주택도시연구원 원장)
이완재(자유기업원 기획실장)
이창후(서울대 철학과 강사)

사유재산권과 공공재

·

2006년 6월 15일 1판 1쇄 인쇄
2006년 6월 20일 1판 1쇄 발행

엮은이 / 철학연구회
발행인 / 전 춘 호
발행처 / 철학과현실사
서울시 서초구 양재동 338-10
전화 579-5908 · 5909
등록 / 1987.12.15.제1-583호

ISBN 89-7775-587-5 03320
값 12,000원